T4-ANG-532

"Nieman hât ân arebeit wîstuom"

Sprichwörtliches

in mittelhochdeutschen Epen

WITHDRAWN

Wolfgang Mieder

"Proverbium"
in cooperation with the
Department of German and Russian

The University of Vermont
Burlington, Vermont
2009

Supplement Series

of

Proverbium
Yearbook of International Proverb Scholarship

Edited by Wolfgang Mieder

Volume 28

Umschlagbild:
Wolfram von Eschenbach
Manessische Liederhandschrift
(zwischen 1300 bis 1340)

ISBN 978-0-9817122-2-2

©2009 by Wolfgang Mieder

Manufactured in the United States of America
by Queen City Printers Inc.
Burlington, Vermont

Inhalt

Vorwort

Die Erforschung der Sprichwörter, Redensarten und Zwillingsformeln des Mittelalters kann auf eine anhaltende Tradition zurückblicken. Zahlreiche Sammlungen, Untersuchungen zum literarischen Sprichwortgebrauch sowie Studien über Herkunft, Überlieferung und Bedeutung einzelner Ausdrücke liegen vor, wobei zu betonen ist, daß es sich oft um komparatistisch ausgerichtete Arbeiten handelt, die mehrere europäische Sprachen und Kulturen einbeziehen. Das zeigt ganz besonders der gewaltige *Thesaurus proverbiorum medii aevi. Lexikon der Sprichwörter des romanisch-germanischen Mittelalters* (1995-2002) mit seinen dreizehn Bänden. Hinzu kommt ein zweibändiges *Handbuch der Sentenzen und Sprichwörter im höfischen Roman des 12. und 13. Jahrhunderts*, das sich mit den Sprachformeln in den deutschen Artus-, Gral- und Tristanromanen befaßt, und das im Jahre 2009 erscheinen soll. Solche Lexika und Handbücher bilden eine ungemein wichtige Grundlage für die Herausarbeitung sprichwörtlicher Texte und ihrer Varianten. Sie sind von besonderem Wert bei der Identifikation weiterer Belege, und natürlich läßt sich an Hand solcher Textbelege auch die Überlieferungsgeschichte einzelner Phraseologismen nachvollziehen.

Doch die Identifikation sprichwörtlicher Belege allein ist eigentlich nur die eine Seite der Medaille, denn selbstverständlich kommt die Frage nach der Interpretation hinzu. Gewiß erscheinen viele Redensarten, sprichwörtliche Vergleiche und Zwillingsformeln als sogenannte Sprachautomatismen in der Literatur des Mittelalters ohne tiefere Bedeutung. Doch das ist nicht immer so, und vor allem bei Sprichwörtern und Sentenzen kommen ganz bestimme Funktionswerte hinzu, die für ein Verständnis des literarischen Werkes von erheblicher Bedeutung sind. So können zum Beispiel Sprichwörter wie "Keine Liebe ohne Leid" oder "Hochmut kommt vor dem Fall" als Grundgedanken ganzer Epen dienen, während andere als einfache Lebensregel zitiert werden. Andere Sprichwörter wieder werden zur Charakterisierung einer Person herangezogen, und natürlich treten sie auch als Kommentar der Autoren auf, Im Grunde genommen gibt es unzählige Möglichkeiten, Phraseologismen in literarische Texte einzubauen, wo sich ihre Polysituativität, Polyfunktionalität und Polysemantizität als äußerst aufschlußreich für ein tieferes Verständnis mittelalterlicher Literatur erweisen.

Während meiner fast vierzigjährigen Lehrtätigkeit habe ich etwa alle drei Jahre die willkommene Gelegenheit gehabt, meinen Studentinnen und Studenten ein Seminar über die deutsche Literatur des Mittelalters anzubieten, wo wir uns zusätzlich zu dem Minnesang mit dem *Nibelungenlied*, Gottfrieds von Straßburg *Tristan*, Hartmanns von Aue Erec und Wolframs von Eschenbach *Parzival* befaßt haben. Als ich dann 1995 damit begann, für den über etliche Jahre hinweg erscheinenden *Thesaurus proverbiorum medii aevi* vier eingehende Rezensionen zu schreiben, machte ich mich gleichzeitig an die Arbeit zur Identifkation und Interpretation von Sprichwörtern in den vier genannten großen Werken. Diese acht Studien sind zwischen 1996 und 2004 mit nur zwei Ausnahmen in der Zeitschrift *Mittellateinisches Jahrbuch* erschienen (vgl. Erstveröffentlichungen). Für meinen Aufsatz über das *Nibelungenlied*, der in einer Festschrift erschienen ist, war ich damals leider bezüglich der Länge sehr eingeschränkt, und so enthält er weniger kontextualisierte Belege als die anderen Beiträge. Ansonsten aber passen diese Studien sehr gut zusammen, und vor sie konnten hier in ihrer originellen Druckfassung reproduziert werden. Die Information in der Kopfzeile bezieht sich also auf die Erstveröffentlichung, während die Seitenzahl in der Fußzeile die Paginierung des vorliegenden Bandes betrifft. Als Exkurs habe ich schließlich noch meinen Anfängerbeitrag über den *Ackermann aus Böhmen* aus dem Jahre 1973 hinzugefügt, auf den ich heute noch ein wenig stolz bin.

Mit großem Stolz aber möchte ich dieses Buch meiner ehemaligen Studentin Olga Trokhimenko widmen. Sie hat hier bei mir an der Universität von Vermont Germanistik studiert und eine auch als Buch erschienene Magisterarbeit über *"Wie ein Elefant im Porzellanladen": Zur Weltgeschichte einer Redensart* (1999) geschrieben. Inzwischen ist sie selbst promovierte Germanistin (Duke Universität), Mediävistin und Parömiologin, die auch Arbeiten zum Sprichwortgebrauch in Hartmanns von Aue *Der Arme Heinrich* und *Gregorius* sowie in den Lehrgedichten *Die Winsbeckin* und *Der Winsbecke* veröffentlicht hat. Für einen Professor gibt es kaum etwas Schöneres, als wenn seine Studierenden hin und wieder die eigene Arbeit fortsetzen, und wenn sie es auch noch mit gesunder Begeisterung und beachtlichem Können machen, dann ist die Freude groß. Auf jeden Fall freue ich mich auf noch viele parömiologische Studien von Olga Trokhimenko, der ich mit diesem Buch meinen Dank aussprechen und alles Liebe und Gute wünschen möchte.

Frühjahr 2009   Wolfgang Mieder

"swaz sich sol gefüegen"

Sprichwort und Schicksal im *Nibelungenlied*

Das heute kaum noch zu bewältigende Schrifttum zum *Nibelungenlied* enthält erwartungsgemäß eine erhebliche Anzahl von Arbeiten zu Form, Stil, Sprache und Rhetorik (Maurer 1954, Kuhn 1959, Bayer 1962, Weber und Hoffmann 1964, McCarthy 1972, Borghart 1977, von Polenz 1981, Sonderegger 1981, Weigand 1988), die allerdings die sprichwörtliche Sprache des Heldenepos völlig außer Betracht lassen. Umso mehr hat man Sprichwörter, Redensarten und Sentenzen in den höfischen Epen und der mittelhochdeutschen Lyrik untersucht, wo diese allerdings auch mit bedeutend höherer Frequenz auftreten (Weise 1910, Wagner 1962, Hofmeister 1990 und 1995, Mieder 1997). Immerhin aber hat der Frühgermanist Franz Mone in seinem grundlegenden Beitrag *Zur Literatur und Geschichte der Sprüchwörter* (1830) auf zehn sprichwörtliche Texte im *Nibelungenlied* hingewiesen, und diese spärliche Zahl auch zu erklären versucht: „Das teutsche [Helden]Epos besteht nur in Handlung, es hat keine Zeit zu reflektieren und zu räsonniren, der Dichter ist in seinem Stoff befangen und die Darstellung der Thatsachen spricht sein Urtheil aus" (Mone 1830:202). Im allgemeinen ist dieser Aussage zuzustimmen, doch sei hier kritisch angemerkt, daß Mone lediglich die Zeilenangaben der zehn Texte angibt, ohne diese in ihrem epischen Kontext näher zu interpretieren (Mone 1830:209 [Strophe 17, 1234, 1521, 1554, 1680, 2264, 2268, 2323, 2345, 2378; die von Mone ebenfalls erwähnten Strophen 2033 und 2379 sind meiner Meinung nach nicht sprichwörtlich]).

Erwartungsgemäß hat Ignaz von Zingerle in seiner frühen Sammlung *Die deutschen Sprichwörter des Mittelalters* (1864) auch Beispiele aus dem *Nibelungenlied* zitiert, doch handelt es sich bei ihm um lediglich vier Texte (Zingerle 1864b:50 [1680], 88 [17 und 2378], 132 [2345]), die Mone bereits verzeichnet hatte. Elf Sprichwörter und Sentenzen hat Liselotte Hofmann in einem aufschlußreichen Kapitel über „Volks- und Spruchweisheit" in mittelhochdeutschen Epen verzeichnet, darunter vier vorher nicht identifizierte Belege (Hofmann 1939:78–79 [17, 150, 155, 992, 1234, 1554, 1680, 1801, 2264, 2323, 2378). Endlich listet auch Friedrich Panzer neun Texte auf (darunter drei vorher nicht verzeichnete), die eine gewisse Sprichwörtlichkeit aufweisen (Panzer 1955:200–201 [150, 155, 862, 1082, 1554, 1587, 1801, 2264, 2268]). Schließlich hat Wolfgang Moelleken in seiner wertvollen Dissertation *Gnomen im Nibelungenlied* (1965) wenigstens sieben Sprichwörter im Kontext untersucht

(Moelleken 1965:80–81 und 152–153 [1554], 98 [155], 114–115 [1587], 118–119 [1801], 121 [1996], 134–135 [862], 145–146 [2020]; vgl. auch Moelleken 1967:141–142 und 145), wovon zwei bisher nicht identifiziert worden waren. Somit enthalten lediglich neunzehn Strophen (17, 150, 155, 862, 992, 1082, 1234, 1521, 1554, 1587, 1680, 1801, 1996, 2020, 2264, 2268, 2323, 2345, 2378) des *Nibelungenlieds* ein Sprichwort, wobei der eine oder andere Text vielleicht besser als Sentenz zu bezeichnen wäre. Ohne Vergleichstexte ist es schwer, die zum Sprichwort dazugehörende allgemeine Volksläufigkeit einiger Belege unter Beweis zu stellen. Wenn der im Entstehen begriffene *Thesaurus proverbiorum medii aevi* (Liver et al. 1995ff.) mit seinen geplanten acht oder neun Bänden vollständig vorliegen wird, werden hoffentlich weitere Belege dieser Texte aus anderen Quellen vorliegen, die ihren Sprichwortcharakter bestätigen. Zur besseren Übersicht seien hier vorerst einmal die neunzehn identifizierten Texte mit der jeweiligen Strophennummer aufgelistet:

17	wie liebe mit leide ze jungest lônen kan
150	dâ sterbent wan die veigen: die lâzen ligen tôt
155	man sol stæten friunden klagen herzen nôt
862	Man sol sô frouwen ziehen, sprach Sifrit der degen,
	daz si üppeclîche sprüche lâzen under wegen
992	dô sprach der verchwunde: daz ist âne nôt,
	daz der nâch schaden weinet, der in hât getân
1082	ez enlebet sô starker niemen erne müeze ligen tôt
1234	Waz mac ergetzen leide, sprach der vil küene man,
	wan friuntlîche liebe,
1521	ûf grôzen schaden ze komene, daz herzen niene sanfte tuot
1554	diu gir nâch grôzem guote vil boesez ende gît
1587	man sol friunden volgen
1680	Swaz sich sol gefüegen, wer mac daz understên?
1801	Wie dicke ein man durch vorhte manegiu dinc verlât!
	swâ sô friunt bî friunde friuntlîchen stât,
	und hât er guote sinne, daz erz niene tuot,
	schade vil maneges mannes wirt von sinnen wol behuot.
1996	sô sol ouch vride stæte guoten friunden gezemen
2020	Ez zæme, sô sprach Hagene, vil wol volkes trôst,
	daz die herren væhten ze aller vorderôst
2264	Dô sprach der künec Gunther: nie dienest wart sô guot
	sô den ein friunt friunde nâch dem tôde tuot
2268	Dô sprach der videlære: der vorhte ist gar ze vil,
	swaz man im verbiutet, derz allez lâzen wil
2323	owê daz vor leide niemen sterben nemac!
2345	Dô sprach der herre Dietrich: daz enzimt niht helde lîp,
	daz si suln schelten sam diu alten wîp
2378	als ie diu liebe leide ze aller jungeste gît

2

Drei Texte seien dieser Liste hinzugefügt, die sich möglicherweise als gängige Sprichwörter des Mittelalters erweisen könnten. Zum Vergleich werden neuere Belege aus Karl Friedrich Wilhelm Wanders *Deutschem Sprichwörter-Lexikon* (1867–1880) zitiert:

1751 dô sprach von Tronege Hagene: es wirt wol alles rât
vgl. Wa,III,1483, Rath 415: Dafür wird Rath.
1775 swer sîn selbes hüete, der tuo daz enzît!
vgl. Wa,II,952, Hüten 133: Wer sich selber hütet, den hütet Gott.
1828 so genese danne swer der mac
vgl. Wa,III,1659, Retten 2: Rette sich, wer kann.

Somit wäre die äußerst niedrige Zahl von zweiundzwanzig Sprichwörtern im gesamten *Nibelungenlied* erreicht. Wenn man dann noch beachtet, daß es sich bei den Belegen *es wirt wol alles rât* (1751) und *daz enzimt niht helde lîp, daz si suln schelten sam diu alten wîp* eher um eine sprichwörtliche Redensart und einen sprichwörtlichen Vergleich handelt, so sind Sprichwörter in der Tat nur sehr minimal im *Nibelungenlied* vertreten.

Das ist auch der Fall für sprichwörtliche Redensarten, die sich bedeutend leichter in das Epos hätten einbauen lassen. Zu erwähnen sind hier *ez gât im an den lîp* (416 und 1886), *ez gêt iu allen an den lîp* (423), *ich biute mich iu ze füezen* (1765), *muoz ein gebiuze hân* (1886), *dô kuolten mit den wunden die geste wol ir muot* (2133) und *Dô liez er an die wâge sêle unde lîp* (2166). Die dreimalige Wiederholung dafür, daß es jemandem an das Leben (an den Kragen) geht, spiegelt selbstverständlich formelhaft die bedrohliche Kampfstimmung des *Nibelungenlieds* wider. Die sprachliche Metapher wird dann ja auch aus ihrer figurativen Bedeutung in die Tat umgesetzt. Umgekehrt könnte man den redensartlichen Beleg *dô kuolten mit den wunden die geste wol ir muot* interpretieren. Diese Aussage drückt ganz realistisch aus, wie die Helden ihr zorniges Gemüt an den Wunden kühlten. Dahinter versteckt sich jedoch ein mittelhochdeutscher Frühbeleg für die auch heute noch gängige Redensart „sein Mütchen an jdm. kühlen", die selbstverständlich nur figurativ verwendet wird (Groth 1879:11, de Boor 1965:334, Röhrich 1992, Bd. 2:1063). Von besonderem Interesse aber ist, wie der Nibelungendichter den inneren Zwiespalt des edlen Rüdigers von Bechelaren an Hand der redensartlichen Aussage *dô liez er an die wâge sêle und lîp* charakterisiert. Der Seelenkonflikt Rüdigers entsteht bekanntlich daraus, daß er Verpflichtungen gegenüber Kriemhild sowie seiner Freunde aus Worms hat. Von beiden Parteien zum Kampf aufgefordert, wird er nicht nur sein Leben aufs Spiel setzen, sondern auch mit seiner Seele „auf der Waage sein" (vgl. Röhrich 1992, Bd. 3:1686). Das heißt, er weiß nicht, wie er den Ausgleich zwischen Untertanentreue und Freundestreue finden soll und stirbt an diesem ethischen Dilemma. Man könnte sich vorstellen, daß der Dichter weitere Redensarten zu solcher effektiven Darstellung verwendet hätte, aber das ist nicht der Fall. Ihn interessiert scheinbar nicht so

3

sehr die moralische Analyse des Geschehens, sondern allein der direkte und möglichst spannend gehaltene Erzählvorgang: „In his use of [proverbial] metaphor, the poet was deliberately sparing, perhaps because of his preference for direct expression" (McConnell 1984:71). Nur im Gebrauch der wenigen Sprichwörter drückt der Nibelungendichter ethische, didaktische und weltanschauliche Gedanken an Hand der überlieferten Volkssprache aus.

Mit umso größerer Vorliebe hat der Dichter jedoch sprichwörtliche Vergleiche in sein Epos eingebaut, die seine Schilderung bildlich auflockern und den vielen Beschreibungen Farbe verleihen (vgl. Hüttig 1930). In der Tat sind es vor allem Farbvergleiche, die recht häufig auftreten (Groth 1879:5–6, Panzer 1955:149 und 197, Schmidt 1973:88–90). Die sechste Aventiure über *Wie Gunther gên Islande nâch Prünhilde fuor* bietet eine kulturgeschichtlich interessante Darstellung über die Herstellung der Reisebekleidung Gunthers und seiner Helden, worin mehrere gängige Farbvergleiche die herrlichen Stoffe beschreiben: *Die arâbîschen sîden wîz alsô der snê / unt von Zazamanc der guoten grüene alsam der klê, / dar in si leiten steine* (362) und *pfellel darobe lâgen swarz alsam ein kol* (365). Von Interesse ist auch, wie dann in der siebten Aventiure Brünhild *in snêwîzer wæte* (392) Gunther und Siegfried heranreiten sieht, deren Pferde und Kleidung ebenfalls *von snêblanker varwe* (399) sind. Wird hier farblich die ursprüngliche Unschuld dieser Menschen aufgezeigt, so ist zu bemerken, daß Hagen und sein Bruder Dankwart schon jetzt Kleidung „von rabenswarzer varwe" (402) tragen. Diese Farbgegenüberstellung ist offensichtlich bewußt durchgeführt worden. Auf der Burg Brünhilds finden die Helden einen Prachtsaal *von edelem marmelsteine grüene alsam ein gras* (404), und es wird berichtet, daß auf Brünhilds Schild *lâgen steine gruene sam ein gras* (436). Später wird auch das wertvolle Schwert Siegfrieds durch die grüne Farbe beschrieben, die einen passenden Kontrast zu dem dunkel gekleideten Hagen bildet, der sich das Schwert nach Siegfrieds Ermordung angeeignet hatte: *Der übermüete Hagene leite über siniu bein / ein vil liehtez wâfen, ûz des knopfe schein / ein vil liehter jaspes, grüener danne ein gras* (1783). Auch die Schiffe, die Siegfrieds Gefolgsleute nach Island bringen, *füerent segele rîche, die sint noch wîzer danne der snê* (508), auch hier vielleicht noch andeutend, daß alles positiv auslaufen wird. Und doch beginnt hier natürlich die trügerische Überlistung Brünhilds durch Siegfried, der für Gunther um diese gewaltige Frau kämpft. Völlig unschuldig (weiß!) tritt dann Kriemhild Siegfried gegenüber, als dieser ihr in Worms berichtet, daß Gunther mit seiner neuen Braut bald zu Hause eintreffen wird: *Mit snêwîzen gêren* [Zipfeln ihres Kleides] *ir ougen wol getân / wischte si nâch trehenen* (555). Die Vergleiche mit den Farben „weiß" und „grün" erinnern ungemein an die Sprache des Minnesangs und der höfischen Epen, wo diese positiven Ausdrücke ebenfalls reichhaltig auftreten (vgl. Zingerle 1864c).

Es sollte kaum überraschen, daß in diesem Heldenepos mit seinen blutigen Kämpfen etliche Tiervergleiche auftreten, die das Animalische dieser Schlachten bis zum letzten Mann in ihrer wilden Ungezügeltheit aufzeigen (Wislicenus 1867:53, Groth 1879:4, Panzer 1955:149, Bayer 1962:80, McConnell 1984:72). Gleich zu Anfang beschreibt Hagen Siegfrieds Kampf mit dem Zwerg Alberich mit einem treffenden Tiervergleich, denn die beiden kämpften *alsam die lewen wilde* (97). Später am Hunnenhof läuft Wolfhart *alsam ein lewe wilder* (2273) gegen Volker an, und diese Metapher macht deutlich, zu welcher wilden Aggressivität sich der Endkampf steigert. Aufschlußreich ist auch, daß der Nibelungendichter deutlich hervorhebt, daß Gunther und Hagen wie wilde Panther zur Quelle jagen, um dort Siegfried zu ermorden: *sam zwei wildiu pantel si liefen durch den klê* (976). In immer neuen Tiervergleichen wird gegen Ende des Epos das zügellose Kämpfen geschildert. Dankwart agiert *als ein eberswîn / zewalde tuot vor hunden* (1946), und Volker ficht ebenfalls *als ein eber wilde* (2001). Obwohl auch der Heldenmut und das Schicksalhafte am Kampf dieser Recken immer wieder betont werden, so wird man doch gerade an solchen Vergleichen feststellen können, daß *übermuote* und *unmâze* Menschen zu Tieren werden lassen. Es wäre gewiß falsch, diese sprichwörtlichen Vergleiche als bloße Sprachformeln anzusehen. Ihre Bilder sind vielmehr indirekte Zeichen menschlichen Verhaltens, und sie tragen ungemein zur Botschaft des ganzen Epos bei. Wenn Menschen wie Tiere gegeneinander vorgehen, dann müssen Liebe, Freundschaft und Moral in einem Blutbad versinken.

Bei den zahlreich eingestreuten sprichwörtlichen Zwillingsformeln verfolgt der Dichter jedoch kaum tiefere Gedanken. Sie „füllen überwiegend je einen Halbvers und sind, wie schon ihr weitgehend tautologischer Inhalt beweist, wesentlich dadurch hervorgerufen. Für die Anordnung der beiden Bestandteile der Formel ist weiter wichtig, daß der Abvers, in dem sie überwiegend erscheinen, ,stumpfen' Ausgang verlangt und weiter – als Reimträger – ein leicht reimbares Wort. Es ist deshalb deutlich, warum es stets nur *liute unde lant* heißt, nie umgekehrt *lant unde liute*" (de Boor 1969:167, Panzer 1955:130; vgl. auch Bäuml und Ward 1967:355–356 und 364–365). Hinzu kommt noch, daß sich viele Zwillingsformeln durch Stabreim auszeichnen, ein im Mittelalter weiterhin beliebtes Stilmittel (Zingerle 1864a:103–113 und 119–121, Lindemann 1914:21–27, Ehrismann 1935, Bd. 2:141, Splett 1964:269–270). Allein die Formel *liute und lant* tritt im *Nibelungenlied* siebenmal auf (25, 55, 109, 114, 384, 2139, 2222; vgl. Radke 1890:22, Schmidt-Wiegand 1978). Hinzu kommen farblose Paarformeln wie *naht unde tag* (65), *wîp unde man* (67), *lîp unde guot* (127), *spâte unde fruo* (1394), *wider unde dan* (1533) und *stîge unde strâze* (1594).

Bedeutungsvoller für den Erzählvorgang sowie den Gehalt des *Nibelungenlieds* sind mehrere Vergleiche mit dem Begriff „Wind" (Groth 1879:5). Im frühen Kampf zwischen Siegfried und Liudegast rasen die beiden *sam si wæte ein wint* (185) aneinander vorbei, und später rudert Siegfried so schnell zu seinen Leuten *alsam es wæte der wint* (482). Ganz ähnlich geht es zu, wenn Brünhild ihren Speer gegen den Schild Siegfrieds schleudert: *daz fiuwer spranc von stahele alsam ez wæte der wint* (456). Wenn dann Siegfried kurz

5

darauf mit seinem Speerschaft die Rüstung Brünhilds trifft, heißt es mit nur minimaler Variation: *Daz fiuwer stoup ûz ringen alsam ez tribe der wint* (460). Ganz bewußt scheint der Dichter hier die Ebenbürtigkeit Brünhilds und Siegfrieds durch die beiden sehr ähnlichen Vergleiche anzudeuten, so daß deren Wiederholung innerhalb vier Strophen nicht als stilistische Schwäche zu interpretieren ist.

Eine gewisse Vorliebe zeigt der Nibelungendichter schließlich auch für Vergleiche mit „Wind", die durch die Metapher eine verstärkte Negation ausdrükken. Schon Jacob Grimm hat in seiner *Deutschen Grammatik* (1819–1837, Bd. 3:709; vgl. Groth 1879:13, Schmidt 1973:102–103, Mieder 1986:44) in einem Kapitel über volkstümliche Negierungen auf zwei Stellen im *Nibelungenlied* hingewiesen: *ez was ir aller werben wider in ein wint* (47) und *daz ist gar ein wint* (228). Einmal wird hier festgestellt, daß im Vergleich mit Siegfried alle anderen Bewerber um Kriemhild verblaßten, d.h. zu einem Wind bzw. zu nichts wurden. Und auch im Vergleich zu Siegfrieds Kampfruhm sind die mutigen Taten der anderen Recken ein Wind oder ein Nichts. Kriemhild wird gegenüber Brünhild ebenso herausgestellt, denn im Vergleich zur Kleidung ihres Gefolges verblaßt die Pracht der Braut Gunthers: *daz was gar ein wint* (836). Diese exakte Formulierung wird später noch zweimal angewandt, um die besondere Freigebigkeit Dietrichs von Bern hervorzuheben (vgl. 1372) und um auszudrücken, daß Dankwarts bisheriges Kämpfen gar nichts war im Vergleich zu seiner nun folgenden wilden Raserei (vgl. 2280). Gewiß, die mehrmalige Wiederholung dieses Sprachbildes zeugt nicht gerade von dichterischer Individualität, doch werden durch diese ständige Betonung der Wertlosigkeit und Nichtigkeit anderer Menschen die Überheblichkeit und Maßlosigkeit der Hauptfiguren des *Nibelungenlieds* aufgedeckt, die schließlich zum tragischen Ende des Werkes führen.

Der tragische Grundton des *Nibelungenlieds* wird bereits in der siebzehnten Strophe durch das zahlreich in der mittelhochdeutschen Literatur belegte Sprichwort *wie liebe mit leide ze jungest lônen kan* leitmotivisch hervorgehoben (Grimm 1834:XCI–XCII, Eiselein 1841:31–32, Radke 1890:21–22, Singer 1944–1947, Bd. 3:48). Selbstverständlich ist es den vielen Interpreten aufgefallen, daß diese Vorausdeutung dann in der vorletzten Strophe den gesamten Inhalt sowie die offensichtliche Botschaft des Heldenepos summierend wiederholt wird: *als ie diu liebe leide ze aller jungeste gît* (2378; Wislicenus 1867:68, Maurer 1953:56–57, Beyschlag 1954:40, Linke 1960:116, Härd 1989:34, Härd 1996:35). Dabei hat bereits der große Kenner des *Nibelungenlieds* Karl Lachmann darauf hingewiesen, daß es sich eher um den Kontrast von „Freude und Leid" als Liebe und Leid im engeren Sinne handelt (Lachmann 1816:66). Spätere Forscher sprechen auch von der „Polarität von Lust und Leid" (de Boor 1969:160, Nagel 1954:371), so daß also die Intention des Dichters darauf hinausläuft, „die Vergänglichkeit menschlichen Glücks" (Bostock 1960:86) durch den Verlust von Liebe, Freude und Lust aufzuzeigen. Laut Bert Nagel wird dieser sprichwörtliche „Leitsatz durch laufend einge-

streute Erzählerbemerkungen bzw. epische Vorausdeutungen stets erneut ein-
geprägt", was „auf ein exemplarisches Darstellen und lehrhaftes Demonstrie-
ren" hinzuweisen scheint (Nagel 1965:178). Friedrich Maurer hat in seinem
ungemein wichtigen Kapitel über „Das Leid im Nibelungenlied" eine eingehende Analyse zahlreicher Textstellen geliefert, die sich mit der Kontrastformel von *liebe unde leide* befassen (Maurer 1969:13–38). Nicht überall klingt
das mittelhochdeutsche Sprichwort an, doch in einigen Strophen handelt es
sich zweifelsohne um direkte leitmotivische Anspielungen: So erklärt der Erzähler vorausdeutend und spannungsgeladen, daß Siegfried ein ganzes Jahr
lang Kriemhild, *dâ von im sît vil liebe und ouch leide geschach* (138), nicht zu
Augen bekommt. Wenn er sie dann schließlich erblickt, heißt es vorausschau-
end: *Sîvride dem herren wart beide liep unde leit* (284). Nur einige Strophen
später wird Siegfrieds Freude darüber, daß er nun Kriemhild begegnen darf,
überschwenglich durch die Feststellung *dô truoc er ime herzen liep âne leit*
(291) beschrieben. Doch gilt in der mittelalterlichen Dichtung, und zwar im
Minnesang wie in der Epik, daß Liebe oder auch allgemein Freude ohne folgendes Leid nicht möglich sind; so etwa im Tagelied von Dietmar von Aist *liep
âne leit mac niht gesîn* und in Gottfried von Straßburgs *Tristan swem nie von
liebe leit geschach, / dem geschach ouch liep von liebe nie. / liep unde leit diu
wâren ie / an minnen ungescheiden* (204–207; Mieder 1997). So zeigt sich
bereits sehr früh im *Nibelungenlied*, daß der an einen Minneroman erinnernde
erste Teil des Epos in der gesteigerten Minne Siegfrieds und Kriemhilds eine
nicht realisierbare Wunschvorstellung aufbaut, die dann mit dem Mord an
Siegfried ihren drastischen Abbau findet. Es ist durchaus folgerichtig, daß
Kriemhild den mitverschuldeten Tod an Siegfried (sie hatte Hagen darüber
aufgeklärt, wo Siegfried verwundbar war) dadurch sühnt, daß sie aller Freuden
(Liebe, Glück usw.) entsagt: *dô wart ir êrste leit. / von ir was allen freuden mit
sînem tôde widerseit* (1008).

Wenn dann Rüdiger von Bechelaren im zweiten Teil als Brautwerber von
Etzel zu Kriemhild nach Worms kommt, zeigt sich in seinem sprichwörtlich
hervorgebrachten Argument bereits auf indirekte Weise, daß sein Versprechen
für lebenslanges Glück durch die Ehe Etzels und Kriemhilds gar nicht möglich
ist: *Er* [Etzel] *enbiutet iu minneclîche minne âne leit* (1232). Doch tut Rüdiger
zwei Strophen später erneut sein sprichwörtlich Bestes, um Kriemhild davon
zu überzeugen, ihr Leid durch eine neue Liebe zu Etzel zu mildern: *Waz mac
ergetzen leides, / wan friuntlîche liebe, swer die kan begân, / und der dan einen
kiuset der im ze rehte kumt? / vor herzelîcher leide niht sô groezlîchen frumt*
(1234). Rüdigers sprichwörtliche Überredungskünste bringen Kriemhild als
Gemahlin an Etzels Hof, und sie spürt sogar statt Schmerz wieder Freude: *si
mohte nâch ir leide daz liep vil wol geleben* (1333). Doch dann entwickelt sich
der zweite Teil des *Nibelungenlieds* in eine höllische Talfahrt, wo alle Spieler
sich mit wenigen Ausnahmen daran beteiligen, aus der Welt der Freude eine
leidvolle Tragödie zu machen. Wenn Dietrich von Bern nahe dem Ende des
Epos Kriemhild den gefesselten Hagen ausliefert, kommentiert der Erzähler

deren Gefühle mit sprichwörtlicher Ironie: *nâch ir vil starkem leide dô wart si vroelîch genuoc* (2353). So möchte man meinen, doch es ist ja bereits zu oft im Epos ausgesagt worden, daß Freude ohne Leid unmöglich ist. Und wie könnte nach all dem Morden nun auch ein positiver Umschlag kommen! Nur zu schnell erfolgt nach der kurzen Freude über die Auslieferung Hagens der endgültige Umschlag ins absolute Leid. Kriemhilds Mord an ihrem Bruder Gunther und schließlich an Hagen sowie ihr eigener Tod durch Hildebrand erweisen sich als definitive Beweise dafür, daß der sprichwörtlichen Schicksalsweisheit *als ie diu liebe leide ze aller jungeste gît* (2378) nicht zu entgehen ist.

Wenn ein Ausgleich von *liebe unde leide* im *Nibelungenlied* nicht möglich ist, so bleibt den tragischen Helden nur die mutige, wenn nicht trotzige Akzeptierung ihres Schicksals. Auch dieser Gesichtspunkt des Werkes wird durch Sprichwörter leitmotivisch hervorgehoben. Schon früh im Epos, wo die Burgunder sich auf den Kampf gegen die Sachsen vorbereiten, stellt Gernôt programmatisch fest: *dâ sterbent wan die veigen: die lâzen ligen tôt* (150; Grimm 1835, Bd. 2:718, Berthold 1940:66). Wenn Siegfried Gunther und seinen Gefolgsleuten seine Hilfe anbietet, antwortet der erfreute König mit einem die Freundschaft preisenden Sprichwort: *man sol stæten friunden klagen herzen nôt* (155). Die Aspekte von Schicksal und Freundschaft werden dann vom Nibelungendichter durch weitere Sprichwörter hervorgehoben, wobei sich die darin ausgedrückte Weisheit als Leitfaden zum Weitermachen oder Überleben entpuppt. Als Argument dafür, daß Kriemhild nach dem Tode Siegfrieds in Worms bleiben soll und möglichst ein neues Leben beginnen möge, benutzt ihr Bruder Gernôt das Sprichwort *ez enlebet sô starker niemen erne müeze ligen tôt* (1082). Das heißt soviel wie auch ein Held wie Siegfried muß einmal sterben, und nun finde dich doch damit ab. Wenn dann die Nibelungen Worms mit dem Ziel Hunnenland verlassen, verwendet der Dichter erneut ein Sprichwort, um die Trauer und den Schmerz über diesen schicksalhaften Abschied verallgemeinernd zu kommentieren: *ûf grôzen schaden ze komene daz herzen niene sanfte tuot* (1521). Hier spielt eine gewisse didaktische Tendenz eine Rolle, der sich der Dichter trotz der nun steigenden Spannung des Erzählvorgangs nicht völlig zu entziehen vermag. Das zeigt ganz deutlich die Szene, wo der gierige Fährmann von Hagen erschlagen wird. Der sprichwörtliche Kommentar zu dessen anscheinend verdientem Schicksal lautet kurzerhand *diu gir nâch grôzem guote vil boezes ende gît* (1554). Allerdings sieht Wolfgang Moelleken berechtigterweise eine noch bedeutend wichtigere Funktion des Sprichwortes für die Gesamtbedeutung des Epos: „In den Worten des Sprichworts liegt mehr verborgen als nur der Impetus, der dem Fergen später das Leben kostet. In den Worten wird eine das gesamte *Nibelungenlied* beherrschende Weisheit ausgedrückt. Sie deuten zurück auf die Tat Hagens, der den Nibelungenhort von Kriemhild stahl, und zwar mit der Hoffnung auf persönlichen Gewinn, und sie deuten vorwärts auf die Begierde Kriemhilds, die den Hort wieder an sich reißen will, um ihre Ehre wiederherzustellen, die durch den Diebstahl des Horts verletzt wurde" (Moelleken 1965:153).

Hagen, der im zweiten Teil des *Nibelungenlieds* eine immer bedeutendere Rolle übernimmt, drückt in seinen Argumenten verschiedentlich den Wert der Freundschaft und vor allem die heldenhafte Bereitschaft dem Schicksal gegenüber aus. Als treibende Kraft argumentiert er auf der Reise zu Etzel, daß man unbedingt auf seine schicksalhafte Botschaft hören soll, denn als Freund meint er es ehrlich und gut: *man sol friunden volgen [...] / wir enkomen nimmer wider in der Burgonden lant* (1587). Wie Wolfgang Moelleken völlig richtig bemerkt, beruft sich Hagen mit diesem Sprichwort „auf ihre Treue und gemeinsames Schicksal. Dieses gemeinsame Schicksal, das Wissen um den Tod, soll die Burgunden näher zusammenbringen, sie vereinen. Es erklärt, wie sie später so tapfer der Übermacht standhalten können: ob sie kämpfen oder resignieren, sie müssen doch sterben, wie ihnen das Schicksal bekannt gemacht hat" (Moelleken 1965:115). Wenn in Bechelaren die Entscheidung getroffen wird, daß Giselher die Tochter Rüdigers und Gotelinds heiraten soll, ist es erneut der Recke Hagen, der dieses erfreuliche Ereignis mit einem Sprichwort kommentiert: *Swaz sich sol gefüegen, wer mac daz understên?* (1680; Grimm 1835, Bd. 2:718). Ganz allgemein drückt sich dadurch die Grundstimmung des ganzen *Nibelungenlieds* aus, die auf der Unausweichbarkeit gegenüber dem Schicksal beruht. Ebenso deutlich zeigt dies Hagens kurzes Sprichwort zur Ankunft am Hunnenhof. Statt lange zu diskutieren, wie hier nun alles vonstatten gehen wird, faßt er das bevorstehende Schicksal kurzerhand in die formelhafte Aussage: *es wirt wol alles rât* (1751).

Sein Freund und Mitkämpfer Volker drückt als Held ähnliche Gedanken aus. Da sich der Kampf mit Kriemhilds Gefolgsleuten nicht wird vermeiden lassen, warnt er Hagen mit dem Sprichwort *swer sîn selbes hüete, der tuo daz enzît!* (1775). An Rückzug und Kampfvermeidung jedoch ist nicht zu denken, denn das würde dem ehrenhaften Schicksalsglauben widersprechen. Und Volker unterstreicht seinen Kampfeswillen zusätzlich mit einer sprichwörtlichen Strophe, die auf didaktische Weise hervorhebt, daß es keinen Grund zur Furcht vor Schaden gibt, wenn Freunde zusammenhalten: *Wie dicke ein man durch vorhte manegiu dinc verlât! / swâ sô friunt bî friunde friuntlîchen stât, / und hât er guote sinne, daz erz niene tuot, / schade vil maneges mannes wirt von sinnen wol behuot* (1801; von der Hagen 1820:XXVIII, de Boor 1965:284, Moelleken 1965:118–119). Wie anders als durch das kurze und akzeptierte Sprichwort *So genese danne swer der mac* (1828; Panzer 1955:208) könnte sein wackerer Freund Hagen auf Volkers Rede reagieren? Fest steht nun, daß es einen Kampf bis zum Ende geben wird. Die sprichwörtlich gewordene „Nibelungentreue" wird die Helden zum katastrophischen Endkampf führen (McConnell 1984:98, Büchmann 1986:392, Heinzle 1987:102–106, Heinzle 1991:32–36, Krüger 1991:151–190, Röhrich 1992, Bd. 2:1094).

Auch Rüdiger von Bechelaren beruft sich auf ein Freundschaftssprichwort, um vorerst einmal freies Geleit für seine Leute zu bekommen: *sô sol ouch vride stæte guoten friunden gezemen* (1996). Hierzu betont Wolfgang Moelleken sehr überzeugend, daß dieses Sprichwort nicht nur bereits auf die persönliche

Tragödie des zwischen zwei Lagern stehenden Rüdiger hinweist, sondern daß „die Worte durch ihre Allgemeingültigkeit eine Anklage gegen alle Beteiligten enthalten, die, obwohl sie Freunde und Verwandte sind, sich gegenseitig bekämpfen" (Moelleken 1965:121). Mit deutlicher Selbstverständlichkeit wird ihm diese Bitte von Giselher gewährt, doch bedeutet Rüdigers Abzug freilich lediglich eine momentane Kampfpause für ihn. Später wird er sich wegen seiner Versprechen gegenüber Kriemhild seinen Freunden zum Kampf stellen müssen, und aus diesem Konflikt rettet ihn gewissermaßen nur der heldenhafte Tod. Wenn später die Recken Dietrichs von Bern auftreten, um den erschlagenen Rüdiger fortzutragen, bringt König Gunther ihrem Vorhaben durchaus Verständnis entgegen: *nie dienest wart sô guot / sô den ein friunt friunde nâch dem tôde tuot* (2264). Doch Volker verweigert die Auslieferung und fordert Wolfhart, dem Dietrich von Bern den Eingriff in den Kampf untersagt hat, höhnisch heraus, die Leiche aus dem Saal zu holen: *der vorhte ist gar ze vil, / swaz man im verbiutet, derz allez lâzen wil* (2268). Mit ähnlichem Hohn hatte vorher bereits Hagen mit dem Sprichwort *Ez zæme vil wol volkes trôst, / daz die herren væhten ze aller vorderôst* (2020; Moelleken 1965:145–146) vergeblich versucht, selbst Etzel in den Kampf einzubeziehen. Während Etzel jedoch parteilos resigniert, kann Wolfhart auf das böswillig herausgeschleuderte Sprichwort Volkers nur noch mit der Waffe reagieren, und so nähert sich der mutwillig vorangetriebene Kampf immer mehr dem gräßlichen Ende. Schließlich kann Dietrich von Bern vor so viel Mord und Totschlag nur noch resignierend zu dem Sprichwort *owê daz vor leide nieman sterben nemac!* (2323) greifen und selbst gegen Hagen und Gunther antreten. So aufgebracht ist Dietrich, daß er die in Erinnerung schwelgenden Helden Hildebrand und Hagen jäh mit einem zynischen sprichwörtlichen Vergleich unterbricht: *daz enzimt niht helde lîp, / daz si suln schelten sam diu alten wîp* (2345). Die stereotypische Feminisierung dieser bewährten Kämpfer erinnert an das antifeministische Sprichwort *Man sol sô frouwen ziehen, / daz si üppeclîche sprüche lâzen under wegen* (862; Moelleken 1965:134–139), womit Siegfried Gunther gegenüber das unverantwortliche Gerede Kriemhilds brandmarkte. Doch der langen Rede kurzer Sinn ist sowieso, daß im *Nibelungenlied* nicht effektiv kommuniziert wird. Tatsächlich ist der höllische Kampf nun zu weit gegangen, und das Schicksal läßt sich nicht aufhalten. Wie immer wieder prophezeit wird, ist nur der vollständige Untergang der Nibelungen ein Ausweg aus dem maßlosen Leid.

Es hat sich gezeigt, daß das *Nibelungenlied* als Heldenepos keine hohe Frequenz sprichwörtlicher Sprache aufweist. Dem Nibelungendichter lag mehr am spannungsvollen Erzählvorgang als an metaphorischer Darstellung oder gar didaktischer Auslegung. So treten lediglich die leicht einzubauenden, aber für den Gehalt des Epos eher bedeutungslosen Zwillingsformeln und sprichwörtliche Vergleiche in erheblicher Anzahl auf. Da die indirekte Kommunikation von nur wenig Interesse zu sein scheint, erscheinen sprichwörtliche Redensarten nur sporadisch. Aber auch die Anzahl der Sprichwörter ist gering zu nennen. Besonders die Texte, die mit der Sprichwortformel *man sol* beginnen (Taylor

1930:101–105), enthalten im rhetorischen Gebrauch eine gewisse Lehrhaftigkeit, doch wird das didaktische Element nirgends zur vordergründigen Intention des Dichters. Ihm geht es vielmehr um die exemplarische Darstellung dafür, daß Liebe, Freude, Glück, Treue und Freundschaft nicht von ewiger Dauer sind. Zu all diesen positiven Werten gesellt sich das schicksalhafte Leid, dem der Mensch nicht entrinnen kann. Diese gültige Weisheit aber wird im *Nibelungenlied* leitmotivisch durch die rund zwanzig Sprichwörter ausgedrückt. Sie geben dem langen Epos ein auf Volksweisheit beruhendes Gerüst und entpuppen sich als strategisch plazierte Argumente und Feststellungen, die die gesamte Botschaft des *Nibelungenlieds* untermauern. Einmal ist das die sprichwörtliche Schicksalsfrage *Swaz sich sol gefüegen, wer mac daz understên?* und zum anderen die allzumenschliche Sprichwortweisheit *wie liebe mit leide ze jungest lônen kan.* So erweisen sich die spärlich verwendeten Sprichwörter im *Nibelungenlied* als gewichtige volkssprachliche Bausteine, die teilhaben an der fortwährenden Faszination mit diesem inhaltsträchtigen Heldenepos.

Literatur

Sämtliche Strophenzahlen der vorliegenden Arbeit beziehen sich auf *Das Nibelungenlied: Mittelhochdeutscher Text und Übertragung*, hrsg. und übersetzt von Helmut Brackert. 2 Bde. Frankfurt am Main 1970.

Bäuml, Franz H. und Donald J. Ward (1967): „Zur mündlichen Überlieferung des *Nibelungenliedes*". In: *Deutsche Vierteljahrsschrift für Literaturwissenschaft und Geistesgeschichte* 74, 351–390.

Bayer, Hans J. (1962): *Untersuchungen zum Sprachstil weltlicher Epen des deutschen Früh- und Hochmittelalters.* Berlin.

Berthold, Luise (1941): „Mittelalterliche Sprichwörter und das moderne Mundartwörterbuch". In: *Hessische Blätter für Volkskunde* 39, 64–67.

Beyschlag, Siegfried (1954): „Die Funktion der epischen Vorausdeutung im Aufbau des *Nibelungenliedes*". In: *Beiträge zur Geschichte der deutschen Sprache und Literatur* (Tübingen) 76, 38–55.

Borghart, Kees Hermann Rudi (1977): „Formeln und formelhafte Wendungen im *Nibelungenlied*." In: K.H.R. Borghart (Hrsg.), *Das Nibelungenlied: Die Spuren mündlichen Ursprungs in schriftlicher Überlieferung.* Amsterdam, 51–69.

Bostock, J.K. (1960): „The Message of the *Nibelungenlied*". In: *Modern Language Review* 55, 200–212. [Deutsche Übersetzung mit dem Titel „Der Sinn des *Nibelungenlieds*" in Heinz Rupp (Hrsg.), *Nibelungenlied und Kudrun.* Darmstadt 1976, 84–109.]

Büchmann, Georg ([33]1986): *Geflügelte Worte.* hrsg. von Winfried Hofmann. Berlin.

de Boor, Helmut ([8]1969 [1953]): *Die höfische Literatur: Vorbereitung, Blüte, Ausklang.* München.

— ([18]1965): *Das Nibelungenlied.* Nach der Ausgabe von Karl Bartsch. Wiesbaden.

Ehrismann, Gustav (1935): *Geschichte der deutschen Literatur bis zum Ausgang des Mittelalters.* 4 Bde. München.

Eiselein, Josua (1841): *Die reimhaften, anklingenden und ablautartigen Formeln der hochdeutschen Sprache in alter und neuer Zeit.* Leipzig.

Grimm, Jacob (1819/37): *Deutsche Grammatik.* [Neuer Abdruck von Gustav Roethe und Edward Schröder. 4 Bde. Gütersloh 1890].

— (1835): *Deutsche Mythologie*. [Nachdruck der 4. Aufl. von Elard Hugo Meyer. 3 Bde. Graz 1953].

Grimm, Wilhelm (1834): *Vridankes Bescheidenheit*. Göttingen.

Groth, Dr. (1879): „Vergleich, Metapher, Allegorie und Ironie im *Nibelungenlied* und der *Kudrun*". In: *Kaiserin-Augusta-Gymnasium zu Charlottenburg Jahres-Bericht*. Charlottenburg, 1–19.

Härd, John Evert (1989): *Nibelungeneposets moderna historia: Mottagande och värderingar från tysk romantik till nutid*. Stockholm.

— (1996): *D̦as Nibelungenepos: Wertung und Wirkung von der Romantik bis zur Gegenwart*. Aus dem Schwedischen von Christine Palm. Tübingen.

Heinzle, Joachim (1987): *Das Nibelungenlied: Eine Einführung*. München.

— (1991): „Zweimal Hagen oder: Rezeption als Sinnunterstellung". In: J. Heinzle und Anneliese Waldschmidt (Hrsg.), *Die Nibelungen: Ein deutscher Wahn, ein deutscher Alptraum*. Frankfurt am Main, 21–40.

Hofmann, Liselotte (1939): „Volks- und Spruchweisheit". In: L. Hofmann, *Der volkskundliche Gehalt der mittelhochdeutschen Epen von 1100 bis gegen 1250*. Zeulenroda, 52–82.

Hofmeister, Wernfried (1955): *Sprichwortartige Mikrotexte als literarische Medien, dargestellt an der hochdeutschen politischen Lyrik des Mittelalters*. Bochum.

— (1990): *Sprichwortartige Mikrotexte: Analysen am Beispiel Oswalds von Wolkenstein*. Göppingen.

Hüttig, Ernst (1930): *Der Vergleich im mittelhochdeutschen Heldenepos*. Halle.

Krüger, Peter (1991): „Etzels Halle und Stalingrad: Die Rede Görings vom 30.1.1943". In: Joachim Heinzle und Anneliese Waldschmidt (Hrsg.), *Die Nibelungen: Ein deutscher Wahn, ein deutscher Alptraum*. Frankfurt am Main, 151–190.

Kuhn, Hugo (1959): „Stil als Epochen-, Gattungs- und Wertproblem in der deutschen Literatur des Mittelalters". In: H. Kuhn, *Dichtung und Welt im Mittelalter*. Stuttgart, 62–69.

Lachmann, Karl (1816): *Über die ursprüngliche Gestalt des Gedichts von der Nibelungen Noth*. Berlin. [Zitiert aus K. Lachmann, *Kleinere Schriften zur deutschen Philologie*, hrsg. von Karl Müllenhoff. Berlin 1876, Bd. 1, 1–80].

Lindemann, Johannes (1914): *Über die Alliteration als Kunstform im Volks- und Spielmannsepos*. Diss. Breslau. Breslau.

Linke, Hansjürgen (1960): „Über den Erzähler im *Nibelungenlied* und seine künstlerische Funktion". In: *Germanisch-romanische Monatsschrift* 41, 370–385. [Zitiert aus Heinz Rupp (Hrsg.), *Nibelungenlied und Kudrun*. Darmstadt 1976, 110–133].

Liver, Ricarda et al. (1995ff.): *Thesaurus proverbiorum medii aevi/Lexikon der Sprichwörter des romanisch-germanischen Mittelalters*. 9 geplante Bde. Berlin.

Maurer, Friedrich (1953): „Die Idee des *Nibelungenlieds* nach Idee und Form". In: *Der Deutschunterricht* 5, 27–42. [Zitiert aus F. Maurer, *Dichtung und Sprache des Mittelalters*. Bern ²1971, 53–69].

— (1954): „Über die Formkunst des Dichters unseres *Nibelungenlieds*". In: *Der Deutschunterricht* 6, 77–83. [Zitiert aus F. Maurer, *Dichtung und Sprache des Mittelalters*. ²1971 Bern. 70–79].

— (⁴1969 [1951]): „Das Leid im *Nibelungenlied*". In: F. Maurer, *Leid: Studien zur Bedeutungs- und Problemgeschichte, besonders in den großen Epen der staufischen Zeit*. Bern, 13–38.

McCarthy, Sister Mary F. (1972): „The Use of Rhetoric in the *Nibelungenlied*: A Stylistic and Structural Study of Aventiure V". In: *Modern Language Notes* 87, 683–700.

McConnell, Winder (1984): *The Nibelungenlied*. Boston.

Mieder, Wolfgang (1986): „*Findet, so werdet ihr suchen!*" Die Brüder Grimm und das Sprichwort. Bern.

— (1997): „Liebe und leide': Sprichwörtliche Liebesmetaphorik in Gottfrieds *Tristan*". In: *Mittelalter: Perspektiven mediävistischer Forschung* (im Druck).
Moelleken, Wolfgang Wilfried (1965): *Gnomen im Nibelungenlied*. Diss. University of Washington.
— (1967): „Historische und stilistische Wertung der Gnomen im *Nibelungenlied*". In: *Seminar* 3, 138–146.
Mone, Franz (1830): „Zur Literatur und Geschichte der Sprüchwörter". In: *Quellen und Forschungen zur Geschichte der deutschen Literatur und Sprache* 1, 186–214.
Nagel, Bert (1954): „Widersprüche im *Nibelungenlied*". In: *Neue Heidelberger Jahrbücher* [ohne Bandangabe], 1–89. [Zitiert aus Heinz Rupp (Hrsg.), *Nibelungenlied und Kudrun*. Darmstadt 1976, 367–431].
— (1965): *Das Nibelungenlied: Stoff–Form–Ethos*. Frankfurt am Main.
Panzer, Friedrich (1955): *Das Nibelungenlied: Entstehung und Gestalt*. Stuttgart.
Polenz, Peter von (1981): „Der Ausdruck von Sprachhandlungen in poetischen Dialogen des deutschen Mittelalters". In: *Zeitschrift für Germanistische Linguistik* 9, 249–273.
Radke, Georg (1890): *Die epische Formel im Nibelungenliede*. Diss. Kiel. Fraustadt.
Röhrich, Lutz (1991/92): *Das große Lexikon der sprichwörtlichen Redensarten*. 3 Bde. Freiburg.
Rupp, Heinz (Hrsg.) (1976): *Nibelungenlied und Kudrun*. Darmstadt.
Schmidt, Sylvia Jean Huffman (1973): *Poetic Devices in the „Nibelungenlied": Symbol, Metaphor, Irony*. Diss. University of California at Davis.
Schmidt-Wiegand, Ruth (1978): „Land und Leute". In: Adalbert Erler und Ekkehard Kaufmann (Hrsg.), *Handwörterbuch zur deutschen Rechtsgeschichte*. 4 Bde. Berlin, Bd. 2, Sp. 1361–1363.
Singer, Samuel (1944/47): *Sprichwörter des Mittelalters*. 3 Bde. Bern.
Sonderegger, Stefan (1981): „Gesprochene Sprache im *Nibelungenlied*". In: Achim Masser und Irmtraud Albrecht (Hrsg.), *Hohenemser Studien zum Nibelungenlied*. Dornbirn, 186–207.
Splett, Jochen (1964): „Der Stabreim im *Nibelungenlied*". In: *Beiträge zur Geschichte der deutschen Sprache und Literatur* 86, 247–278.
Taylor, Archer (1930): „The Proverbial Formula ‚Man soll'." In: *Zeitschrift für Volkskunde*, N.F. 2, 152-156. [zitiert aus A. Taylor, *Selected Writings on Proverbs*, hrsg. von Wolfgang Mieder. Helsinki 1975, 101–105].
von der Hagen, Friedrich Heinrich (1820): *Der Nibelungen Noth*. Breslau.
Wagner, Eva (1962): *Sprichwort und Sprichworthaftes als Gestaltungselemente im „Renner" Hugos von Trimberg*. Diss. Würzburg. Würzburg 1962.
Wander, Karl Friedrich Wilhelm (1867/80): *Deutsches Sprichwörter-Lexikon*. 5 Bde. Leipzig: F.A. Brockhaus. [Nachdruck Darmstadt: Wissenschaftliche Buchgesellschaft, 1964].
Weber, Gottfried und Werner Hoffmann (²1964): *Nibelungenlied*. Stuttgart.
Weigand, Edda (1988): „Historische Sprachpragmatik am Beispiel: Gesprächsstrukturen im *Nibelungenlied*". In: *Zeitschrift für deutsches Altertum und deutsche Literatur* 117, 159–173.
Weise, Wilhelm (1910): *Die Sentenz bei Hartmann von Aue*. Diss. Marburg. Bielefeld.
Wislicenus, Hugo (1867): *Loki–Das Nibelungenlied–Das Dionysostheater in Athen: Drei hinterlassene Abhandlungen*. Zürich.
Zingerle, Ignaz von (1864a): „Die Alliteration bei mittelhochdeutschen Dichtern". In: *Sitzungsberichte der philosophisch-historischen Classe der Kaiserlichen Akademie der Wissenschaften Wien* 47, 103–174.
— (1864b): *Die deutschen Sprichwörter im Mittelalter*. Wien. [Nachdruck Walluf bei Wiesbaden 1972].
— (1864c): „Farbenvergleiche im Mittelalter". In: *Germania* 9, 385–402.

"liebe und leide"

Sprichwörtliche Liebesmetaphorik in Gottfrieds von Straßburg *Tristan*

Das Interesse an der sprichwörtlichen Sprache des Mittelalters geht bis auf die Ursprünge der Germanistik zurück. Bereits die Brüder GRIMM verweisen in ihren Textausgaben immer wieder auf mittelhochdeutsche Sprichwörter und Redensarten, und Wilhelm GRIMM hat insbesondere die Belege aus Freidanks 'Bescheidenheit' zusammengestellt und auch eine kleine Sammlung mittelalterlicher Sprichwörter hinterlassen.[1] Literatur- und Sprachwissenschaftler sowie Volkskundler haben seitdem eine beachtliche Anzahl von Sammlungen, Monographien, Dissertationen und Aufsätzen über dieses reichhaltige Forschungsgebiet vorgelegt, doch hat man sich dabei eher um die Identifikation der sprichwörtlichen Texte und weniger um ihre literarische, kulturelle und soziopolitische Interpretation gekümmert.[2] Neuerdings hat Wernfried HOFMEISTER in zwei exemplarischen Studien über „sprichwortartige Mikrotexte" in den Gedichten Oswalds von Wolkenstein und der politischen Lyrik des Mittelalters aufgezeigt, wie sich die philologische Arbeit der Identifikation von bisher nicht verzeichneten Sprichwörtern mit Fragen nach der Funktion und Interpretation dieser Texte im literarischen Werk verbinden läßt.[3] In bezug auf die mittelhochdeutsche Epik sei auf zwei etwas früher geschriebene Dissertationen verwiesen, die das sprichwörtliche Sprachelement im 'Renner' Hugos von Trimberg und im 'Nibelungenlied' behandeln.[4] Doch eingehendere Untersuchungen, wie sie z.B. vor allem für die französische Epik des Mittelalters vorliegen,[5] gibt es im Deutschen bisher weder über Hartmann von Aue noch Wolfram von Eschenbach oder gar Gottfried von Straßburg.

Was nun speziell den 'Tristan' Gottfrieds von Straßburg betrifft, so sei zunächst erwähnt, daß Franz MONE in einem allgemeinen Aufsatz über Sprichwörter bereits 1830 auf neun im 'Tristan' enthaltene Sprichwörter hingewiesen hat, die wie andere Beispiele aus mittelhochdeutschen Werken allerdings nur durch zahlenmäßige Stellenhinweise aufgeführt werden.[6] Ignaz ZINGERLE verzeichnet dann in seiner auch heute noch gültigen

---

1   Vgl. dazu Wolfgang Mieder, „Findet, so werdet ihr suchen!" Die Brüder Grimm und das Sprichwort (Sprichwörterforschung 7). Bern u.a. 1986; Karin Wilcke u. Lothar Bluhm, Wilhelm Grimms Sammlung mittelhochdeutscher Sprichwörter. Brüder Grimm Gedenken 8 (1988), S. 81–122.

2   Vgl. die zahlreichen Schriften in Mieder 3–5 [Bibliogr.].

3   Hofmeister, Mikrotexte 1 u. 2 [Bibliogr.].

4   Vgl. Eva Wagner, Sprichwort und Sprichworthaftes als Gestaltungselemente im 'Renner' Hugos von Trimberg. Diss. Würzburg 1962; Wolfgang Moelleken, Gnomen im 'Nibelungenlied'. Diss. University of Washington 1965.

5   Vgl. Marcelle Altieri, Les romans de Chrétien de Troyes: Leur perspective proverbiale et gnomique. Paris 1976; Judith Larsen, Proverbial Material in the 'Roman de la Rose'. Diss. University of Georgia 1978; Schulze-Busacker, Proverbes [Bibliogr.].

6   Franz Mone, Zur Literatur und Geschichte der Sprüchwörter. Quellen und Forschungen zur Geschichte der teutschen Literatur und Sprache 1 (1830), S. 186–214, hier S. 208.

Sammlung 'Die deutschen Sprichwörter im Mittelalter' (1864) sechzehn Sprichwortbelege aus Gottfrieds 'Tristan', wobei diese natürlich ohne Kontext und Interpretation aufgenommen werden.[7] Da geht Richard PREUSS in seiner kurzen Analyse zum didaktischen Element in diesem Werk knapp zwanzig Jahre später bedeutend weiter, indem er siebzehn Sprichwörter und Sentenzen mit einigen erläuternden Aussagen registriert.[8] Er erklärt, daß Gottfried mit seinem Epos eine Tendenz der Belehrung und Veredelung bezweckt und daß er sich deshalb volkstümlicher Bildungselemente bedient, die vom einfachen Sprichwort bis hin zu Lehnübersetzungen lateinischer Sentenzen (bes. aus Publilius Syrus) reichen. Allerdings geht PREUSS mit der Aussage, daß sich „fast auf jeder Seite [eine] Hinneigung zur Weisheit des Volkes, [eine] überaus häufige Verwendung des Sprüchwortes"[9] zeige, etwas zu weit. Sprichwortreich wird man keines der mittelhochdeutschen Epen nennen können.

In den dreißiger Jahren hat dann Heinz SCHARSCHUCH in seiner eingehenden Stiluntersuchung zu 'Tristan' sechsundzwanzig Sprichwörter, Sentenzen und Maximen ohne Kommentar aufgelistet, wobei auch er erneut darauf hinweist, daß es sich bei diesem didaktischen Material entweder um Sprichwörter aus dem Volksmund oder um ins Deutsche entlehnte lateinische Sentenzen handelt. Letztere wurden in den Klosterschulen für Unterrichtszwecke herangezogen, wobei die Sammlung des Publilius Syrus besonders bekannt und beliebt war.[10] Auf dreiundfünfzig Belege bringt es Liselotte HOFMANN fast gleichzeitig in ihrem aufschlußreichen Kapitel über „Volks- und Spruchweisheit" in den mittelhochdeutschen Epen.[11] Zwar bietet auch sie lediglich eine kontext- und kommentarlose dreigeteilte Aufstellung von Sprichwörtern, Redensarten und Sentenzen, doch sei hier erwähnt, daß sie mit diesen Belegen und vielen weiteren aus anderen Werken eine wichtige Materialgrundlage für eine umfassendere Untersuchung zum Sprichwort in der mittelhochdeutschen Literatur vorlegt.

Lediglich achtundzwanzig Belege werden von HOFMANN in ihrer Liste als volksläufige Sprichwörter bezeichnet. Wenn also Stanislaw SAWICKI in seiner Untersuchung über 'Gottfried von Straßburg und die Poetik des Mittelalters' (1932) davon spricht, daß „die mehr oder minder didaktisch gefärbte Dichtung des Mittelalters auf Schritt und Tritt Sprichwörter und Sentenzen"[12] bringt, so ist diese allgemeine Aussage nur mit Vorsicht zu genießen. Für ausgesprochen didaktische Dichtung mag dies stimmen, aber für den

7 Zingerle [Bibliogr.], S. 38, 59, 71, 85, 90 (2 Belege), 91, 97, 102, 105, 109, 123, 128, 134, 153, 183. Zum Sprichwort im Mittelalter vgl. vor allem Singer [Bibliogr.]; und jetzt die ersten Bände des groß angelegten Thesaurus [Bibliogr.].

8 Richard Preuss, Stilistische Untersuchungen über Gottfried von Straßburg. Straßburger Studien 1 (1883), S. 1–75, hier S. 66–72. Preuss bietet vor allem Parallelbelege aus der mittelhochdeutschen Literatur, die den Sprichwortcharakter der Texte aus 'Tristan' untermauern.

9 Ebd., S. 67.

10 Vgl. Heinz Scharschuch, Gottfried von Straßburg. Stilmittel – Stilästhetik (Germanische Studien 197). Berlin 1938 (Nachdruck Nendeln i. Liechtenstein 1967), S. 32–34.

11 Liselotte Hofmann, Der volkskundliche Gehalt der mittelhochdeutschen Epen von 1100 bis gegen 1250. Zeulenroda 1939, S. 52–82, hier S. 69–72.

12 Stanislaw Sawicki, Gottfried von Straßburg und die Poetik des Mittelalters (Germanische Studien 124). Berlin 1932 (Nachdruck Nendeln i. Liechtenstein 1967), S. 44.

Minnesang und die seitenlangen Beschreibungen der Turniere und Abenteuer in den Epen ist das nicht unbedingt der Fall. Doch eine relativ geringe Anzahl von Sprichwörtern in einem langen Epos besagt nicht, daß diese Volksweisheiten keine wichtige Funktion für die Gesamtproblematik des Werkes beinhalten. So hat zum Beispiel Ottmar CARLS beiläufig darauf hingewiesen, daß Gottfried zuweilen Sprichwörter benutzt, um die Wahrheit und Gültigkeit des Geschehens zu unterstreichen. „Indem Gottfried die in dem Sprichwort ausgedrückte Lebenserfahrung hervorhebt, betont er noch einmal mit besonderem Nachdruck den exemplarischen Charakter des Geschehens. Das Wesentliche liegt hier in der knappen Prägung des erlebten Gehaltes, in der scharfen Zuspitzung des Gedankens."[13] Aufschlußreich sind auch Franziska WESSELs allgemeine Beobachtungen zu Gottfrieds Gebrauch von Sprichwörtern und Sentenzen: „Indem Gottfried stets Handlungen oder Erfahrungen der Romanfiguren auf diese allgemeingültigen Weisheiten bezieht, kann er das Ergehen seiner Gestalten seinen Lesern nachvollziehbar vermitteln, gelegentlich mit didaktischem Unterton; Verallgemeinerungen können ferner individuelles Tun und Empfinden als in der gegebenen Lage typisches, nahezu unvermeidliches hinstellen und es damit entschuldigen oder seine Verurteilung mildern; schließlich weisen Sprichwörter Einzelnes als repräsentativ-mittelmäßig aus und können, wo sie auf die sonst ideale Minne zwischen Tristan und Isolde anspielen, einen tadelnden Beigeschmack haben."[14] Diese Aussage befindet sich bei WESSEL versteckt in einer Anmerkung, und es ist in der Tat an der Zeit, einmal etwas detaillierter auf den Gebrauch und die Funktion der Sprichwörter im 'Tristan' einzugehen. Dabei wird sich im folgenden zeigen, daß Sprichwörter keine erratischen Weisheitsblöcke darstellen, sondern daß sie teilweise als bedeutungsvolle Leitmotive zur Aussagekraft und Bedeutung dieses großen Werkes beitragen. Wenn es sich in diesem Epos um das Thema von Freude und Schmerz, Liebe und Leid sowie Leben und Tod handelt, so werden auch metaphorische Sprichwörter allgemeingültige Aussagen dazu liefern.

Schon im Prolog weist Gottfried einleitend durch ein im Mittelalter sehr verbreitetes Sprichwort auf das Motiv der Liebe und des Leides hin, das im ganzen Werk leitmotivisch auftritt:

swem nie von liebe leit geschach,
dem geschach ouch liep von liebe nie.
liep unde leit diu wâren ie
an minnen ungescheiden. (Vv. 204–207)[15]

Auch gibt Gottfried hier bekannt, daß er allen *edelen herzen* (V. 47) diese Geschichte zur Unterhaltung und Erbauung erzählt. Vor allem aber will er auch denen helfen, die vielleicht an Liebeskummer leiden, denn es heißt ja sprichwörtlich *bî senedem leide müezekeit, dâ wahset iemer senede leit* (Vv. 85–86). All dies tut Gottfried mit den besten

13 Ottmar Carls, Die Auffassung der Wahrheit im 'Tristan' Gottfrieds von Straßburg. Zeitschrift für deutsche Philologie 93 (1974), S. 11–34, hier S. 21.
14 Franziska Wessel, Probleme der Metaphorik und die Minnemetaphorik in Gottfrieds von Straßburg 'Tristan und Isolde'. München 1984, S. 251, Anm. 365.
15 Zitiert wird aus Gottfried von Straßburg, Tristan, hrsg. von Rüdiger Krohn. 3 Bde. Stuttgart 1980.

Absichten, denn *swaz der man in guot getuot, daz ist ouch guot und wol getân* (Vv.
144–145). Mit diesem Sprichwort rechtfertigt der Dichter sein Unterfangen und sichert
sich damit gegen etwaige Kritik ab, denn er weiß anscheinend nur zu gut, daß manches in
seiner Geschichte den gesellschaftlichen Normen und Erwartungen nicht entspricht.

In dem folgenden Buch von „Riwalîn und Blanscheflûr" bietet Gottfried zuerst einmal
in ziemlicher Breite die Geschichte von Tristans Eltern, deren wachsende Liebe detailliert
beschrieben wird. Besonders gelungen ist dabei die poetische Bearbeitung der sprichwörtlichen Redensart „jemandem auf den Leim gehen", die die Liebe Riwalîns metaphorisch
darlegt:

> *Der gedanchafte Riwalîn*
> *der tete wol an im selben schîn,*
> *daz der minnende muot*
> *rehte alse der vrîe vogel tuot,*
> *der durch die vrîheit, die er hât,*
> *ûf daz gelîmde zwî gestât:*
> *als er des lîmes danne entsebet*
> *und er sich ûf ze vlühte hebet,*
> *sô clebet er mit den vüezen an.* (Vv. 841–849)

Einige Verse später spricht Gottfried gar von der *süeze / der gelîmeten minne* (Vv.
866–867), und doch heißt es kurz danach, *daz herzeliebe waere / sô nâhe gênde ein swaere*
(Vv. 919–920). Schon hier deutet sich die Zusammengehörigkeit von Liebe und Leid an,
und auch das Motiv der Blindheit der Liebe, das später noch eine große Rolle spielen wird,
tritt hier bereits auf, wenn davon die Rede ist, daß Riwalîn *mit blintheit undersniten* (V.
944) war. Doch hier ist die Liebe noch 'normal' im Sinne der höfischen Kultur, was von
Gottfried durch ein bewährtes Sprichwort unterstrichen wird:

> *dâ von begunden s'under in*
> *sich meinen unde minnen*
> *mit herzelîchem sinnen.*
> *ez ergienc in rehte, als man giht:*
> *swâ liep in liebes ouge siht,*
> *daz ist der minnen viure*
> *ein wahsendiu stiure.* (Vv. 1112–1118)

Zu solchen Weisheiten über die Liebe gesellen sich auch kurzerhand Sprichwörter, die
Gottfried hier und da als didaktische Aussagen einbaut, um auf diese Weise Unterhaltung
mit Belehrung zu untermauern. So heißt es zum Beispiel *ûfgêndiu jugent und vollez guot,*
diu zwei diu vüerent übermuot (Vv. 267–268), *swer keinen schaden vertragen kan, dâ*
wahsent dicke schaden an (Vv. 281–282), *er tete vil rehte als elliu kint, diu selten*
vorbesihtic sint (Vv. 301–302) und *wan ze urliuge und ze ritterschaft / hoeret verlust unde*
gewin (Vv. 366–367).

Ähnlich verhält es sich auch in den Büchern (Rual li Foitenant, Entführung, Jagd, der
junge Künstler, Wiedersehen, Tristans Schwertleite, Heimfahrt und Rache, Morold), die
Tristans Lebensweg vor dem Kennenlernen Isoldes darstellen. Hier erzählt Gottfried alles
in epischer Breite, wobei sich ein Erlebnis oder Abenteuer an das andere reiht. Das

Liebesmotiv taucht hier nicht auf, doch streut Gottfried hin und wieder einige sprichwörtliche Lebensweisheiten ein, wie etwa *und ist viel lützel iht sô guot, ez enswache, der's ze
vil getuot* (Vv. 1859–1860), *wan kint kunnen anders niht / niwan weinen, alse in iht geschiht*
(Vv. 2485–2486), *unkünde ist manegem herzen guot / und lêret maneger hande tugent* (Vv.
3126–3127), *wan ritterschaft, alsô man seit, diu muoz ie von der kintheit / nemen ir
anegenge / oder sî wirt selten strenge* (Vv. 4416–4420), *ouch hân ich selbe wol gelesen,
daz êre wil des lîbes nôt. gemach daz ist der êren tôt* (Vv. 4430–4432), *dô wart diu wârheit
wol schîn / des sprichwortes, daz dâ giht, daz schulde ligen und vûlen niht*[16] (Vv.
5456–5458), *als kint ze wer unveste sint* (V. 5928), *daz unrehtiu hôhfart / mit cleiner craft
genidert wart* (Vv. 6217–6218), *man hât uns doch hie vor gezalt, gewalt hoere wider gewalt
/ und craft wider crefte* (Vv. 6419–6421), *und sult ir doch wol wizzen daz: der man gezam
dem rocke baz / und truog in lobes und êren an / vil mêre danne der roc den man* (Vv.
6569–6572), *ez ergât doch niuwan, alse ez sol* (V. 6772) und *gewalt unde hôhvart, in den
er ouch gevellet wart* (Vv. 7229–7230). Diese Sprichwörter werden als Lehre, Beweisführung, Argument, Weisheit und Wahrheitsbeteuerung zitiert, wobei Gottfried gelegentlich
Beteuerungsformeln[17] oder Einführungsformeln[18] voranstellt, die ausdrücklich auf den
sprichwörtlichen Charakter der folgenden Aussage hinweisen. Die vordergründige Didaktik ist hier offensichtlich, nur muß erneut betont werden, daß Gottfried recht sparsam mit
solchen Lehrsätzen umgeht. Wichtiger scheint ihm doch das spannungsgeladene Erzählen
zu sein, das sich langsam aber sicher auf die erste Begegnung zwischen Tristan und Isolde
zuspitzt.

Nach seinem erfolgreichen Kampf mit Morold muß Tristan im folgenden Buch als
Tantris zu Königin Isolde reisen, wenn er nicht an seiner Wunde sterben will. Dabei setzt
er allerdings sein Leben aufs Spiel, doch bleibt ihm unter den Umständen kaum eine andere
Wahl, wie dies von Gottfried überzeugend durch ein Sprichwort ausgedrückt wird:

*under zwein übelen kiese ein man,
daz danne minner übel ist.
daz selbe ist ouch ein nütze list.* (Vv. 7320–7322)

Einmal in Irland angelangt, wird Tristan tatsächlich von Königin Isolde geheilt und
wird zum Hauslehrer ihrer *tohter Îsôte, die erwünscheten maget* (Vv. 7716–7717). Schon
bei Tristans erstem Aufenthalt in Irland bei den beiden Isoldes entwickelt sich eine wenn
auch noch unausgedrückte Liebe, denn wie sonst wären folgende Zeilen zu verstehen:

16　Zu diesem Sprichwort vgl. auch Ruth Goldschmidt Kunzer, The 'Tristan' of Gottfried von Strassburg. An
　　Ironic Perspective. Berkeley, California 1973, S. 54; Winfried Christ, Rhetorik und Roman. Untersuchungen
　　zu Gottfrieds von Straßburg 'Tristan und Isold' (Deutsche Studien 31). Meisenheim am Glan 1977, S.
　　293–294; Lambertus Okken, Kommentar zum Tristan-Roman Gottfrieds von Straßburg (Amsterdamer
　　Publikationen zur Sprache und Literatur 57). Amsterdam 1984, Bd. 1, S. 294.

17　Vgl. dazu Carls [Anm. 13], S. 31.

18　Vgl. dazu die Aufstellung zahlreicher Einführungsformeln in Wolfgang Mieder, Das Sprichwort in der
　　deutschen Literatur des neunzehnten Jahrhunderts (Motive: Freiburger folkloristische Forschungen 7).
　　München 1976.

die jungen küniginne.
daz wâre insigel der minne,
mit dem sîn herze sider wart
versigelt unde vor verspart
aller der werlt gemeiner
niuwan ir al einer. (Vv. 7811–7816)

Auch wird die junge Isolde als Sirene beschrieben, wie sie *zôch gedanken în / ûz maneges herzen arken, als der agestein die barken / mit der Syrênen sange tuot* (Vv. 8108–8111). So scheint sich hier das schicksalhafte Liebesverhältnis zwischen Tristan und Isolde anzubahnen, wofür der spätere Liebestrank auf dem Schiff lediglich der endgültige Schritt ist.

Geheilt zum Hofe seines Onkels Marke zurückgekehrt, wird Tristan von manchen Leuten beneidet und als Betrüger angesehen, der angeblich *gesehendiu ougen blenden* (V. 8347) kann. Hier tritt nun erneut das Motiv der Blindheit auf, das später im Verhältnis von Tristan und Isolde zu Marke eine schwerwiegende Rolle übernehmen wird. Denn einmal blenden die beiden König Marke tatsächlich, doch ist es auch wieder dessen eigene Blindheit, die den Ehebruch zum Teil ermöglicht. Doch noch ist Marke seinem Neffen wohl gesinnt, und er will diesen zu seinem Erben machen. Alle Einwände Tristans werden mit lehrhaften Sprichwörtern widerlegt:

hazzen unde nîden
daz muoz der biderbe lîden. (Vv. 8395–8396)
wirde unde nît diu zwei diu sint
rehte alse ein muoter unde ir kint. (Vv. 8399–8400)
diu saelde ist arm unde swach,
diu nie dekeinen haz gesach. (Vv. 8405–8406)

Trotz dieser dreifachen Sprichwortdidaktik[19] wird schließlich beschlossen, Tristan auf die Brautfahrt zu schicken, um im Namen Markes um die junge Isolde zu werben. Die Reise nach Irland unternimmt Tristan mit *sîner blinden vrecheit* (V. 8665), und mit eben dieser blinden Tollkühnheit erschlägt er dort auch den Drachen, was ihm den Zugang zu Isolde verschafft. Vorausdeutend spricht Gottfried hier deutlich von der Liebe und dem Leid, die Tristan ihr bringen wird:

nu ergieng ez, alse ez solte
und alse der billîch wolte,
diu junge künegîn Îsôt
daz sî ir leben unde ir tôt,
ir wunne unde ir ungemach
ze allerêrste gesach. (Vv. 9369–9374)

Als Isolde Tristan erkennt, meint sie zuerst noch, *wir haben ze blintlîche erzogen / den slangen vür die nahtegalen* (Vv. 10374–10375), doch Brangäne beruhigt alle negativen Gedanken Isoldes mit einer opportunistischen Sprichwortaussage, die dem Schicksal

---

19 Vgl. zu diesen Sprichwörtern auch W.T.H. Jackson, The Anatomy of Love. The 'Tristan' of Gottfried von Strassburg. New York 1971, S. 211–212. Allerdings hält Jackson diese Rede Markes für bewußte Heuchelei.

sämtliche Türen öffnet. Mit einem gängigen Sprichwort überzeugt Brangäne die zweifelnde Isolde davon, Tristan erst einmal anzuhören und sich nicht zu rächen, denn *man sol den mantel kêren, als ie die winde sint gewant* (Vv. 10426–10427). Petrus TAX stellt dieses Sprichwort sogar seinem Kapitel über „Tristans und Isoldes Liebe in der höfischen Welt" als Motto voran, da es den opportunistischen Charakter ihrer Liebe metaphorisch umschreibt.[20] Das widerspricht jedoch Gottfrieds zum Teil verherrlichender Verteidigung dieser beiden Liebenden.

Schließlich reisen Isolde, Tristan und Brangäne zusammen zu Marke, und auf dem Schiff kommt es dann zu dem Minnetrank, der das kaum bemerkbare und wohl auch noch unbewußte Liebesverhältnis ein für allemal besiegelt. Doch kaum ist der schicksalhafte Trunk getan, da kommentiert Gottfried das Geschehen mit dem nun immer häufiger auftretenden sprichwörtlichen Leitmotiv von Liebe und Leid: *si wâren beide einbaere / an liebe unde an leide* (Vv. 11730–11731). Auch wiederholt Gottfried das Blindheitsmotiv und fügt sogar die „Leim"-Redensart andeutungsweise erneut hinzu, um so die unentrinnbare Liebesverstrickung bildhaft zu machen:

> *mit vüezen und mit henden*
> *nam sî vil manege kêre*
> *und versancte ie mêre*
> *ir hende unde ir vüeze*
> *in die blinden süeze*
> *des mannes unde der minne.*
> *ir gelîmeten sinne*
> *die enkunden niender hin gewegen*
> *noch gebrucken noch gestegen*
> *halben vuoz noch halben trite,*
> *Minne diu enwaere ie dâ mite.* (Vv. 11804–11814)

Überall *clebete ir ie der lîm an* (V. 11798), und so kann es Isolde, redensartlich ausgedrückt, gar nicht gelingen, aus der klebrigen Liebesverstrickung zu entweichen. Bei der Schilderung der Szene, in der Isolde den Kampf aufgibt und sich der Liebe fügt, greift Gottfried erneut zu einem mondänen Sprichwort, um diesen Vorgang volkssprachlich zu erklären und ihr Tun als allgemein gebräuchlich auszulegen:

> *[...]. scham unde maget,*
> *als al diu werlt gemeine saget,*
> *diu sint ein alsô haele dinc,*
> *sô kurze wernde ein ursprinc:*
> *sine habent sich niht lange wider.*
> *Îsôt diu leite ir criec der nider*
> *und tete, als ez ir was gewant.*[21] (Vv. 11831–11837)

20 Petrus W. Tax, Wort, Sinnbild, Zahl im Tristanroman. Studien zum Denken und Werten Gottfrieds von Straßburg (Philologische Studien und Quellen 8). Berlin 1971, S. 63. Zum Sprichwort an sich vgl. auch Okken [Anm. 16], Bd. 1, S. 420–421.

21 Vgl. hierzu auch Kunzer [Anm. 16], S. 147–148.

In dem Buch über „Das Geständnis" fehlen verständlicherweise die lehrhaften Sprichwörter, doch tritt das *liebe unde leide*-Motiv in der Liebesoffenbarung zwischen Tristan
und Isolde wiederholt auf, wie etwa *mit wunderlîchem leide, wir sterben von minnen* (Vv.
12110–12111). Zu Beginn des am Ende hinzugefügten Minne-Exkurses spricht dann auch
Gottfried von *des lieben leides* (V. 12188), das nun einmal zu der sogenannten Tristanminne gehört. Diesem neuen Ideal stellt er die falsche und gar käufliche Liebe gegenüber, die
er jetzt überall in der höfischen Welt beobachten muß. Um diese abwegige Liebe zu
brandmarken, greift Gottfried auf das biblische Sprichwort „Was der Mensch säet, das wird
er ernten" (Galater 6,7) zurück und variiert dieses Thema gleich viermal:

> *wir müezen daz her wider lesen,*
> *daz dâ vor gewerket wirt,*
> *und nemen, daz uns der sâme birt.* (Vv. 12232–12234)
> *wir müezen snîden unde maen*
> *daz selbe, daz wir dar gesaen.* (Vv. 12235–12236)
> *wir saejen alle valscheit,*
> *sô snîden laster unde leit.* (Vv. 12251–12252)
> *saejen bezzer unde baz*
> *unde snîden ouch daz.* (Vv. 12255–12256)

Das Schreckgespenst dieser wertlosen und verkommenen Liebe wird bis zur Hurerei
geschildert, wodurch Gottfried dann die Tristanminne umso mehr erhöhen kann, wo sich
mischent liep mit leide (V. 12387). Wenig später wird diese Verbindung in vier didaktischen Versen nochmals wiederholt:

> *Lât alle rede belîben.*
> *welle wir liebe trîben,*
> *ezn mac sô niht belîben,*
> *wirn müezen leide ouch trîben.* (Vv. 12503–12506)

Bezogen auf das Leben Tristans und Isoldes an Markes Hof, das sämtliche Freuden und
Qualen der versteckten Liebe beinhaltet, stellt Gottfried summarisch fest:

> *si wâren underwîlen vrô*
> *und underwîlen ungemuot,*
> *als liebe under gelieben tuot.*
> *diu briuwet in ir herzen*
> *die senfte bî dem smerzen,*
> *bî vröude kumber unde nôt.* (Vv. 13020–13025)

Herrlich ist, wie Gottfried dann aber auch betont, daß die Liebe Tristans und Isoldes
keineswegs perfekt ist, denn ab und zu waren sie sich auch einmal böse. Doch das gehört
ganz einfach zum Verliebtsein dazu, wie der Dichter in einer poetischen Umschreibung
der Sentenz „Amantium ira amoris integratio est" (Der Liebenden Zorn ist die Erneuerung
der Liebe), die er sicherlich aus Publilius Syrus kannte,[22] schmunzelnd oder gar ironisch
erklärt:

---

22 Vgl. hierzu die genauen Quellenbelege bei Okken [Anm. 16], Bd. 1, S. 476–477.

wan diz daz ist der Minnen site,
hie enzündet sî gelieben mite,
hie mite sô viuret sî den muot.
wan alse in zorn vil wê getuot,
sô süenet sî diu triuwe,
so ist aber diu liebe niuwe
und aber der triuwen mê dan ê. (Vv. 13039–13045)

Dieser kurzen der Unterhaltung und Belehrung dienenden Erläuterung über *zorn âne haz* (V. 13033) folgen aber am Ende des „Brangäne"-Buches vier ernsthaft gemeinte Verse, die das sprichwörtliche Leitmotiv von Liebe und Leid gleich doppelt herausstellen:

Alsus treip Tristan unde Îsolt
mit liebe und leide ir stunde hin.
liep und leit was under in
in micheler unmüezekeit. (Vv. 13074–13077)

Inzwischen martern König Marke *der zwîfel unde der arcwân* (V. 13717), und auf seine eigene Weise leidet auch er an der Liebe. Gottfried drückt dies sogar sprichwörtlich durch *zwîfel sol an liebe wesen* (V. 13823) aus, doch weiß Isolde seinen Verdacht immer wieder zu beruhigen. Wie sie das durch Weinen erreicht, drückt Gottfried durch eine weitere poetische Bearbeitung einer Sentenz aus Publilius Syrus aus, bei dem er „Didicere flere feminae in mendacium"[23] (Die Frauen haben gelernt, zu weinen, um zu lügen) aufgefunden hat:

[...] vrouwen [...]
enhabent dekeiner trüge niht
noch aller valsche keinen,
wan daz si kunnen weinen
âne meine und âne muot,
als ofte sô si dunket guot. (Vv. 13895–13902)

So braucht Isolde nur heftig zu weinen, und schon akzeptiert der leichtgläubige Marke eine Lügengeschichte nach der anderen. So glaubt er ihr sogar, wenn sie ihm mit dem Sprichwort *man sprichet von den vrouwen daz, si tragen ir manne vriunden haz* (Vv. 13987–13988) vortäuschen will, daß sie Tristan haßt. Ironisch stellt Gottfried nach dieser gelungenen Heuchelei fest, daß *Marke der zwîvelaere / der was dâ wider zu wege komen* (Vv. 14010–14011). So kommt Marke immer wieder ins Gleichgewicht, um doch wieder dem Verdacht zu verfallen. Mit sprichwörtlichen Lehren hält sich Gottfried hier größtenteils zurück, wohl auch um den spannenden Erzählvorgang über das listige Liebespaar nicht zu unterbrechen.

Dagegen geht es im „Gottesurteil"-Buch recht sprichwörtlich zu. Gleich zu Anfang ergreift Gottfried einleitend Partei gegen die Falschheit von Melot und Marjodo, die Tristan unter dem Vorwand der Freundschaft nachstellen, und faßt seinen Widerwillen mit folgendem Sprichwort zusammen: *Ich spriche daz wol überlût, daz keiner slahte nezzelcrût / nie wart sô bitter noch sô sûr / alse der sûre nâchgebûr, noch nie kein angest alsô grôz /*

---

23 Vgl. den Stellenkommentar bei Okken [Anm. 16], Bd. 1, S. 495–496.

alse der valsche hûsgenôz (Vv. 15047–15052). Nicht einmal fünfzig Verse später zieht Gottfried ein weiteres Sprichwort heran, um erneut gegen Melot und Marjodo zu polemisieren: *swâ die hûsgenôze sint / g'antlützet alse der tûben kint / und alse des slangen kint gezagel, dâ sol man criuzen vür den hagel / und segenen vür den gaehen tôt* (Vv. 15093–15097). Wenn Brangäne dann Tristan vor der von Melot gestellten Falle mit dem Mehl vor dem Bett warnt, baut Gottfried, die Handlung unterbrechend und daher spannungssteigernd, ein gängiges Sprichwort ein: *er tete diu gelîche wol, daz minne âne ougen wesen sol / und liebe keine vorhte hât* (Vv. 15165–15167). Erst dann läßt er *Tristan der minnen blinde* (V. 15186) zum anderen Bett hinüberspringen, doch dieser Sprung geht, wie erwartet, über seine Kräfte. Hier zeigt sich erneut die Metapher der Minneblindheit,[24] welche weder Angst noch Furcht kennt oder irgendwelche Grenzen zuläßt. Petrus TAX interpretiert diese Szene sehr negativ, denn für ihn ist Tristan „in symbolischem Sinne *der minnen blinde*: durch sein geschlechtliches Verhalten bekundet er, daß er seine Liebe in ihrem Wesen nicht sieht und so verkennt". TAX argumentiert sogar, daß Tristan „für die *minne* in höherem Sinne blind ist",[25] doch vergißt er dabei, daß die Tristanminne von vornherein die geistige und geschlechtliche Liebe einbezieht. Gottfried von Straßburg hat doch gerade für die erotische Liebe Verständnis, solange sie auch das Spirituelle einbezieht und auch das Leid. König Marke dagegen ist in der Tat „minneblind", denn für ihn ist Liebe nur Lust und Begehren.

Am Hofe Markes treiben Tristan und Isolde ihr verborgenes Liebesspiel und begeben sich so immer wieder in die Gefahr des Entdecktwerdens. So stark ist ihre Liebe, daß sie dem Sprichwort „Liebe macht blind" nach oft die heikle Situation gar nicht erkennen:

die gelieben die hâlen
ir liebe z'allen mâlen
vor dem hove und vor Marke
als verre und alse starke,
sô sî diu blinde liebe lie,
diu mit in beiden umbe gie. (Vv. 16449–16454)

Hier wird nur indirekt auf das gängige Sprichwort angespielt, doch will Gottfried damit hervorheben, daß die Tristanminne so stark ist, daß sie vor gesellschaftlichen Intrigen blind macht. Tristan und Isolde meinen, die offensichtliche Gebärdensprache ihrer Liebe verstecken zu können, doch ist dies, wie Gottfried bildhaft durch ein passendes metaphorisches Liebessprichwort erklärt, schier unmöglich:

er haete vil wâr, der dâ sprach:
si sint doch gerne ein ander bî,
daz ouge bî dem herzen,
der vinger bî dem smerzen.
des herzen leitesterne
die schâchent vil gerne

---

24 Vgl. zu den vielen Blindheits-Metaphern vor allem Wessel [Anm. 14], S. 398–401. Zur Mehlstreu-Szene insbesondere auch S. 250–251.

25 Tax [Anm. 20], S. 99–100.

dar, dar daz herze ist gewant.
ouch gât der vinger und diu hant
vil dicke und ze maneger zît
des endes, dâ der smerze lît.[26] (Vv. 16472–16482)

Diese liebevolle Gestik sowie sein ewiger Zweifel und Verdacht an der Liebe Isoldes peinigen den argwöhnischen König Marke so sehr, daß er Isolde und Tristan *in disem blinden leide* (V. 16535) vom Hofe verbannt. Seine sprichwörtliche Blindheit beruht nicht so sehr auf aufrichtiger Liebe, sondern auf seinem Schmerz darüber, um seinen ihm rechtlich zustehenden Liebesbesitz betrogen zu sein. So verbannt er die beiden vom Hof, da ihre *liebe sô grôz ist* (V. 16599), und durchaus mit menschlicher Größe spricht er die vergebenden Worte *vart ir beidiu gote ergeben, leitet liebe unde leben, als iu ze muote gestê* (Vv. 16617–16619).

Im „Minnegrotte"-Buch tritt das alltägliche Sprichwort verständlicherweise zurück, denn in diesem Minneheiligtum hat gesellschaftliche Didaktik nichts zu suchen. Doch da entdeckt Marke die beiden Schlafenden in der Grotte und wird von dem schönen Körper Isoldes in Leidenschaft versetzt. Die Körperlichkeit von Markes 'Liebe' wird von Gottfried hier ganz bewußt betont, um sie in ihrer Sexualität von der Herzensminne Tristans und Isoldes abzusetzen:

Minne diu warf ir vlammen an,
Minne envlammete den man
mit der schoene ir lîbes.
diu schoene des wîbes
diu spuon im sîne sinne
z'ir libe und z'r minne. (Vv. 17593–17598)

So ruft der scheinbar versöhnte Marke das Paar an den Hof zurück, wo er sich erneut der Freude an Isoldes Körper hingeben kann. Ganz deutlich differenziert Gottfried hier wieder zwischen höfischer Liebe und Tristanminne:

Marke der was aber dô vrô.
ze vröuden haete er aber dô
an sînem wîbe Îsolde,
swaz sô sîn herze wolde,
niht z'êren, wan ze lîbe. (Vv. 17723–17727)

Marke behandelt seine Isolde, als ob sie ihn tatsächlich liebte, obwohl er ganz genau weiß, *daz sîn wîp Îsôt / ir herzen unde ir sinne / an Tristandes minne / mitalle was vervlizzen*

---

26 Okken [Anm. 16], Bd. 1, S. 557–558, bietet eine lange Belegkette für das bis auf die griechische Antike zurückgehende Sprichwort. Er zitiert auch den Beleg „Ubi dolor ibi manus, ubi amor ibi oculus" (Wo der Schmerz, dort die Hand; wo die Liebe, dort das Auge) aus Notker III. von St. Gallen (nach: Die Schriften Notkers und seiner Schule, hrsg. von P. Piper. Bd. I. Freiburg i. Br., Tübingen 1882, S. 594). Weitere Belege in Singer [Bibliogr.], Bd. 1, S. 57. Vgl. zu dieser zum Sprichwort gewordenen Liebesmetaphorik auch Kunzer [Anm. 16], S. 161; Wessel [Anm. 14], S. 314–315, und Roy Wisbey, Living in the Presence of the Past: Exemplary Perspectives in Gottfried's 'Tristan'. In: Adrian Stevens und R. Wisbey (Hgg.), Gottfried von Strassburg and the Medieval Tristan Legend. Cambridge/England 1990, S. 257–276, hier S. 258–259.

(Vv. 17748–17751). Hier nun endlich fügt Gottfried das längst erwartete Sprichwort von
der Blindheit der Liebe ein, um das fragwürdige Betragen Markes zu erläutern:

> *diz was diu alwaere,*
> *diu herzelôse blintheit,*
> *von der ein sprichwort dâ seit:*
> *„diu blintheit der minne*
> *diu blendet ûze und inne."* (Vv. 17738–17742)

In einem regelrechten Blindheits-Exkurs läßt sich Gottfried darüber aus, wie Markes
geluste unde gelange (V. 17767) nach Isolde als Liebesobjekt ihn mit Blindheit geschlagen haben. Recht sprichwörtlich mutet dabei Gottfrieds allgemeingültige und besonders
auf Marke passende Zusammenfassung der Situation an:

> *swaz man von blintheit geseit,*
> *sone blendet dekein blintheit*
> *als anclîch und als ange*
> *so geluste unde gelange.* (Vv. 17797–17800)

Doch indem die Begierde und das Verlangen Markes als schuldhafte Blindheit ausgewiesen werden, scheint Gottfried mit einem unmittelbar darauf folgenden Sprichwort ein
gewisses Verständnis für Markes Schwäche auszusprechen:

> *ez ist doch wâr ein wortelîn:*
> *„schoene daz ist hoene."*
> *diu wunderlîche schoene*
> *der blüejenden Îsôte*
> *diu blante ie genôte*
> *Marken ûze und innen*
> *an ougen unde an sinnen.*[27] (Vv. 17802–17808)

Die Schönheit Isoldes hat etwas Sirenenhaftes für Marke an sich, dessen er sich nicht
erwehren kann. Mit Blindheit geschlagen, kann oder will er nicht sehen, was er doch sehen
müßte. Rüdiger KROHN spricht treffend von einer „zwanghaft gewollten Blindheit" Markes, der „durch seine animalische Begehrlichkeit in deutlicher Distanz zu der – in den Stand
der Sündelosigkeit erhobenen – Idealität der Leidenschaften zwischen den beiden Liebenden erscheint".[28] Einsicht in seine menschliche, wenn auch nicht rechtliche Schuld ist ihm
nicht gegeben, und so ist er auch nicht bereit dazu, auf die Liebesgemeinschaft mit seiner
Frau Isolde zu verzichten.

Stattdessen führt ihn seine Verblendung zu ständiger Überwachung Tristans und
Isoldes, was Gottfried in einem *huote*-Exkurs dazu führt, durch ein geschickt eingebautes
Sprichwort für Isolde Partei zu ergreifen. Er mißbilligt offensichtlich Markes Überwa-
chungsdienst, den eine 'gute' Frau wie Isolde nicht nötig hat:

---

27   Vgl. zu diesen Sprichwörtern und dem Blindheitsmotiv auch Christ [Anm. 16], S. 107–109, und Wessel
      [Anm. 14], S. 366–368. Vgl. auch die Belegtexte in Singer [Bibliogr.], Bd. 3, S. 54.
28   Rüdiger Krohn, Erotik und Tabu in Gottfrieds 'Tristan': König Marke. In: Rüdiger Krohn, Bernd Thum u.
      Peter Wapnewski (Hgg.), Stauferzeit. Geschichte, Literatur, Kunst. Stuttgart 1977, S. 362–376, hier S.
      367–368.

der guoten [wîp] darf man hüeten niht,
sie hüetet selbe, als man giht.[29] (Vv. 17875–17876)

Da Marke Isolde seine Lust lediglich aufzwingt, wird Isolde trotz rechtlichen Ehebruchs hier nicht verurteilt, und als Teilnehmerin an der Tristanminne ist sie von vornherein eine gute Frau. Durch den Rückgriff auf ein weiteres Sprichwort aus Publilius Syrus gelingt es Gottfried, diese Argumentation zu verallgemeinern und zu beglaubigen:

swie dicke man es beginne,
dem wîbe enmac ir minne
nieman ûz ertwingen
mit übelîchen dingen.
man leschet minne wol dermite.
huote ist ein übel minnen site.[30] (Vv. 17917–17922)

Natürlich gehört Isolde auch zu den Frauen, die *mit liebe und mit leide* (V. 18004) ihr äußeres und inneres Ansehen bewahren. Schließlich zieht Gottfried in diesem Frauen-Exkurs auch noch folgendes Sprichwort heran, das auf indirekte Weise Isoldes Liebe einzig und allein für Tristan rechtfertigt. Sie kann ja gerade nur Tristan lieben und nicht Marke zugleich:

alse ein wârez sprichwort giht:
„diu manegem minne sinnet,
diu ist manegem ungeminnet." (Vv. 18042–18044)

Nach diesem lehrhaften Exkurs, der gleichzeitig als eine Art Verteidigung Isoldes zu verstehen ist, entdeckt König Marke dann mit offenen Augen Tristans und Isoldes Betrug. Sie müssen sich trennen, und selbstverständlich bringt Gottfried hier abschließend das überwiegende Motiv von *liep unde leit* (V. 18323) erneut ins Spiel. In dem Torso gebliebenen Buch über Isolde Weißhand verstrickt sich Tristan in ein eher auf Lust und Begierde ausgerichtetes Liebesverhältnis, das sich bewußt vom Leid der Tristanminne nun zur Freude hinwendet. Auch das Blindheitsmotiv tritt passend zu dieser Verwirrung auf, und dies sogar in einer Selbstanalyse Tristans:

verirreter Tristan!
lâ disen blinden unsin,
tuo disen ungedanc hin! (Vv. 19164–19166)

Und doch vermag er den Liebesbanden der neuen Isolde nicht zu entkommen, und so wird er von ihrer Schönheit geblendet, wie dies Marke von der ersten Isolde geschehen war. Die Parallelität des Vokabulars und vor allem die Wiederaufnahme des Blindheits-Sprichwortes als metaphorisches Leitmotiv lassen erkennen, wie der 'minneheilige' Tristan auf das lustbestimmte Niveau seines Onkels abgesunken ist:

---

29 Zur Quellengeschichte dieses bis zu Ovid zurückgehenden Sprichwortes vgl. Rüdiger Schnell, Der Frauenexkurs in Gottfrieds 'Tristan'. Zeitschrift für deutsche Philologie 103 (1984), S. 1–26, hier S. 6f.
30 Zum Quellenbeleg vgl. Singer [Bibliogr.], Bd. 3, S. 57; und Krohn [Anm. 15], Bd. 3, S. 174.

wan weizgot diu lust, diu den man
alle stunde und alle zît
lachende under ougen lît,
diu blendet ougen unde sin,
diu ziuhet ie daz herze hin. (Vv. 19358–19362)

Interesant ist hier natürlich, daß Gottfried sein sprichwörtliches Leitmotiv von *liebe* zu *lust* abwandelt, ein deutliches sprachliches Zeichen dafür, daß Tristan mindestens so tief gefallen ist wie Marke. Das hat mit der Liebe und Leid enthaltenden Tristanminne nichts mehr zu tun, wie Tristan selbst kurz vor Gottfrieds Abbruch seiner Erzählung feststellt:

ez enstât nu niht als wilent ê,
dô wir ein wol, dô wir ein wê,
eine liebe und eine leide
gemeine truogen beide. (Vv. 19479–19482)

Diese effektive Verarbeitung der sprichwörtlichen Liebes- und Leides- und der Blind-heitsmotive am Ende dieses großartigen Werkes läßt noch einmal erkennen, mit welchem sprachlichen und stilistischen Können Gottfried von Straßburg den Tristan-Stoff bearbeitet hat. Sein Epos ist nicht vordergründig didaktisch, und so treten Sprichwörter in dieser Abenteuer- und Liebesgeschichte auch nicht sehr häufig auf. Wo sie aber zum Vorschein kommen, da übernehmen sie als sprachliche Zeichen oft ausgesprochene Schlüsselaussa-gen, die für das Verständnis dieses tiefgründigen Werkes von erheblicher Bedeutung sind. Dabei hat sich erwiesen, daß besonders Sprichwörter über die Liebe und die damit verbundene Blindheit als ständig variierte Leitmotive von Anfang bis Ende auftreten und somit den eigentlichen Ideengehalt des Epos volkssprachlich und metaphorisch widerspie-geln. So entpuppen sich die Sprichwörter in Gottfried von Straßburgs 'Tristan' als gewichtige Mosaiksteinchen, deren Beachtung zu einem erweiterten Verständnis und einer höheren Wertschätzung dieses mittelhochdeutschen und nach wie vor klassischen Werkes führt.[31]

---

31 Während der Drucklegung meines Beitrages ist mir noch folgende Arbeit bekannt geworden: Thomas Tomasek, Überlegungen zu den Sentenzen in Gotfrids *Tristan*. In: Dorothee Lindemann, Berndt Volkmann u. Klaus-Peter Wegera (Hgg.), „bickelwort" und „wildiu maere". Festschrift dür Eberhard Nellmann. Göppingen 1995, S. 199–224.

"als man daz golt sol liutern in der esse"

Sprichwörtliche Ironie und Didaktik in Hartmanns von Aue *Erec*

Sprachlich und kulturgeschichtlich ausgerichtete Studien zur Literatur des Mittelalters verweisen hier und da auch auf sprichwörtliches Material, und zu einzelnen mittelhochdeutschen Dichtern liegen detaillierte Spezialuntersuchungen zur Integration von Sprichwörtern und Redensarten vor. Vor allem sind größere epische Werke wie etwa Hugo von Trimbergs 'Renner' oder das 'Nibelungenlied' nach Sprichwörtlichem durchsucht worden, aber auch die Lyrik Oswalds von Wolkenstein zum Beispiel ist eingehend auf ihre sprichwörtliche Weisheit hin analysiert worden[1]. Dieses rege Interesse am Sprichwortgut in der mittelhochdeutschen Literatur geht bis zu Wilhelm Grimm zurück, der besonders in seiner Ausgabe von 'Vrîdankes Bescheidenheit' (1834) auf Freidanks sprichwörtliche Sprache eingegangen ist und über viele Jahre hinweg Sprichwörtliches in einer erst 1988 veröffentlichten mittelhochdeutschen Sammlung zusammengestellt hat[2]. Ignaz Zingerle hat dann 1864 seine auch heute noch wertvolle Sammlung 'Die deutschen Sprichwörter im Mittelalter' vorgelegt, und selbstverständlich ist auch Samuel Singers dreibändige Sammlung der 'Sprichwörter des Mittelalters' zu erwähnen[3]. Aus dessen voluminösem Nachlaß ist momentan unter der Leitung von Ricarda Liver der auf neun gewaltige Bände geplante 'Thesaurus proverbiorum medii aevi' im Erscheinen begriffen[4]. Beachtet man zusätzlich noch Wernfried Hofmeisters grundlegende Studie 'Sprichwortartige Mikrotexte als literarische Medien, dargestellt an der hochdeutschen politischen Lyrik des Mittelalters'[5], die sich vor allem mit dem Problem der oft schwierigen

---

[1] Vgl. dazu sowie zu zahlreichen Sprichwortstudien zur europäischen Literatur des Mittelalters Wolfgang MIEDER/George B. BRYAN, Proverbs in World Literature: A Bibliography (New York 1996). Hingewiesen sei ebenfalls auf meine in diese Bibliographie noch nicht aufgenommenen Arbeiten *Swaz sich sol gefüegen*: Sprichwort und Schicksal im 'Nibelungenlied', in: Bo ANDERSSON/Gernot MÜLLER (Hgg.), Kleine Beiträge zur Germanistik. Festschrift für John Evert HÄRD (Uppsala 1997) 165–177; sowie *Liebe unde leide*: Sprichwörtliche Liebesmetaphorik in Gottfrieds 'Tristan', in: Das Mittelalter 2 (1997) 7–20.

[2] Vgl. Wolfgang MIEDER, *Findet, so werdet ihr suchen!*: Die Brüder Grimm und das Sprichwort (Bern 1986); und Karin WILCKE/Lothar BLUHM, Wilhelm Grimms Sammlung mittelhochdeutscher Sprichwörter, in: Ludwig DENECKE (Hg.), Brüder Grimm Gedenken (Marburg 1988) VIII, 81–122.

[3] Ignaz ZINGERLE, Die deutschen Sprichwörter im Mittelalter (Wien 1864/Wiesbaden 1972); Samuel SINGER, Sprichwörter des Mittelalters (Bern 1944–47).

[4] Ricarda LIVER u.a. (Hgg.), Thesaurus proverbiorum medii aevi [TPMA]. Lexikon der Sprichwörter des romanisch-germanischen Mittelalters (Berlin 1995ff.).

[5] Wernfried HOFMEISTER, Sprichwortartige Mikrotexte als literarische Medien, dargestellt an der hochdeutschen politischen Lyrik des Mittelalters (Bochum 1995).

Identifikation sprichwörtlicher Sprache des Mittelalters befaßt, so liegt Wissenschaftlern wertvolles Rüstzeug zu weiterer Forschung vor.

Und es gibt durchaus noch genug auf diesem parömiologischen Gebiet zu erarbeiten, wie ein Blick allein schon auf die Sprichwörtlichkeit der Werke Hartmanns von Aue zeigt. Gewiß, es ist den vielen Interpreten der epischen Werke Hartmanns keineswegs entgangen, daß dieser oft didaktische Erzähler wiederholt Sentenzen und Sprichwörter in seine Werke eingebaut hat. Noch vor Wilhelm Grimm hat Franz Mone bereits 1830 eine Liste von 40 Zeilenbelegen aus dem Artusepos 'Iwein' zusammengestellt, die alle reflektierend Spruchhaftes enthalten[6]. Vier Jahre später hat Wilhelm Grimm in seiner Freidank-Ausgabe auf fünf Paralleltexte aus 'Iwein' hingewiesen[7], und in seinem Aufsatz «Über Freidank» (1850) finden sich auch weitere Belege aus Hartmann, dieses Mal auch zwei aus dem Artusepos 'Erec'[8]. Auf den sprichwörtlichen Gehalt dieses Erstlingswerkes des großen Epikers ist selbstverständlich verschiedentlich hingewiesen worden, aber eben doch meist nur in der Form von Zeilenlisten oder direkten Zitaten, wobei es den Forschern hauptsächlich um die Identifikation der sprichwörtlichen Texte und nicht um deren Interpretation im Sinnzusammenhang des ganzen Werkes ging. So weist der frühe Herausgeber des 'Erec' Moriz Haupt in seinen philologischen Anmerkungen auf neun sprichwörtliche Stellen hin, indem er zweifelsohne wichtige Parallelbelege aus anderen mittelhochdeutschen Werken hinzufügt, woraus sich der eigentliche Beweis der Sprichwörtlichkeit dieser Belege ergibt[9]. Auf dreißig sentenziöse bzw. sprichwörtliche Stellen verweist Richard Lorenz, Anton Schönbach bietet eine Zeilenliste von 39 Belegen, Georg Jeske kommt auf 22, Gustav Ehrismann nur auf 15, Günter Mecke erreicht 38, Hans-Peter Kramer fällt auf nur 14 Belege zurück und Paul Arndt begnügt sich mit einer Liste von 12 Zeilenverweisen[10]. Allerdings behaupten

---

[6] Franz MONE, Zur Literatur und Geschichte der Sprüchwörter (Quellen und Forschungen zur Geschichte der teutschen Literatur und Sprache 1) 1830, 186–214 (hier 208). MONE sagt nichts über Hartmanns 'Erec' und dessen andere Werke.

[7] Vgl. Wilhelm GRIMM, Vrîdankes Bescheidenheit (1834) LXXXIX, XCIV, XCVII, 333 und 344.

[8] Vgl. Wilhelm GRIMM, Über Freidank [1850], in: ders., Kleinere Schriften, hg. von Gustav HINRICHS (Gütersloh 1887) IV, 5–92 (hier 12–13). Bei 'Erec' handelt es sich um die Sprichwörter der Zeilen 432–433 und 4801–4802. Drei weitere Belege aus Hartmann auch in W. GRIMM, Über Freidank. Zweiter Nachtrag [1855], in: ders., Kleinere Schriften, IV, 98–116 (hier 106).

[9] Vgl. Hartmann von Aue, Erec. Eine Erzählung, hg. von Moriz HAUPT (Leipzig ²1871). Es handelt sich um die Zeilen 432, 653, 4101, 4730, 5483, 5916, 7905, 8624 und 10133 im Kommentarteil. Anmerkungen zu zehn sprichwörtlichen Textstellen bietet auch Fedor BECH in seiner Ausgabe: Hartmann von Aue, Erec der wunderaere (Leipzig ⁴1934). Hier handelt es sich um die Zeilen 93, 651, 761, 1229, 4226, 4777, 5400, 6350, 7516 und 7905.

[10] Vgl. hierzu Richard F. C. LORENZ, Über das lehrhafte Element in den deutschen Kunstepen (Rostock 1881) 21–28 (in den Anmerkungen); Anton Emanuel SCHÖNBACH, Über Hartmann von Aue. Drei Bücher Untersuchungen (Graz 1894/Hildesheim 1971) 472; Georg JESKE, Die Kunst Hartmanns von Aue als Epiker (Greifswald 1909) 95; Gustav EHRISMANN, Geschichte der deutschen Literatur bis zum Ausgang des Mittelalters (München 1927/1965) II, 1. Teil, 210; Günter MECKE, Zwischenrede, Erzählerfigur und Erzählhal-

diese Autoren auch nicht, eine gewisse Vollständigkeit der vorgeprägten Sprachmuster angestrebt zu haben.

Das hätte man in Zingerles bereits erwähnter Sammlung 'Die deutschen Sprichwörter im Mittelalter' eher erwarten können, doch bietet dieser lediglich vier sprichwörtliche Belege aus Hartmanns immerhin 10135 Zeilen umfassendem Artusroman[11]. Da ist Liselotte Hofmann in ihrer Studie zum 'Volkskundlichen Gehalt der mittelhochdeutschen Epen' (1939) mit 20 Belegzitaten aus 'Erec' bedeutend weiter gegangen[12], während der große Kenner des mittelalterlichen Sprichwortes Samuel Singer lediglich zwei 'Erec' in seinem dreibändigen Werk 'Sprichwörter des Mittelalters' belegt hat[13]. Allerdings weist er in einem wertvollen Aufsatz mit dem Titel 'Sprichwortstudien' (1939) wenigstens auf drei in 'Erec' registrierte Sprichwörter hin[14]. Singer geht überraschenderweise sogar so weit, folgendes nicht haltbares Urteil zu fällen: «Im Ganzen und Grossen liebt Hartmann das Sprichwort nicht. Wo es bei ihm erscheint, stammt es meist aus der geistlichen, nicht der bäuerlichen Sphäre»[15]. Recht soll Singer jedoch darin gegeben werden, daß etliche Sprichwörter und Redensarten tatsächlich auf die Bibel zurückgehen[16]. Da der neue TPMA auf den umfangreichen Vorstudien und Manuskripten Singers beruht, wird es kaum überraschen, daß in den fünf bisher erschienenen Bänden nur sieben Belege aus 'Erec' registriert sind[17]. So haben weder Parömiologen noch Mediävisten genügend Interesse an der sprichwörtlichen Sprache und deren Bedeutung für ein ideengeschichtliches Verständnis der Hartmannschen Werke gezeigt.

---

tung in Hartmanns von Aue 'Erec' (Diss. München 1965) 27; Hans-Peter KRAMER, Erzählerbemerkungen und Erzählerkommentare in Chrestiens und Hartmanns 'Erec' und 'Iwein' (Göppingen 1971) 92; und Paul Herbert ARNDT, Der Erzähler bei Hartmann von Aue: Formen und Funktionen seines Hervortretens und seine Äußerungen (Göppingen 1980) 111.

[11] ZINGERLE (Anm. 3); es dreht sich um die Zeilen 1229 (S. 70), 3243 (S. 167), 7009 (S. 147) und 9429 (S. 167).

[12] Vgl. Liselotte HOFMANN, Der volkskundliche Gehalt der mittelhochdeutschen Epen von 1100 bis gegen 1250 (Zeulenroda 1939) 58–59. Diese Studie ist auch heute noch von großer Bedeutung, und zwar besonders das Kapitel über 'Volks- und Spruchweisheit' (52–82). Zu den «eindeutigen Sprichwörtern» in 'Erec' zählt sie folgende Zeilen: 348, 393, 1230, 2527, 3876, 4101, 5764, 5826, 6006, 6233, 7010, 9059 und 10112; sprichwörtliche Redensarten treten in den Zeilen 644, 2816 und 8856 auf; und Sentenzen verzeichnet HOFMANN in den Zeilen 167, 1323, 3242 und 9430.

[13] SINGER (Anm. 3). Es dreht sich um Zeile 432 (II, 183) und Z. 4801 (III, 93). Hier zieht SINGER diese beiden Sprichwörter als Parallelbelege zu Texten aus Freidank hinzu.

[14] Vgl. Samuel SINGER, Sprichwortstudien, in: Schweizerisches Archiv für Volkskunde 37 (1939) 129–150, hier 141–142; es geht um die Zeilen 3243, 4801 und 6351.

[15] SINGER (Anm. 14) 140.

[16] Vgl. dazu die Ausführungen von SCHÖNBACH (Anm. 10) 197–209. Um biblische Sentenzen und Sprichwörter dreht es sich vor allem in den Zeilen 432, 5821, 5896, 5985 und 6783.

[17] TPMA (Anm. 4); es handelt sich um folgende Belege: zu Zeile 432 (I, S. 31, Nr. 55); zu Z. 3242 (III, S. 362, Nr. 438), zu Z. 4101 (I, S. 173, Nr. 49); zu Z. 4801 (IV, S. 403, Nr. 72); zu Z. 5804 (V, S. 151–152, Nr. 251); zu Z. 6351 (V, S. 160, Nr. 453); und zu Z. 6785 (V, S. 127, Nr. 123).

Die bisher bedeutendste Studie auf diesem Gebiet ist zweifelsohne Wilhelm Weises 'Die Sentenz bei Hartmann von Aue'[18] (Diss. Marburg 1909; Bielefeld: A. von der Mühlen, 1910). Allerdings dreht es sich auch bei ihm um eine rein philologisch-positivistische Analyse, das heißt Weise registriert vor allem Textstellen, ohne jedoch auf Funktion, Sinn und Zweck dieser sentenzenhaften Elemente näher einzugehen. Von größter Bedeutung ist jedoch, daß Weise für jeden Beleg aus dem umfangreichen Gesamtwerk Hartmanns wo angebracht auch die Parallelstellen aus dessen Vorlagen zitiert[19]. Dabei ist Weise nun zu dem ungemein wichtigen Schluß gekommen, daß Hartmann vor allem in seinem 'Erec' im Vergleich zu dessen französischer Vorlage 'Erec et Enide' von Chrétien de Troyes in bezug auf sprachliche Fertigware sehr selbständig gearbeitet hat: «Die Sentenzen und speziell die Sprichwörter, die in keinem anderen Gedichte Crestiens in solchem Umfange wiederkehren, übernimmt Hartmann nicht, und es lässt sich im 'Erec' nicht eine Sentenz nachweisen, die Hartmann wörtlich entlehnt hätte, wie dies ja namentlich in dem ersten Teil des 'Iwein' der Fall ist»[20]. Weise versucht diese scheinbar bewußte Abkehr Hartmanns von der formelhaften Sprache Chrétiens folgendermaßen zu erklären: «Schon der höfische Charakter seiner Dichtungen gebot das Volkstümliche zu meiden, eben weil es 'dörperhaft' war, und 'grob Garn' durfte nicht unterlaufen. Deshalb wohl unterlässt es Hartmann im 'Erec', so manches Sprichwort seiner Vorlage zu verwenden»[21]. Dem widerspricht dann jedoch, daß Hartmann es für durchaus angebracht gehalten hat, deutschsprachige Sprichwörter und Redensarten von sich aus in seine freie Übersetzung und Bearbeitung der französischen Vorlage einzubauen.

Es darf diesbezüglich auch nicht vergessen werden, daß Hartmann die Übersetzung von Sprichwörtern im Mittelalter ebenso schwierig wird gefunden haben wie das Übersetzer heutzutage empfinden[22]. Für viele der Sprichwörter Chrétiens lagen

[18] Wilhelm WEISE, Die Sentenz bei Hartmann von Aue (Diss. Marburg 1909, Druck Bielefeld 1910).
[19] Eine sehr übersichtliche Gegenüberstellung der sentenzartigen und sprichwörtlichen Betrachtungen aus Chrétiens 'Erec' mit den parallelen Textstellen aus Hartmann bietet jetzt auch Ursula KUTTNER, Das Erzählen des Erzählten: Eine Studie zum Stil in Hartmanns 'Erec' und 'Iwein' (Bonn 1978) 35–46. Auch sie weist deutlich nach, «daß Hartmann auf Sentenzen und Sprichwörter der Vorlage verzichtet» (40). Irmingard BAMBERGS Untersuchung über 'Die Sentenz in der erzählenden Dichtung Hartmanns von Aue'. (Diss. Berlin 1945) geht nicht auf Sprichwörtliches ein (vgl. 4–5). Ich verdanke diesen Hinweis meinem Freund Helmut WALTHER (Wiesbaden), der die mir nicht zugängliche Arbeit für mich einsah.
[20] WEISE (Anm. 18) 21. Zu den Sprichwörtern in den großen Epen Chrétiens de Troyes vgl. Marcelle B. ALTIERI, Les romans de Chrétien de Troyes: Leur perspective proverbiale et gnomique (Paris 1976); und Elisabeth SCHULZE-BUSACKER, Proverbes et expressions proverbiales dans la littérature narrative du moyen âge français: Recueil et analyse (Paris 1985) 46–64.
[21] WEISE (Anm. 18) 18.
[22] Vgl. die zahlreichen Studien zum Übersetzungsproblem von Sprichwörtern und Redensarten in Wolfgang MIEDER, International Proverb Scholarship: An Annotated Bibliography, 3 Bde. (New York 1982, 1990, 1993). Mit deutsch-französischen Verhältnissen befaßt sich z. B. Melanie HIGI-WYDLER, Zur Übersetzung von Idiomen: Eine Beschreibung und Klassifizierung deutscher Idiome und ihrer französischen Übersetzungen (Bern 1989).

ihm nicht unbedingt äquivalente deutschsprachige Sprichwörter vor. Da wird er
sich bei der Länge von 'Erec' kurzerhand entschlossen haben, auf das französische
Sprichwort zu verzichten und stattdessen seine ihm geläufigen mittelhochdeutschen
Sprichwörter an geeigneter Stelle einzubauen. Hier sei wenigstens ein Beispiel für
ein von Chrétien verwendetes Sprichwort angeführt, das zwar im Französischen
längst geläufig war, das jedoch zur Zeit Hartmanns noch nicht ins Deutsche entlehnt
worden war. So zitiert Chrétien de Troyes in seinem 'Erec' das Sprichwort *Tant
grate chievre, que mal gist* (Zeile 2588). Samuel Singer hat dafür etliche französische
Belege zusammengestellt und behauptet, daß Hartmann das Sprichwort in seiner
Übersetzung bzw. Bearbeitung «einfach fort[lässt], weil es ihn nicht fein genug
dünkt». Und doch fährt er gleich darauf mit folgender Bemerkung fort: «Weder
England noch Spanien scheinen das [Sprich]Wort zu kennen. In Deutschland ist es
jedenfalls erst spät eingedrungen»[23]. So muß es also nicht unbedingt die volkstümliche Metapher des Sprichwortes (auf Deutsch etwa: «So lange scharrt die Ziege, bis
sie schlecht liegt») gewesen sein, die Hartmann von einer Übernahme abgehalten
hat. Er kannte eben auch kein deutsches Äquivalent, obwohl Singer in seinen
'Sprichwörter[n] des Mittelalters' sieben Jahre nach dieser Aussage bereits bei Freidank den mittelhochdeutschen Beleg *Diu geiz kratzet manege zît / Von weiche, biz
si herte lît* entdeckt[24]. Hier meint Singer nun, daß «Hartmann in seiner Übersetzung
des Chrestienschen 'Erec' das Sprichwort, wohl als zu trivial, verschmäht [hatte]»[25].
Und doch soll hier nicht gegen Singer polemisiert werden, denn das volkssprachliche
Sprichwort mit dem drastischen Bild wird bei Chrétien von Enite selbstkritisch ausgesprochen, nachdem sie mit ihrem Seufzer auf das *verligen* mit Erec hingewiesen
hat[26]. Für Hartmann mag diese Metapher für seine höfische Enite, die er ja so
einmalig schön und perfekt geschildert hat, in der Tat zu drastisch gewesen sein.
Doch wie dem auch sei, Hartmann hat dieses und alle anderen bei Chrétien auftretenden Sprichwörter bewußt unterschlagen, sei es nun wegen Übersetzungsschwie-
rigkeiten oder aus stilistisch-künstlerischen oder gar ethischen Gründen.

Ganz so fremd und kritisch stand Hartmann der sprichwörtlichen Sprache an
sich jedenfalls nicht gegenüber. Das zeigen sehr deutlich auch die 34 Belege aus
'Erec', die von Weise in seiner sachlichen Gruppierung sämtlicher sentenzenhafter

---

[23] Singer (Anm. 14) 140.
[24] Singer (Anm. 3) II, 111.
[25] Singer (Anm. 3) II, 111. Dort auch weitere mittelhochdeutsche und frühneuhochdeutsche
Belege, mit besonderem Verweis auf das Sprichwort in Sebastian Francks gewichtiger
Sammlung: Sprichwörter / Schöne / Weise / Herrliche Clugreden / vnnd Hoffsprüch (Frankfurt am Main: Christian Egenolff, 1541/ND mit einem Vorwort von Wolfgang Mieder,
Hildesheim 1987) I, S. 142a. Vgl. auch Karl Friedrich Wilhelm Wander, Deutsches Sprichwörter-Lexikon, 5 Bde. (Leipzig 1867–1880/Darmstadt 1964) I, Sp. 1447, Geiss, Nr. 25:
«Wann(s) der Geiss (zu) wohl (auf dem Platz) ist, scharrt sie.» Der erste Teil des Sprichwortes hat in etwa die Bedeutung von «Wenn sie gut im Futter steht.»
[26] Vgl. hierzu auch Uwe Ruberg, Bilddokumentation im 'Erec' Hartmanns von Aue, in: Dietrich Hofmann (Hg.), Gedenkschrift für William Foerste (Köln 1970) 477–501, hier 495;
und Kuttner (Anm. 19) 36.

Textstellen aus Hartmanns Werken registriert wurden[27]. Ohne diese wertvolle Untersuchung von Weise irgendwie schmälern zu wollen (jeder sich mit der Sprache
und dem Stil Hartmanns befassenden Arbeit hat sie bisher als Grundlage gedient),
sei dennoch darauf hingewiesen, daß Weise dem parömiologisch interessierten Forscher den Beweis der Sprichwörtlichkeit der meisten Texte schuldig bleibt. Ihm genügt es im allgemeinen, daß die Texte reflektierend-sentenziös ausgerichtet sind,
und er erwähnt das eigentlich Sprichwörtliche nur nebenbei. Das gilt auch für
neuere stilistische Untersuchungen, wo dann jedoch neuerdings das interpretatori-
sche Element stärker auftritt[28]. Die vorliegende Arbeit will nun beide Zugänge verbinden, indem sie zuerst einmal auf eine Gesamtzahl von 97 sprichwörtlichen Textstellen mit Belegen aus wissenschaftlichen Sammelwerken kommt und diese dann
in ihrem literarischen Kontext eingehend analysiert. Dabei ist die erheblich höhere
Anzahl der Belege zum Teil dadurch zu erklären, daß diese Arbeit auch ausgesprochen sprichwörtliche Redensarten, Vergleiche und Zwillingsformeln einschließt,
während Weise und andere Forscher sich vor allem auf reflektierende Sentenzen
beziehen, wozu sie zuweilen auch Volkssprichwörter zählen. Wie sich zeigen wird,
ist Hartmann von Aue bereits in seinem Frühwerk ein didaktischer Erzähler, der die
sprichwörtliche Sprache ganz bewußt als kommunikativ effektives Stilmittel ein-
setzt. Andere Werke, vor allem das Artusepos 'Iwein' als spätes Pendant zu 'Erec'[29],
weisen durch ihre häufigere Verwendung von Sprichwörtern auf, daß Hartmann
diese im Laufe seiner dichterischen Entwicklung immer mehr zu schätzen wußte und
sie als volkssprachliche Weisheiten seinen exemplarischen und belehrenden Werken
einverleibte.

Bevor nun eine Interpretation von 'Erec' aufgrund seiner Sprichwörter unternom-
men wird, soll hier ganz allgemein einiges zu den sprichwörtlichen Flüchen, Zwillingsformeln, Vergleichen und Redensarten gesagt werden, die zwar erheblich zu

---

[27] Aus 'Erec' Zeile 348 (S. 71), Z. 393 (S. 7 und 58), Z. 540 (S. 84), Z. 643 (S. 6 und 76), Z.
1229 (S. 63), Z. 2254 (S. 53), Z. 2495 (S. 97), Z. 2526 (S. 97), Z. 2677 (S. 57), Z. 3242
(S. 9, 42 und 72), Z. 3694 (S. 81–82), Z. 3876 (S. 8 und 53), Z. 3908 (S. 13), Z. 4101
(S. 6 und 97), Z. 4293 (S. 57), Z. 4559 (S. 69), Z. 4801 (S. 94), Z. 5056 (S. 54), Z. 5764
(S. 73), Z. 5826 (S. 9), Z. 5985 (S. 84–85), Z. 6004 (S. 9, 44 und 97), Z. 6213 (S. 13), Z.
6233 (S. 55), Z. 6254 (S. 56), Z. 6556 (S. 54), Z. 7010 (S. 19 und 64), Z. 7936 (S. 93), Z.
8621 (S. 9 und 59), Z. 8855 (S. 6, 9, 44 und 98), Z. 9059 (S. 50), Z. 9061 (S. 57), Z. 9429
(S. 77), Z. 9823 (S. 69), und Z. 10112 (S. 61).
[28] Vgl. etwa Anthony van der LEE, Der Stil von Hartmanns 'Erec' (Utrecht 1950) 124–133;
Jan Catharinus Wilhelm Christinus de JONG, Hartmann von Aue als Moralist in seinen
Artusepen (Amsterdam 1964) 56–64; Eugene EGERT, The Artistic Use of Didactic Excur-
sions in Hartmann von Aue's 'Erec', in: Pacific Northwest Conference on Foreign Languages 20 (1969) 34–38; und Clarence Elliot BUTLER, Hartmann von Aue als Übersetzer und
Pädagoge: Eine Untersuchung zur Erhellung pädagogischer Absichten in den höfischen
Epen (Diss. Washington Univ. 1973) 98–122.
[29] So registriert zum Beispiel ZINGERLE (Anm. 3) allein für 'Iwein' 28 Belege, 6 für 'Gregorius'
und 4 für den 'Armen Heinrich'.

dem Bildgehalt und der Aussagekraft des Epos beitragen, die aber dessen Lehrhaftigkeit nicht beeinflussen. Gleich zu Beginn beschimpft der schreckliche Zwerg den ungerüsteten Erec, daß er sich als Abscheu der Sonne aus dem Staube machen solle: *sô rît dîne strâze/und hebe dich, der sunnen haz* (93–94)[30]. Später, wenn der Feigling Keiin Erec seine Probleme erläutert, benutzt auch er einen sprichwörtlichen Fluch, um seine Schande zu erklären und möglicherweise gar zu rechtfertigen: *den tiuvel ich mir selben weiz* (4791)[31]. Das sind volkssprachliche Ausdrücke, die sich für den Artusritter Erec nicht ziemen, der sie selbstverständlich auch nicht benutzt. Solche gängigen Flüche tragen stilistisch und bildlich dazu bei, den Kontrast zwischen rohen und feigen Personen und dem artuswürdigen Erec herauszustellen.

Über die Vorliebe zu sprichwörtlichen Zwillingsformeln oder sogenannten Paarformeln ganz allgemein in der mittelhochdeutschen Literatur ist viel geschrieben worden, und zwar auch ganz spezifisch über Hartmanns Verwendung solcher sprachlichen Fertigware[32]. Man hat zum Beispiel beweisen können, daß Hartmann in diesem Frühwerk eher selten zu solchen Formeln greift[33]. Selbstverständlich sind nicht all diese zweigliedrigen Wortverbindungen sprichwörtlich, doch sind etliche, und zwar besonders alliterierende Zwillingsformeln, bis zum heutigen Tage im Volksmund geläufig. So erklärt zum Beispiel Erec Enites Vater Koralus gegenüber, daß er ihr *beide liute unde lant* (521)[34] untertan machen will. Die sprichwörtliche Zwillingsformel «Land und Leute» erfreut sich auch heute noch großer Beliebtheit, wurde aber hier von Hartmann wegen des Reimes mit dem Partizip *genant* verdreht. Doch diese alliterierende Formel ermöglicht es Erec, den Ernst seiner Gesinnung, Enite nach bestandenem Sperberabenteuer zu heiraten, volkssprachlich zu untermauern.

Wenn Hartmann dann die Hochzeitsfeier von Erec und Enite beschreibt, werden die dichterischen Vorträge und die musikalischen Darbietungen kurzerhand mit einer bekannten stabreimenden Formel umschrieben: *daz vil süeze seitspil/und ander*

---

[30] Zitiert wird nach Hartmann von Aue, Erec. Mhd. Text und Übertragung von Thomas CRAMER (Frankfurt/M. 1972). Es ist versucht worden, sämtliche sprichwörtliche Aussagen aus WANDER (WA; Anm. 25) und/oder SINGER/LIVER (TPMA; Anm. 4) zu belegen. Zu diesem sprichwörtlichen Fluch vgl. Wa,V,204,Werth (Adverb) *25. Er ist nicht werth, dass ihn die Sonne bescheint. Die römische Zahl kennzeichnet den Band, die darauffolgende Zahl bezeichnet die Spalte, dann folgt das Hauptstichwort, und die letzte Zahl bezieht sich auf die Nummer des belegten Textes. Auf diese Angaben folgt jeweils auch der Belegtext aus WANDER.

[31] Wa,IV,1109–1109,Teufel *1143. Das weiss der Teufel.

[32] Vgl. vor allem Dietrich JÄGER, Der Gebrauch zweigliedriger Ausdrücke in der vor-, früh- und hochhöfischen Epik (Diss. Kiel 1960), worin sich ein ganzes Kapitel über solche binären Ausdrücke in Hartmanns 'Erec' (90–105) befindet. Vgl. auch die Zusammenstellungen von Zwillingsformeln in Theodor LANGER, Der Dualismus in Weltanschauung und Sprache Hartmanns von Aue (Greifswald 1913) 42–62; und in van der LEE (Anm. 28) 98–109.

[33] Vgl. Hubert ROETTEKEN, Die epische Kunst Heinrichs von Veldeke und Hartmans [sic] von Aue (Halle 1887) 94 (mit Beispielen auf 93–94) und 104 (mit verstreuten Beispielen auf 106–115). Vgl. auch Paul BLOCH, Variation und Wortwiederholung als Stilmittel bei Hartmann von Aue (Zürich 1906) 31–35.

[34] Wa,II,1774,Land *262. Landt vnnd leut.

kurzwîle vil,/sagen unde singen/und snelleclîchen springen (2152–2155)[35]. Formelhaft und für den Gehalt von 'Erec' eher unbedeutend sind solche Zwillingsformeln enthaltenden Zeilen wie *mich dunket gevüege unde reht* (3523)[36], *über kurz
oder über lanc* (6296)[37] und *reht unde billich* (7759)[38]. Gleich zweimal tritt die
Paarformel *schaden unde schande* (3885 und 6741)[39] auf, die sich jedoch trotz
ihres klischeehaften Charakters auf das gesellschaftliche Wertsystem bezieht. Und
es gelingt Hartmann sogar, die nun wirklich zum Leitmotiv der mittelhochdeutschen
Dichtung gewordene alliterierende und sprichwörtliche Zwillingsformel *liep unde
leit* gleich dreimal in seinen 'Erec' einzubauen, und zwar jeweils so, um damit die
Gefühlsregungen von Frauen prägnant auszudrücken. So erklärt Hartmann, daß
Enite zwar von Erecs Tapferkeit auf dem Turnier zutiefst beeindruckt ist, doch hat
sie gleichzeitg mit ihrer Freude darüber eben auch die Befürchtung, daß sie ihn ob
seines ritterlichen Tatendranges verlieren könnte: *dô was ir sîn manheit/beide liep
unde leit* (2830–2831)[40]. Nachdem dann Erec den kleinen, aber riesenstarken
Guivreiz besiegt hat, verspürt Enite Freude über den Sieg aber auch Schmerz über
seine Wunde: *vrouwe Enîte gienc ouch dar./diu hâte liep bî leide* (4501–4502).
Und auch die Frau des von Erec vor den zwei Riesen geretteten Cadoc freut sich,
ihren Mann am Leben wiederzusehen, verspürt aber gleichzeitig Leid wegen dessen
Wunden: *als si in ane sach,/beide liebe und ungemach/vuoren in ir herzen schrîn*
(5600–5602). Zweifelsohne bezieht sich Hartmann auch an dieser Stelle auf die
Alliterationsformel *liep unde leit*, fühlt sich aber wegen des Reimzwanges genötigt,
die festgeprägte Phrase zu variieren. So sind gerade diese drei zusammenhängenden
Beispiele deutliche Zeichen dafür, daß sprichwörtliche Zwillingsformeln keineswegs
nur als unbedeutende Routineformeln verwendet werden. Im Gegenteil, sie verhel-
fen dem Dichter dazu, psychologisch echte Empfindungen volkssprachlich und also
allgemeinverständlich auszudrücken.

Bei den von Hartmann verarbeiteten sprichwörtlichen Vergleichen kommt im
Vergleich zu diesen Paarformeln nun ein ausgesprochener «reichtum von bildern»[41]
hinzu, worauf ebenfalls in der Forschung verschiedentlich hingewiesen worden ist[42].
Mit Recht betont Anthony van der Lee, daß Hartmann metaphorische «Stilfiguren
nicht nur um der Anschaulichkeit willen, sondern auch zur Intensivierung der Dar-

---

[35] Wa,IV,570,Singen *139. Es hilft kein Singen und Sagen. Vgl. zu dieser Zwillingsformel
auch Leo SPITZER, Singen und Sagen – Schorlemorle (Zwillingsformeln), in ders., Stilstu-
dien (München 1928) I, 85–100.
[36] Wa,I,1262,Fug *4. Fug vnd recht haben.
[37] Wa,II,1731,Kurz *47. Ueber kurz oder lang.
[38] Wa,III,1541,Recht (Adv.) 72. Was einem recht ist, ist dem Nachbar billig.
[39] Wa,IV,51,Schade *199. Den Schaden zu der Schande gewinnen.
[40] Wa,I,1169,Freude *133. In Freud' und Leid; und Wa,II,165 Liebe *846. (In) Lieb und Leid.
[41] Carl SCHMUHL, Beiträge zur Würdigung des Stiles Hartmanns von Aue (Halle 1881) 1 (vgl.
«Der bildliche Ausdruck,» 1–23).
[42] Vgl. ROETTEKEN (Anm. 33) 86–92; und Hans J. BAYER, Untersuchungen zum Sprachstil
weltlicher Epen des deutschen Früh- und Hochmittelalters (Berlin 1962) 78–87.

stellung [benutzt]»[43]. Oft handelt es sich dabei jedoch eher um Aufzählungen von Textstellen, wobei nur selten auf «die Funktion der sprachlichen Bildlichkeit – Schmuck, Akzentuierung, Kommentar, Aufschluß über nur Angedeutetes – differenzierend»[44] eingegangen wird. Sprichwörtliche Farbvergleiche wie etwa *sîn wâpenroc alsam was/samît grüene als ein gras* (740–741)[45], *diu ros diu die jungen riten/garwe swarz sam ein raben* (1961–1962)[46], *der strich grüene was/unde lieht sam ein gras* (7314–7315), *linde sam ein boumwol* (7703)[47] und *daz er [palas] glaste sam ein glas* (8219)[48] beziehen sich rein deskriptiv auf Kleidung, Pferde, Sattelzeug und den prächtigen Palast im letzten *Joie de la curt*-Abenteuer. Freilich gewinnen solche Farbvergleiche bei der Beschreibung von Enites Schönheit an akzentuierender Bedeutung, was durch deren Verdoppelung noch verstärkt wird:

> *der megede lîp was lobelich.*
> *der roc was grüener varwe,*
> *gezerret begarwe,*
> *abehaere über al.*
> *dar under was ir hemde sal*
> *und ouch zebrochen eteswâ:*
> *sô schein diu lîch dâ*
> *durch wîz alsam ein swan.*[49]
> [...]
> *ir lîp schein durch ir salwe wât*
> *alsam diu lilje, dâ si stât*
> *under swarzen dornen wîz*[50].
> *ich waene got sînen vlîz*
> *an si hâte geleit*
> *von schoene und von saelekeit.* (323–341)

So wie Enite hier als perfekte Schönheit durch Farb- und Blumenvergleiche beschrieben wird, so greift Hartmann zu dem Vergleich mit einem Diamanten, um Erecs standhaften Charakter zu beschreiben: *des herze doch vil staete was/und vester dan der adamas* (8426–8427)[51]. Hartmann benutzt in seiner Beschreibung der Armut von Enites Eltern ebenfalls einen Stein-Vergleich, um auszudrücken, daß *der was herter dan ein stein* (434)[52], der hier kein Erbarmen zeigen würde. Und dies

---

[43] van der LEE (Anm. 28) 9 (vgl. das Kapitel «Der bildhafte Ausdruck», 8–38).
[44] RUBERG (Anm. 26) 477.
[45] Wa,II,156,Grün *15. Grüner als gras; und Nr.*22. So grün asse Gras.
[46] Wa,IV,426,Schwarz *74. Schwartz wie ein Rabe.
[47] Kein Beleg in Wa. Vgl. aber van der LEE (Anm. 28) 15.
[48] Ebenfalls kein Beleg in Wa. Vgl. jedoch SCHMUHL (Anm. 41) 19; RUBERG (Anm. 26) 482.
[49] Kein Beleg bei Wa. Vgl. SCHMUHL (Anm. 41) 2 und 12; RUBERG (Anm. 26) 491.
[50] Ebenfalls kein Beleg bei Wa. Vgl. SCHMUHL (Anm. 41) 10; van der LEE (Anm. 28) 14.
[51] Wa,II,365,Hart (Adj.) *28. Er ist härter als ein Stein.
[52] Wa,II,366,Hart (Adj.) *31. So harde as en Stein. Vgl. dazu auch in der Bibel Hiob 41,15: «Sein Herz ist hart wie ein Stein.»

insbesondere, da Koralus die Mühsal, die er wegen seiner Armut erlitt, *süeze als ein mete* (426)[53] gegenüber seiner Scham war. Hier werden an Hand von sprichwörtlichen Vergleichen tiefe Gemütsregungen beschrieben und erklärt, womit Hartmann seine Zuhörer bzw. Leser emotional aktiviert.

Zwei Vergleiche werden von Hartmann auf interessante Weise gegenübergestellt, um zu einem besseren Verständnis der Psyche des hinterlistigen Feiglings Keiin zu gelangen. Einmal heißt es da nämlich, *daz er vor valsche was/lûter sam ein spiegelglas* (4642–4643)[54], und dann besiegt ihn der rechtschaffene Erec so, *daz Keiîn rehte sam ein sac/under dem rosse gelac* (4730–4731)[55]. Das ist in der Tat ein unritterliches Bild für einen verachtungswürdigen Menschen. Wenn aber der Ritter Cadoc gefesselt und nackt auf seinem Pferd von zwei Riesen mit Peitschenschlägen vorangetrieben wird, so wird der Vergleich *er reit âne gewant/unde blôz sam ein hant* (5400–5401)[56] nicht etwa als lächerliche Bloßstellung herangezogen. Vielmehr will Hartmann hier das unmenschliche Gebahren der Riesen an ihrem Opfer so drastisch wie möglich darstellen, und dazu gehört in diesem Fall die völlige Entblößung und ritterliche Bloßstellung des schuldlosen Opfers. Kein Wunder also, daß der tapfere Erec in seinem Kampf gegen einen der Riesen diesen mit einem grotesken Tiervergleich abkanzelt: *ich zerbraeche dich als ein huon* (5483)[57]. Wenn ein Artusritter gegen solche Wesen kämpft, dann ist so ein drastisches Sprachbild durchaus gerechtfertigt und macht Hartmanns differenziertes Sprachvermögen sichtbar.

Von Interesse sind schließlich noch drei Tiervergleiche, die Hartmann als genauen Naturbeobachter erkennen lassen. Er ist sich offensichtlich durchaus bewußt, daß sprichwörtliche Tiervergleiche der indirekten Charakterisierung menschlichen Betragens dienen, wie ja auch Tiere in Sprichwörtern und Fabeln als Zeichen für Menschen schlechthin zu verstehen sind[58]. So gibt der Ritter Iders entschuldigend zu, daß er die Dummheit seines unritterlichen Handelns *sam der hase sô er in dem netze lît* (1227)[59] zu spät erkannt hat. Und später erklärt Hartmann, daß die achtzig Frauen aus Kummer allen Freuden entflohen sind, *rehte alsam der hase en jage/ schiuhet sîne weide* (9807–9808)[60]. Schließlich wird auch noch das Bild einer

[53] Wa,IV,982,Süss *35. So säute asse Huanich (Honig).
[54] Kein Beleg bei Wa. Vgl. aber RUBERG (Anm. 26) 482.
[55] Ebenfalls kein Beleg bei Wa. Doch zeigt HAUPT in seiner 'Erec'-Ausgabe (Anm. 9) an Hand von weiteren Belegen, daß es sich hier um einen sprichwörtlichen Vergleich handelt (387).
[56] Wiederum kein Beleg bei Wa. Vgl. dazu die Anmerkung in BECHS 'Erec'-Ausgabe (Anm. 9) 179.
[57] Erneut interessanterweise kein Beleg bei Wa, obwohl HAUPT (Anm. 9) in seinen Anmerkungen zu 'Erec' eindeutig nachweist, daß das Huhn als Symbol der Schwäche, ausgedrückt in solchen Vergleichen, in der mittelhochdeutschen Literatur gang und gäbe war (vgl. etliche Belege auf S. 306). Vgl. auch noch SCHMUHL (Anm. 41) 12.
[58] Vgl. hierzu vor allem Ulrich MEISSER, Tiersprichwörter und Verhaltensforschung: Zur gegenseitigen Erhellung von didaktischer Literatur und Naturwissenschaft, in: Studium Generale 22 (1969) 861–889; und Pack CARNES (Hg.), Proverbia in Fabula: Essays on the Relationship of the Fable and the Proverb (Bern 1988).
[59] Wa,II,375,Hase *191. Der Hase ist im Garn.
[60] Kein Beleg bei Wa. Vgl. dazu jedoch SCHMUHL (Anm. 41) 11; und van der LEE (Anm. 28) 21.

schwachen Maus dazu benutzt, um die Furcht der Leute des Grafen Oringles vor dem erbosten Erec lächerlich zu machen: *sô vluhen diese ûz dem hûs / und sluffen ze loche sam diu mûs* (6654–6655)[61]. Überzeugend hat Clarence Butler mit Bezug auf diesen Maus-Vergleich darauf hingewiesen, daß «Hartmann hier den wörtlichen Inhalt sowie den psychologischen Sinn berücksichtigt»[62]. So haben solche eher un-höfischen Metaphern direktem Anteil an der tieferen Bedeutung des Inhalts und sind keineswegs nur als volkssprachliche Füllsel zu werten.

Doch übertreibt Hartmann es keineswegs mit der Integration solcher formelhaf-ten Sprache. Das zeigt sich auch in der nur sporadischen Verwendung von sprich-wörtlichen Redensarten. So wird zum Beispiel Erecs Tjost mit dem Ritter Iders mit der Redensart *dô sach man schenkel vliegen* (762) bildlich umschrieben, wobei die Metapher «die vogelschnelle Bewegung des Reiters malerisch veranschaulicht»[63]. Später heißt es dann redensartlich, daß die bisherigen Gefahren und Abenteuer Erecs von nur geringem Wert waren: *swaz Erec nôt unz her erleit, / daz was ein ringiu arbeit / unde gar ein kindes spil* (4268–4270)[64]. Eher klischeehaft verwendet Keiin die auf Gott bezogene Redensart *ich wil ez gote klagen* (4778)[65], als er Erec seine Schande zugestehen muß. Und zwei weitere Redensarten werden eingesetzt, um Erec vor einem weiteren lebensgefährlichen Kampf zu warnen. Einer der Riesen rät Erec mit der Warnung *du setzest enwâge / dînen lîp vil sêre* (5479–5480)[66] von einem Angriff ab. Auch hatte der Ritter Iders den jungen Erec vom Sperberkampf mit der sprichwörtlichen Warnung *sô ez an den lîp gât* (713) abgeraten, und mit derselben Redensart versucht Mâbonagrîns Frau Erec von dem lebensgefährlichen Kampf mit ihrem Mann abzuhalten, denn *es muoz iu an den lîp gân* (8987)[67]. Solche sich auf Leben und Tod beziehenden Redensarten verbildlichen den Erzähl-vorgang und ermöglichen es Hartmann, seine Zuhörer / Leser in die mutigen Aben-teuer seines Helden einzubeziehen. So ergänzen sich Bild und Wort ungemein und tragen zu dem Gesamtverständnis des Epos bei.

Das ist selbstverständlich auch der Fall bei den sprichworthaften Sentenzen und den eigentlichen Sprichwörtern, die Hartmann von Aue seinem langen Werk an günstigen Stellen eingegliedert hat, um nicht nur eine spannende Geschichte zu er-zählen, sondern um gleichzeit auch belehrend zu wirken. Peter Wapnewski hat diesbezüglich festgestellt, daß es Hartmann «in der *fabula* vor allem um das *docet* [geht]»[68]. So wird bei dem «ethischen Optimismus»[69] Hartmanns «das Wort-

---

[61] Wa,III,543,Maus *232. Bis dahin wird noch manche Maus in ein ander Loch schlüpfen.

[62] BUTLER (Anm. 28) 87.

[63] Kein Beleg bei Wa. Allerdings hält BECH (Anm. 9) 29 diese Aussage in seiner 'Erec'-Ausgabe für sprichwörtlich.

[64] Wa,II,1331,Kinderspiel *7. Es ist alles ein Kinderspyl.

[65] Wa,II,105,Gott *2582.

[66] Wa,II,1846,Leben (Subst.) *269. Er wagt sein Leben; und Wa,II,1847,Leben (Subst.) *294. Sein Leben steht auf dem Spiel.

[67] Wa,III,10,Leib *139. Einem zu Leibe gehen.

[68] Peter WAPNEWSKI, Hartmann von Aue (Stuttgart [6]1976) 48.

[69] Helmut de BOOR, Die höfische Literatur: Vorbereitung, Blüte, Ausklang, 1170–1250 (München [8]1969) 73.

kunstwerk selbst zum Erziehungsinstrument»[70], wobei es ihm durchaus auf «praktische Lebensklugheit»[71] ankommt. Wie sich zeigen wird, «geht Hartmann mit seinen allgemeinen Belehrungen oft über die Schranken des Höfischen hinaus und erteilt dann allgemein-menschliche Lehren»[72]. Antonín Hruby hat Hartmanns moralisch-didaktische Tendenz auf treffende Weise folgendermaßen charakterisiert: «Etikette als normatives System der unreflektierten sittlichen Lebensordnung, Sozial-Ethik als philosophische Reflexion der Norm, und schließlich religiöse Ethik als metaphysisches Fundament der Moral»[73]. Allerdings hat man nun bisher allzu schnell die ethischen Absichten Hartmanns als «Sentenzen und lehrhafte Bemerkungen» bzw. als «moralisch-didaktische Sentenzen-Einschübe»[74] charakterisiert, ohne dabei genügend darauf zu achten, daß sich hinter den Weisheiten oft allgemein bekannte Sprichwörter verbergen. Es ist in der Tat überraschend, wie selten in der reichhaltigen Literatur zu Hartmanns «Sentenzen» der Begriff des Sprichwortes auftaucht. Carl Schmuhl spricht wenigstens einmal von Sprichwörtern in seiner frühen stilistischen Studie zu Hartmann, geht aber dann nicht näher auf solche Weisheiten ein: «Die vielfach namentlich auch in der häufigen anwendung von sprichwörtern sich offenbarende lehrhafte absicht des dichters liess ihn auch die ergebnisse seiner psychologischen studien seinen lesern in möglichst leichter, angenehmer form geben»[75]. In einem den «Sentenzen und sentenziösen Bemerkungen» gewidmeten Kapitel erwähnt auch Paul Herbert Arndt Sprichwörter lediglich in einer in Klammern beigefügten Bemerkung: «Es handelt sich bei Sentenzen um solche Erzählerbemerkungen, in denen der Erzähler ausgehend von einem Detail der erzählten Geschichte eine verallgemeinernde Feststellung trifft oder einen allgemeinen Satz (Lebensweisheit, Sprichwort, Sentenz o.A.) in das Erzählte einfließen läßt»[76].

    Am eingehendsten hat sich Georg Jeske in seiner Greifswalder Dissertation über 'Die Kunst Hartmanns von Aue als Epiker' (1909), wenn auch nur auf drei Seiten, mit Sprichwörtern bei Hartmann auseinandergesetzt. Ganz allgemein kommt er zu folgender Aussage[77]:

---

[70] Rolf BRÄUER u. a., Geschichte der deutschen Literatur: Mitte des 12. bis Mitte des 13. Jahrhunderts (Berlin 1990) 209. Vgl. auch W. H. JACKSON, Chivalry in Twelfth-Century Germany: The Works of Hartmann von Aue (Cambridge1994) 137: «The ethical dimension remains an essential component of Hartmann's aesthetic.»

[71] EHRISMANN (Anm. 10) II, 1. Teil, 144.

[72] JONG (Anm. 28) 65.

[73] Antonín HRUBY, Moralphilosophie und Moraltheologie in Hartmanns 'Erec', in: Harald SCHOLLER (Hg.), The Epic in Medieval Society: Aesthetic and Moral Values (Tübingen 1977) 193–213, hier 194.

[74] Rolf ENDRES, Studien zum Stil von Hartmanns 'Erec' (Diss. München 1961) 104; und Uwe PÖRKSEN, Der Erzähler im mittelhochdeutschen Epos: Formen seines Hervortretens bei Lamprecht, Konrad, Hartmann, in Wolframs 'Willehalm' und in den 'Spielmannsepen' (Berlin 1971) 133.

[75] SCHMUHL (Anm. 41) 4. Der Autor behandelt hauptsächlich die Verwendung von Vergleichen. Vom «häufigen» Gebrauch von ausgesprochenen Sprichwörtern kann bei der Anzahl von 59 Texten wohl kaum die Rede sein.

[76] ARNDT (Anm. 10) 112.

[77] JESKE (Anm. 10) 95.

Hartmann war ein starkes didaktisches Talent und durch ungewöhnliche Bildung und Freiheit der Lebensanschauung vornehmlich geeignet, seinen Zeitgenossen gute Ratschläge zu geben. Geschickt weiss er kurze Spruchweisheiten anzubringen. Sie enthalten fast immer längst bekannte Wahrheiten; wenn der Dichter daher zu Sprichwörtern greift, muss er besondere Sorgfalt darauf verwenden, dem Leser solche Gemeinplätze annehmbar zu machen. Am natürlichsten werden sich dieselben ausnehmen, wenn die handelnden Personen im Gespräche ihren Ansichten über irgend einen Fall solch eine kurze allgemeine Erfahrung anschliessen, gewissermassen als Beweis ihrer Worte. Hartmann hat denn auch den weitaus grössten Teil seiner Sprichwörter seinen Personen in den Mund gelegt. Bringt Hartmann aber, was sehr selten geschieht, solche kurzen Spruchweisheiten als persönliche Bemerkungen zu den Geschehnissen der Erzählung, dann verwebt er sie so raffiniert mit der Darstellung, dass sie der Leser nur schwer als lehrhaften Gemeinplatz erkennen wird.

Allerdings verweist Jeske dann in seiner Zeilenliste von Sprichwörtern in 'Erec' lediglich auf 22 Texte (zwei davon sind nicht sprichwörtlich; überhaupt bleiben er und andere Autoren den Beweis der Sprichwörtlichkeit schuldig), während von den 97 sprichwörtlichen Belegen in der vorliegenden Studie immerhin die erheblich größere Zahl von 59 Sprichwörtern ermittelt werden konnte. Davon verwendet Erec 17 Texte, Enite 8, und 11 weitere Sprichwörter werden von Koralus (2), dem treulosen Grafen (2), Guivreiz (2), Oringles (2), Iders (1), Gawein (1) und Keiin (1) ausgesprochen. So stehen 36 (61 %) Sprichwörter in den Dialogen der handelnden Personen, während Hartmann als allwissender Autor 23 (39 %) Sprichwörter in die Erzählverse einbaut. Peter Wiehl hat statistisch nachgewiesen, daß der 'Erec' 31 % (3164 Zeilen) Redeverse (Dialoge, Halbdialoge und Monologe) und 69 % (7028 Zeilen) Erzählverse enthält[78]. So gesehen, sind Sprichwörter in der Tat bedeutend konzentrierter in den Redeversen vertreten. Hier kommt ein Sprichwort auf alle 88 Zeilen, während in Hartmanns Erzählversen lediglich ein Sprichwort auf 306 Zeilen kommt. Dennoch wird man auf Grund dieser Statistik nicht mehr mit Jeske darin übereinstimmen können, daß Hartmann nur «sehr selten» Sprichwörter in den Erzählfluß einbaut. Immerhin benutzt er zwei Fünftel aller Sprichwörter im 'Erec', und diese Zahl wird sich möglicherweise in dem sprichwortreicheren 'Iwein' noch erhöhen.

Doch wie sieht es nun mit der eigentlichen Verwendung, Funktion und Bedeutung der wirklich nicht unerheblichen Anzahl von Sprichwörtern in Hartmanns Frühwerk aus? Bekanntlich wird gleich am Anfang von 'Erec' die höfische Sitte und Ordnung durch den mit einer Peitsche um sich schlagenden Zwerg gestört, und Hartmann nimmt die Gelegenheit wahr, sofort eine vorausdeutende Bemerkung hinzuzufügen. Der ganz Weg Erecs in diesem Epos wird dem Sprichwort gemäß nun darauf bedacht sein, die höfische Ordnung aufrecht zu erhalten: *er tete als dem dâ leit geschiht:/der vlîzet dicke sich dar zuo/wie erz mit vuoge widertuo* (167–169)[79]. Hier dreht es sich hauptsächlich um *êre*, und später kommt dann vor allem die

---

[78] Vgl. Peter WIEHL, Die Redeszene als episches Strukturelement in den 'Erec'- und 'Iwein'-Dichtungen Hartmanns von Aue und Chrestiens de Troyes (München 1974) 67 und 73.
[79] Wa,IV,1438,Unglück 11. Aus Unglück wächst Tugend.

Tugend der *mâze* hinzu, doch immer handelt es sich auch darum, die gestörte Ordnung wieder zu erlangen, so daß alles in der Harmonie der ideellen Tafelrunde existieren kann.

Es folgt nun eine ganze Reihe von Sprichwörtern, die während Erecs Aufenthalt bei den Eltern von Enite ausgesprochen werden und ganz allgemeine Lebensregeln ausdrücken. So belehrt der Hausherr Karolus seinen jungen Gast Erec, *man sol dem wirte lân/sînen willen, daz ist guot getân* (348–349)[80]. Sprichwörtlich wird von Hartmann auch beschrieben, wie Karolus durch guten Willen mit seiner unverschuldeten Armut zurechtkommt: *in gap der reine wille genuoc/den man dâ ze hûse vant:/wan er ist aller güete phant* (393–395)[81]. Und Hartmann läßt ein drittes Sprichwort folgen, um eindeutig Mitleid in seinen Zuhörern/Lesern für Enite und ihre Eltern zu erwecken: *swen diese edelarmen/niht enwolden erbarmen,/der was herter dan ein stein* (432–434)[82]. Schließlich erklärt Enites Vater Karolus auch noch mit einem biblischen Sprichwort, daß alles, auch seine jetzige Verarmung, in Gottes Macht liegt: *des [got] gewaltes ist alsô vil,/er mac den rîchen swenne er wil/dem armen gelîchen/und den armen gerîchen* (540–543)[83]. Völlig überzeugend meint Jan Jong in bezug auf diese Sprichwörter, daß Hartmann durchaus «religiöser [als Chrétien] empfindet, auch nachdrücklicher die Tugend des Mitleids betont, und somit eher allgemein-menschliche Saiten als nur rein-höfische aufzieht»[84].

Es ist gut, daß Koralus seinem angehenden Schwiegersohn solche Lebensweisheiten vermittelt, denn der von der äußerlichen Schönheit Enites faszinierte Erec hat in der Tat noch viel zu lernen. Wenn Erec und Enite zum Beispiel auf Tulmein ankommen, möchte der Herzog Imâîn verständlicherweise seine verarmte Nichte besser einkleiden. Das jedoch fordert Erecs überzeugten Widerspruch heraus, den er mit einem Sprichwort und zwei sprichwörtlichen Vergleichen bekräftigt:

> *Erec der widerredete daz.*
> *er sprach: 'des ensol niht geschehen.*
> *er haete harte missesehen,*
> *swer ein wîp erkande*
> *niuwan bî dem gewande*[85].
> *man sol einem wîbe*
> *kiesen bî dem lîbe*
> *ob si ze lobe stât*

---

[80] Wa,V,236, Wille 2. Alles will einen Willen haben; und Wa,V,238, Wille 57. Es will alles einen Willen haben.

[81] Wa,V,238,Wille 38. Der Wille geht oft vor die That.

[82] SINGER (Anm. 3) II, 183. TPMA,I,31, Nr. 55.

[83] Nicht in Wa, vgl. aber in der Bibel 1. Sam. 2,7: «Der Herr macht arm und macht reich; erniedrigt und erhöht.»

[84] JONG (Anm. 28) 56.

[85] Wa,II,1373,Kleid 28. Das Kleid macht nicht den Mann. Vgl. dazu auch BUTLER (Anm. 28) 116: «Seinen Bewertungen und seinem Bewertungsvermögen nach scheint Erec sich nicht bewußt zu sein, daß er [...] die bedeutendste Eigenschaft des Menschen übersehen hat, nämlich: die innere Qualität».

> *unde niht bî der wât.*
> *ich lâze ouch hiute schouwen*
> *ritter unde vrouwen,*
> *und waere si nacket sam mîn hant*[86]
> *unde swerzer dan ein brant*[87],
> *daz mich sper unde swert*
> *volles lobes an ir wert,*
> *oder ich verliuse daz leben.'* (641–656)

Freilich meint der verliebte Erec es mit seiner klischeehaften Verwendung des Sprichwortes gut, indem er darauf hinweist, daß Enites körperliche Schönheit wichtiger ist als ihre Kleidung. Doch weiß der jugendliche Ritter noch nichts über die tiefere Bedeutung des Sprichwortes, daß nämlich die wahre Schönheit aus dem Inneren kommt. Für ihn ist Enite äußerlich schön, und so hat er sich im Prinzip sexuell in ihren Körper verliebt (das zeigen auch seine beiden sprichwörtlichen Vergleiche)[88], ganz ähnlich wie König Marke es tut mit Isolde. Es fehlt ihm aber die seelische bzw. psychologische Liebe zu Enite, die ihm erst nach vielen Abenteuern bewußt werden wird. Erec erweist sich also hier als noch nicht reif genug, um Sprichwörter korrekt zu verwenden. Am Ende seines Weges wird er nach einem langen Lernprozeß dazu fähig sein, selbst als Lehrmeister im *Joie de la curt*-Abenteuer aufzutreten. Seine Mißinterpretation des Sprichwortes in dieser Szene bewirkt in den Zuhörern/Lesern später ein Verständnis für sein sexuell bedingtes *verligen* mit Enite, deren inneren Wert der *triuwe* und *staete* er erst noch kennenlernen muß.

Das nächste Mal, wenn Erec ein Sprichwort verwendet, gelingt ihm zwar eine angebrachte Lehre, doch ist er keineswegs fähig, dieses Sprichwort hier oder eine lange Zeit später auf seine eigene *unmâze* anzuwenden. Nachdem Erec Iders besiegt hat, gibt er ihm mit überheblichem Ton folgende Weisheit bekannt: *nû hât iuch iuwer übermuot/hiute hie gevellet/und dem schaden gesellet* (983–985)[89]. Der Tag wird kommen, wo auch Erec einsehen muß, daß Hochmut vor dem Fall kommt. Doch vorerst legt Hartmann eine minimale Variante des Sprichwortes in Iders' Mund, der nach seiner Niederlage gegen Erec von diesem zur Königin am Artushof geschickt wird, um dort öffentlich seine Schuld zuzugeben: *ez ist et als man dâ seit,/ daz unrehter hôchmuot/dem manne lihte schaden tuot* (1229–1231)[90]. Die bewußt

---

[86] Kein Beleg bei Wa. Vgl. aber die Anmerkung in Bechs 'Erec'-Ausgabe (Anm. 9) 25, der diese Aussage für eine gängige Redensart (besser einen sprichwörtlichen Vergleich) hält.

[87] Wa,IV,426,Schwarz *73. Schwartz wie ein Kole.

[88] Vgl. hierzu auch Susan L. Clark, Hartmann's 'Erec': Language, Perception, and Transformation, in: Germanic Review 56 (1981) 81–94, hier 83–84. Trotz ihrer erhellenden Erläuterung dieser Zeilen ist der Autorin das sprichwörtliche Element entgangen.

[89] Wa,II,714 Hoffart 63. Hoffart kommt vor dem Fall; und Wa,IV,1570,Vermessenheit 1. Vermessenheit den fall bereit't.

[90] Wa,II,692,Hochmuth 16. Hochmuth kommt (geht) vor dem Fall; und Wa,II,693,Hochmuth 21. Hochmuth Schaden tuth. Hier zitiert Wander sogar den exakten mittelhochdeutschen Beleg aus 'Erec', den er aus Zingerle (Anm. 3) 70, übernimmt. Vgl. zu dieser Textstelle auch Evelyn M. Jacobson, The Unity of *wort* and *sinn*: Language as Theme and Structural Element in Hartmann's 'Erec', in: Seminar 27 (1991) 121–135, hier 123–124.

eingesetzte Einführungsformel *ez ist et als man dâ seit* dient dazu, direkt auf die folgende auf die Bibel zurückgehende (Sprüche 16,18) Volksweisheit hinzuweisen. Nach der zweimaligen Verwendung dieses offensichtlichen *superbia*-Sprichwortes ist es erstaunlich, daß es in der Sekundärliteratur als Sentenz gekennzeichnet wird[91]. Für das Verständnis des Gesamtwerks haben beide Belege eine ausgesprochen didaktische Funktion, die die Zuhörer / Leser durchaus verstehen, die Erec jedoch noch nicht auf sich selbst zu beziehen weiß. Sein Hochmut, ausgedrückt in der *unmâze* seines plan- und ziellosen Abenteuertums, wird im zweiten Kampf mit Guivreiz endlich gebrochen werden.

Jetzt sind Erec und Enite erst einmal ein verliebtes Ehepaar: *wan zwei gelieber wurden nie / unz ez der tôt undervie, / der allez liep leidet / sô er liep von liebe scheidet* (2208 – 2211)[92]. Doch bis der Tod sie sprichwörtlich scheidet, so lange will der junge Ehemann zu diesem Zeitpunkt nicht bei Enite liegen. Vielmehr ist ihm hier noch viel daran gelegen, aus Ruhmsucht an einem Turnier teilzunehmen, denn es gilt als junger Mensch sich einen Namen zu verschaffen: *vil dicke gedâhte er dar an, / in swelhem werde ein junger man / in den êrsten jâren stât, / daz er daz immer gerne hat* (2254 – 2257)[93]. Und selbstverständlich wird Erec der tüchtigste und tapferste Ritter auf dem Turnier sein, der es auch versteht, Gott in der Kirche um sprichwörtlich bewiesenen Beistand zu bitten, *wan der in [got] vor im hât / an allen sînen dingen, / der versehe sich gelingen* (2495 – 2497)[94]. Ja, der Frühaufsteher ist sogar in der Lage, seinen noch schlaftrunkenen Mannen die Müdigkeit mit einem Sprichwort zu vertreiben: *wes liget ir hie? / wer bejagete noch ie / mit slâfe dehein êre* (2526 / 2528)[95]. Doch wie ironisch mutet diese sprichwörtliche Aussage in Anbetracht von Erecs späterem *verligen* an! Auch hier zeigt sich wieder, daß der junge Erec zwar Sprichwörterlehren auszusprechen und an andere zu verteilen weiß, doch ist er nicht fähig dazu, die Weisheit auf sein eigenes Dasein zu beziehen. Allerdings zeigt er sich als ritterlicher Held, der auch den Freunden in der Not zu helfen weiß, denn *von der grôzen überkraft / (diust aller dinge meisterschaft, / wider sie nieman niht enmac)* (2678 – 2680)[96]. Erec entwickelt sich also auf diesem Turnier zu einem Superhelden: *Erec der tugenthafte man / wart ze vollem lobe gesaget / den prîs hete er dâ bejaget, / und den sô volleclîchen / daz man begunde gelîchen / sîn wîsheit Salomône* (2809 – 2816)[97]. Doch welche Ironie drückt Hartmann gerade mit diesem

---

[91] So u.a. von KUTTNER (Anm. 19) 44 – 45.

[92] Wa,IV,1227,Tod 50. Der Tod endet alles; und Wa,IV,1232,Tod 170. Der Tod scheidet alles.

[93] Wa,II,1048,Jugend 146. Was man in der Jugend lernt, bleibt am längsten; und Nr. 150: Was man in der Jugend treibt, solches auch im Alter bleibet.

[94] Wa,II,87,Gott 2112. Wer auf Gott thut bauen, dem stösst nichts an von Grauen; Wa,II,90, Gott 2193. Wer Gott vertraut, dem mangelt an nichts; Nr. 2199: Wer Gott vertraut, wird nimmer zu Schanden; und Wa,II,91,Gott 2202. Wer Gott vertrawt, dem ist nie misslungen.

[95] Wa,I,734,Ehre 36. Die Ehre, die man erlangen will, findet man nicht im weichen Bett; und Wa,V,1213,Ehre 365. Ehre und Gewinn schlafen nicht in demselben Bette.

[96] Wa,II,306,Macht 26. Macht und Will' vermögen viel.

[97] Wa,V,129 – 130,Weise (Adj.) *91: Er ist so weise wie Salomo. Zu diesen und folgenden Zeilen, die weitere Hinweise auf klassische und biblische Figuren enthalten, vgl. Heimo REINITZER, Über Beispielfiguren im 'Erec', in: DVjs 50 (1976), 597 – 639, hier 599 – 603.

sprichwörtlichen Vergleich aus! Ein junger Held mag Erec durchaus sein, doch *wîsheit* im biblischen oder sprichwörtlichen Sinne hat er noch nicht geschluckt. Er wird sich sogar als durchaus langsamer Schüler in bezug auf psychologische Lebenserkenntnisse entpuppen.

Daß Erec nicht einmal den Geboten des ritterlichen Tugendsystems gerecht werden kann, zeigt sich nur zu bald in seiner sexuellen Triebhaftigkeit, die wie bei König Marke mehr aus Lust denn Liebe besteht und folgerichtig zum *verligen* führt. Der jähe und psychologisch nicht durchdachte oder geschweige denn besprochene Aufbruch nach seiner Kenntnisnahme des *verligens* zeigt seine Unreife. Gewiß, Enite hat an dem Liebesspiel teilgenommen, doch ist die ihr auferlegte Strafe und Prüfung durch den mindestens ebenso schuldigen Erec nicht gerechtfertigt. Er ist es, der maßlos, unbeherrscht und irrational reagiert, und so ist es nicht erstaunlich, daß Enites mustergültiger Charakter lange vor Erec zum Vorschein kommt, denn sie zeigt nun deutlich eine tiefere auf *triuwe* und *staete* basierende Liebe. Erec dagegen tobt sich erst einmal auf plan-, zweck- und ziellosen Abenteuern aus und übt sich in chauvinistischen und misogynen Sprichwörtern, deren stereotypische Frauenbilder bis zum heutigen Tage im Umlauf sind:

> *daz ich von wîben hân vernomen*
> *daz ist wâr, des bin ich komen*
> *vol an ein ende hie:*
> *swaz man in unz her noch ie*
> *alsô tiure verbôt,*
> *dar nâch wart in alsô nôt*
> *daz sis muosten bekorn.* (3242–3248)[98]

Mit dieser verallgemeinerten Aussage schimpft Erec auf Enite, die sein wahnwitziges Schweigegebot nur deshalb gebrochen hat, um ihn vor einer Gefahr zu warnen. Daß sie dies aus Sorge und Liebe tut, versteht Erec natürlich nicht und schleudert ihr statt dessen diese antifeministische Weisheit an den Kopf. Als ob dieses bösartige Sprichwort noch nicht genug ist, fügt er ein paar Zeilen später noch eine Variante hinzu:

> *swaz ein wîp nimmer getaete,*
> *der irz nimmer verboten haete,*
> *niht langer si daz verbirt,*
> *wan unz ez ir verboten wirt:*
> *sô enmac sis langer niht verlân.* (3254–3258)[99]

Selbstverständlich zeigt Hartmann als Dichter hier seine eigene Bildung und seine beeindruckenden Kenntnisse, doch ist all dies unbedingt ironisch zu verstehen, da er ja die positiven Attribute dieser Figuren alle auf den doch recht unerfahrenen Jüngling Erec überträgt.

[98] Wa,IV,1530,Verbieten 3. Was man ein verbeut, das geliebt jhm am meisten; TPMA,III,362, Nr. 438.

[99] Wa,IV,1530,Verbieten 4. Was man einem verbeut, das thut er am ersten. Vgl. BUTLER (Anm. 28) 105–106.

Solchen Unsinn legt Hartmann selbstverständlich in den losen Mund Erecs, und so sind diese Sprichwörter auch keineswegs als positive Lehren gedacht! Man könnte die Funktion dieser beiden Sprichwörter sogar als Antilehren auffassen, denn Enites Betragen straft ihre angebliche Weisheit einwandfrei Lügen.

Als Psychologe tritt Hartmann auf, wenn er mit Hilfe eines Sprichwortes erklärt, warum sich der treulose Graf in Enite verliebt: *wan an der minne stricke/vâhet man vil dicke/einen alsô kargen man* (3694–3696)[100]. Selbstverständlich hätte der Graf seine unerlaubte Minne unterdrücken sollen, und Enite weiß aus seinen begehrenden Fesseln zu befreien. So erzählt sie ihm, daß Erec sie entführt habe, denn *kint/lihte ze triegenne sint* (3876–3877)[101]. Das ist in der Tat eine raffinierte Verwendung des Sprichwortes, da es ja nicht sie ist, die hier betrogen wird. Im Gegenteil, Enite betrügt den Grafen mit dem listigen Gebrauch der Volksweisheit. Sie fügt auch sofort ein zweites Sprichwort hinzu, was wiederum als ironisches Täuschungsmanöver fungiert: *herre, nû râte ich iu wol,/als ein vriunt dem andern sol* (3908–3909)[102]. Hier werden also zwei Sprichwörter bewußt trügerisch eingesetzt, was der angeblichen Lehrhaftigkeit von Sprichwörtern absolut widerspricht. Hartmann jedoch erweist sich durch solche geschickten Integrationen von Volksweisheiten als ausgesprochener Virtuose auf diesem Gebiet, und das bereits in diesem Jugendwerk.

Und weiter geht es mit der ironischen Manipulation von sprichwörtlichen Weisheiten, denn Hartmann legt nun ein Sprichwort über Bequemlichkeit und Müßiggang in den Mund dieses Lustmolchs, das ungemein an Erecs müßiges *verligen* erinnert: *swer sîne sache/wendet gar ze gemache,/als ich hînaht hân getân,/dem sol êre abe gân/unde schande sîn bereit* (4096–4099)[103]. Natürlich hat der Graf nur verschlafen und zwar nicht zusammen mit Enite, aber es wird gewiß Hartmanns Wunsch gewesen sein, daß seinen Zuhörern/Lesern die ironische Anspielung nicht entgeht. Vielleicht legt er dem Grafen deshalb in der nächsten Zeile gleich ein zweites selbstkritisches Sprichwort in den Mund, denn *wer gewan ie vrumen âne arbeit?* (4101)[104]. Auch das erinnert ja an das ehren- und erfolgslose Liebesleben von Erec und Enite, nur daß es eben bei dem übertölpelten Grafen nicht zum ersehnten Beischlaf mit Enite kam, da diese für ihn und auch hier für Erec die Klügere ist! Doch immerhin erweist sich wenigstens Erec nun dem Grafen und seinen Leuten gewachsen. Nachdem er den Grafen verletzt und sechs seiner Mannen erschlagen hat, wird dieses Abenteuer von Hartmann mit einem Sprichwort beendet: *die andern wâren*

---

[100] Wa,III,150,Liebe 473. Liebe ist das stärckste band; und Wa,III,152,Liebe 523. Liebe legt Fesseln an. Vgl. zu dieser moralischen Erklärung auch JONG (Anm. 28) 58; und EGERT (Anm. 28) 35.

[101] Wa,II,1291,Kind 445. Kinder kann man mit Würfeln betrügen, Männer mit falschen Eiden und Lügen.

[102] Wa,I,1179,Freund (Subst.) 143. Ein Freund soll dem andern dienen.

[103] Wa,III,793,Müßiggang 44. Müssiggang vnd vnbedacht hat manchen vmb sein Ehr gebracht.

[104] Wa,I,1657,Gewinn 59. Kein Gewinn ohne Mühe; TPMA,I,173, Nr. 49.

alle zagen: / die vluhen âne jagen (4226–4227)[105]. So wird summierend nochmals auf das unwürdige und feige Benehmen des Grafen hingewiesen.

Damit kommt Hartmann zu dem ersten Kampf Erecs mit dem kleinen Guivreiz, der jedoch als durchaus tapferer und würdiger Kämpfer dargestellt wird. Hartmann geht sogar so weit, hier eine sprichwörtliche Definition über Mut einzubauen: *und wizzet rehte, waere ein man / gewahsen zwelf klâfter lanc / und waere sîn herze kranc / und ûf zageheit geborn, / daz michel âs waere verlorn* (4293–4297)[106]. Diesen Kampf vermag Erec zu gewinnen, doch schließt er mit Guivreiz Freundschaft, der den neuen Bund sprichwörtlich untermauert: *wâ wart ie triuwe merre / dan vriunt sînem vriunde sol / die beide ein ander trûwent wol?* (4559–4561)[107]. Wenn die beiden Freunde das nächste Mal unerkannt aufeinander stoßen, wird Guivreiz den Sieg über Erec davontragen und Erec dadurch endlich von seinem Hochmut befreien. Das erst ist der wahre Freundesdienst!

Doch jetzt folgt noch eine ganze zweite Abenteuerkette, die Erec Schritt für Schritt zur Reife führt, so daß er schließlich auch das psychologisch tiefste Abenteuer von *Joie de la curt* bestehen kann. Interessant dürfte sein, daß Hartmann ausgerechnet dem besiegten Feigling Keiin ein Sprichwort in den Mund legt, das im 'Nibelungenlied' als Leitmotiv den Schicksalsglauben der Helden ausdrückt: *nû enmac doch daz nieman bewarn / daz im geschehen sol* (4801–4802)[108]. Dieses im Mittelalter sehr verbreitete und ernsthafte Sprichwort wirkt hier in der Funktion einer faulen Ausrede lächerlich, und so wird es sich nach dem bisher Gesagten um eine beabsichtige Ironie Hartmanns handeln. Daß sich Hartmann gerade in der Verwendung von Sprichwörtern als Ironiker entpuppt, ist der Forschung bisher völlig entgangen. Hartmann ist keineswegs ein nur vordergründiger Didaktiker und Schulmeister. Im Gegenteil, er argumentiert durch indirekte Anspielungen und versteckte Hinweise, wozu ihm die Bildlichkeit und Aussagekraft der Volkssprichwörter sehr gute Dienste erweisen.

Etwa in der Mitte des Epos fordert der Artusritter Gawein seinen Freund Erec auf, an den Artushof und zur Tafelrunde zurückzukehren. Doch verweigert Erec diese Einladung, da er sich noch nicht wieder artuswürdig fühlt. Seine Bußfahrt mit Enite ist noch nicht abgeschlossen, und so kann er unmöglich an der Freude des Hofes teilnehmen: *swer ze hove wesen sol, / dem gezimet vreude wol* (5056–5057)[109]. Dieses 'höfische' Sprichwort vermag Erec in diesem Moment nicht zu erfüllen, und so läßt Gawein den Freund mit folgendem Sprichwort ziehen: *jâ ist ein vriunt baz verlorn / bescheidenlîchen unde wol / dan behalten anders dan er sol*

---

[105] Wa,I,1072,Fliehen 32. Wer flieht, ehe man ihn jagt, ist allzu verzagt.

[106] Wa,II,606,Herz 102. Ein furchtsam Herz ist immer in Gefahr.

[107] Wa,I,1186,Freund (Subst.) 317. Getrewen vnd guten Freunden ist man vil schuldig.

[108] Wa,I,1585,Geschehen 54. Was geschehen soll, das fügt sich wol; Singer (Anm. 3), III, S. 93; und TPMA,IV,403, Nr. 72.

[109] Wa,II,706,Hof 137. Wer zu Hof sein Glück will machen, der muss jedem die Pfote geben; und Nr. 138: Wer zu Hof will glücklich sein, braucht mehr Schaum als Wein. Vgl. zu diesem Sprichwort (allerdings als Sentenz bezeichnet) Kuttner (Anm. 19) 43.

(5071–5073)[110]. In diesem kurzen Sprichwortgespräch zwischen Freunden macht sich nun auch langsam eine gewisse Reife Erecs bemerkbar. Hier fehlt die Ironie, und echte Gefühle und Überlegungen werden als sprichwörtliche Erklärungen abgegeben. Da es sich um Sprichwörter handelt, haben Gegenargumente wenig Zweck, und so beginnen Erec und Enite weitere Abenteuer und gelangen Schritt für Schritt auf eine höhere persönliche und gesellschaftliche Ebene.

Das zeigt sich in bezug auf Erec am Ende des Abenteuers mit den beiden Riesen, vor denen er den Ritter Cadoc gerettet hat. Offensichtlich fühlt sich Cadoc entehrt und geschändet, doch vermag Erec ihm einen sprichwörtlichen Ratschlag zu geben, der seine eigene psychologische Entwicklung durchblicken läßt:

> jâ enwirt es nieman erlân
> swer sô manheit üeben wil,
> in enbringe geschiht ûf daz zil
> daz er sich schamen lîhte muoz:
> dar nâch wirt im es buoz.
> wie dicke ich wirs gehandelt bin! (5669–5674)[111]

Wenn also ein Ritter auch einmal in Schande gerät, so kann das später wieder hergerichtet werden, wie Erec hier aus eigener Erfahrung zu erkennen gibt. Mit dieser Aussage Erecs weist Hartmann offensichtlich darauf hin, daß es in der Artuswelt immer die Möglichkeit zur Besserung und Läuterung gibt. Erec befindet sich schließlich ebenfalls auf diesem langwierigen aber möglichen Weg zum perfekten Artusrittertum.

Doch nach diesem übermenschlichen Kampf mit den Riesen fällt Erec *halptôte* (5730) von seinem Pferd, was die treue Enite zur Verzweiflung führt, die sich laut Hartmanns sprichwörtlicher Aussage wie andere Frauen auch nicht gegen ihr großes Leid zu wehren weiß: *swaz in ze leide geschiht, / dâ wider entuont die guoten niht* (5764–5765)[112]. Durch diese verallgemeinernde Aussage will Hartmann Enites Verlust der Selbstbeherrschung rechtfertigen und diese erschütternde Gefühlsoffenbarung psychologisch erklären. Und nun folgt der lange Monolog Enites, worin sie aus Liebe zu dem totgeglaubten Erec mit Gott hadert und schließlich den Tod anfleht, auch ihr Leben zu beenden. Wenn ihr weder von Gott noch dem Tod Hilfe zuerkannt wird, wird die treue und beständige Enite von dem Grafen Oringles vor dem verzweifelten Selbstmord gerettet. Doch diese emotionelle Szene wird durch sieben von Enite ausgesprochene Sprichwörter ins allgemein Gültige übertragen, indem sie diese Weisheiten als auf menschlichen Erfahrungen beruhende Argumente vorbringt[113]. Zuerst einmal bittet Enite Gott, der ja in alle Herzen zu blicken vermag, ihr als liebenden Frau das Leben des geliebten Mannes wiederzuschenken: *daz*

---

[110] Wa,I,1176,Freund (Subst.) 96. Die besten Freunde müssen sich trennen.
[111] Wa,III,447,Mannheit 7. Wo die Mannheit ist, da ist auch das Glück.
[112] Kein Beleg bei Wa. Vgl. zu dieser Belehrung über die Frauen JONG (Anm. 28) 60.
[113] Eine ähnliche sprichwörtliche Argumentation zwischen dem Ackermann und dem Tod befindet sich in Johannes von Tepls 'Ackermann aus Böhmen' (1400). Vgl. dazu Wolfgang MIEDER, Streitgespräch und Sprichwort-Antithetik: Ein Beitrag zur 'Ackermann aus Böh-

dir aller herzen grunt / ist gesihtelîchen kunt / (wan dir enmac niht verborgen sîn) (5804–5806)[114]. Darauf greift Enite das biblische Sprichwort «Mann und Weib sind ein Fleisch (Leib)» (1. Mose 2,24; Matth. 19,5) auf, wobei sie Gott mit einer überzeugend eingebauten Einführungsformel an seine eigene Weisheit erinnert:

> *enwil aber dû mirs niht wider geben,*
> *sô wis, herre got, gemant*
> *daz aller werlde ist erkant*
> *ein wort daz dû gesprochen hâst,*
> *und bite dich daz dûz staete lâst,*
> *daz ein man und sîn wîp*
> *suln wesen ein lîp*[115],
> *und ensunder uns niht,*
> *wan mir anders geschiht*
> *von dir ein unreht gewalt.* (5821–5830)

Natürlich weiß Gott um diese Einsicht, doch wer es bisher noch nicht gelernt hat, das ist der ohnmächtige Erec. Er ist es schließlich, der Enite auf diesen Abenteuern bzw. Prüfungen von seinem Leib und Herzen scheidet. So liegt auch dieser Sprichwortverwendung wieder eine gewisse Ironie zugrunde, da derjenige, der diese biblische Weisheit unbedingt von seiner Frau hören sollte, sie in diesem Moment nicht wahrnehmen kann. Wie Susan Clark bezüglich dieser Textstelle überzeugend nachweist, drückt wenigstens die reifere Enite hier, wenn vielleicht auch eher unbewußt, den Gedanken aus, daß Erec und sie «a collective being» bzw. «one entity»[116] sind oder wenigstens sein sollten. Zweifelsohne handelt es sich in diesem Epos auf einem Niveau um die Herstellung eines gesunden und ausgeglichenen Eheglücks, wo sich *liebe* und *êre* in der Einheit von Enite und Erec verbinden.

Da ihr Gott kein Gehör zu schenken scheint, wendet sich Enite in ihrer Totenklage an den Tod selbst, der sie möglichst bald nehmen möge, da sie ohne Erec nicht leben kann: *sît daz dû mich doch nemen muost, / sô râte ich daz dûz iezuo tuost* (5896–5897)[117]. Auch hier legt Hartmann Enite ganz bewußt wieder ein Bibelsprichwort («Was du tust, das tue bald»; Johannes 13,27) in den Mund, um ihrem Argument eine religiös-mystische Prägnanz zu verleihen. Wenn der schlimme Tod jedoch Enites '*minne*' um ihn nicht akzeptiert, dann hält sie ihm auf sprichwörtliche Weise seine Hinterlist vor. In diesem Augenblick bewahrheitet sich für Enite die sprichwörtliche Überzeugung, daß dem Tod nicht zu trauen ist:

---

men'- und Sprichwortforschung, in: ders., Sprichwort-Wahrwort!? Studien zur Geschichte, Bedeutung und Funktion deutscher Sprichwörter (Frankfurt/M. 1992) 113–149.

[114] Wa,II,44,Gott 1002. Gott sieht das Herz an. TPMA,V,151–152, Nr. 251.

[115] Wa,III,420,Mann 1307. Mann und Weib sind ein Leib.

[116] Vgl. Susan L. CLARK, Hartmann von Aue: Landscapes of Mind (Houston, Texas 1989) 63. Vgl. auch den aufschlußreichen Beitrag von F. P. KNAPP, Enites Totenklage und Selbstmordversuch in Hartmanns 'Erec', in: GRM 26 (1976) 83–90, hier 85.

[117] Wa,IV,1175,Thun 230. Was du thun willst (sollst), das thue bald.

> *wê dir, vil übeler Tôt!*
> *daz dû vervluochet sîst!*
> *wie manec bilde dû gîst*
> *dîner unbescheidenheit!*
> *diu werlt doch wâr von dir seit,*
> *dû sîst mit valsche beladen.* (5915–5920)[118]

Hier greift Enite sogar zu unhöfischen Flüchen, um ihre Enttäuschung und Frustration volkssprachlich zu unterstreichen. Mit einer sprichwörtlichen Zwillingsformel drückt sie zusätzlich aus, daß sie Leib und Seele verwirkt habe, denn sie sieht sich allein schuldig an Erecs Tod: *unheiles wart ich geborn,/wan nû hân ich verlorn/ beide sêle und lîp* (5940–5942)[119]. Natürlich zeigt sich erneut, wieviel weiter Enites Reifungsprozeß im Vergleich zu Erec bereits fortgeschritten ist. Hier ist sie auf übertriebene Weise willens, für das *verligen* die alleinige Schuld zu übernehmen, während Erec noch keine solche Einsicht gezeigt hat.

Verzweifelt kehrt sich Enite in ihrer Klage erneut Gott zu, da ihr der Tod keine Genugtuung gewährt. Jetzt meint sie zu erkennen, daß Gott ihr dieses schwere Schicksal auferlegt hat, denn er hat alle Macht und sein Wille muß geschehen:

> *in triegent sîne sinne,*
> *swem daz ze wendenne ist gedâht,*
> *ez enwerde vollebrâht*
> *swaz von gote geschaffen ist:*
> *dâ vür enhoeret dehein list,*
> *man enmüeze im sînen willen lân.* (5985–5990)[120]

Indem Enite hier das Sprichwort «Gottes Wille muß geschehen» verwendet, möchte man fast meinen, daß sie nun den vermuteten Tod Erecs akzeptieren und sich in ihr Witwenschicksal fügen werde. Wenige Zeilen später verstärkt Enite diese fatalistische Einstellung mit einem weiteren Sprichwort, dessen Weisheit sie erneut mit einer Einführungsformel als allgemein bekannt und wahr unterstreicht: *daz ich dicke hân vernomen,/des bin ich an ein ende komen: swaz man dem unsaeligen tuot,/sîn gelücke enwirt doch nimmer guot* (6004–6007)[121]. Doch gerade in dem Moment, wo die Zuhörer/Leser meinen, Enite wird sich nun in ihr Schicksal fügen, da steigert Hartmann diese um immerhin sieben Sprichwörter strukturierte Totenklage um noch eine unerwartete Stufe. Enite entwickelt sich hier zu einer für das Mittelalter ungewöhnlich autonomen Person und entschließt sich zur drastischen

---

[118] Wa,IV,1226,Tod 20. Dem Tode ist nicht zu trauen.
[119] Wa,III,10,Leib *147. Er ist mit Leib und Seele dafür.
[120] Wa,V,56,Gott 1321. Gottes Wille muß geschehen. SCHÖNBACH (Anm. 10) 208 weist diesbezüglich auf folgende biblische Parallele hin: «Alles, was Gott tut, das besteht immer: man kann nichts dazutun noch abtun» (Prediger 3,14).
[121] Wa,IV,1454,Unglück 398. Wer das Unglück zu täglichem Frühstück hat, hofft nicht mehr auf Glück. Vgl. zu diesen beiden Sprichwörtern auch EGERT (Anm. 28) 37.

Selbsthilfe des Selbstmordes aus ungebrochener *staete* – und hier fehlen nun auch die sonst so schnell herbeigezogenen Sprichwörter.

Im letzten Augenblick erscheint die Rettung in der Gestalt des Grafen Oringles, der die wehklagende Enite sofort zu trösten beginnt, wie Hartmann es sprichwörtlich hervorhebt: *vrouwen Enîte trôste er dô/vlîzechlîche unde wol,/sô man den vriunt nâch leide sol* (6213–6215)[122]. Aber was für ein Freund wird das sein! Es wird sich nur zu schnell zeigen, daß dieses an sich durchaus positive Sprichwort durch schändliche Handlungen Lügen gestraft wird. Ästhetisch gesehen ist diese voreilige Charakterisierung Oringles geschickt von Hartmann eingefädelt worden, denn diese starke und positive Sprichwortaussage wird später im krassen Gegensatz zu Oringles Schandtat stehen. Auf indirekte und ironische Weise mag Hartmann hier auch eine gewisse Gesellschaftskritik ins Auge fassen, wo das Ideal der Freundschaft unterminiert wird.

Auf die Oringles-Episode hat Hartmann interessanterweise ganze sechs Sprichwörter verwandt, die einmal von Oringles heimtückisch als verallgemeinernde Regeln eingesetzt werden, um Enite dazu zu bringen, ihn als neuen Ehemann zu akzeptieren. Zum anderen aber flicht Hartmann Sprichwörter in den Erzählvorgang ein, um notwendige Erklärungen hinzuzufügen. Während der scheintote Erec noch unbegraben auf der Totenbahre liegt, versucht Oringles bereits mit einem Sprichwort, Enite von allzu großer und langer Reue abzubringen: *wan langiu riuwe niht engît/ wan einen bekumberten lîp* (6233–6234)[123]. Das Wort *lîp* deutet nur zu deutlich bereits darauf hin, was Oringles an Enite fasziniert. So spricht er sie in der folgenden Zeile wegen ihres Körpers als *schoenez wîp* (6235) an, und diese Schönheit blendet ihn nun ebenso wie sie es mit dem jungen Erec tat. Ebenso schnell wie Erec begehrt Oringles nun Enite zur Frau und greift lediglich zwanzig Zeilen später erneut zu einem gängigen Sprichwort, um sie davon zu überzeugen, daß sich ihr Schaden nur zu schnell in Erfreuliches verkehren wird: *da dicke ein man/grôzen schaden nimet an,/daz verkêret sich vil ringe/ze lieberme dinge* (6254–6257)[124]. Hartmanns Zuhörer/Leser haben wie Enite mit dieser abrupten und unzeitgemäßen Werbung ihre Schwierigkeiten, doch sei wenigstens angemerkt, daß Hartmann seine Erzählung so gestaltet hat, daß Erec in der Tat für tot gilt. Das Fehlen einer psychologisch motivierten Liebe spiegelt auf interessante Weise Erecs Verhältnis zu Enite am Anfang wider, der sie schließlich anfänglich auch nur wegen ihres Körpers liebt. Hartmann meint diesbezüglich zu recht, daß er seinen Zuhörern/Lesern eine Erklärung ob dieses arg schnellen Eheangebots von Oringles schuldig sei. Verallgemeinernd und hier noch rechtfertigend fügt Hartmann ein beliebtes Sprichwort über die Kraft der Liebe ein: *wan er [Oringles] entriute nie mê geleben./sô grôz ist der minne maht* (6339–6340)[125]. Die Liebe führt zu Fehlurteilen, das zeigen Erec sowie Oringles.

[122] Wa,I,1177,Freund (Subst.) 119. Ein Freund bedarf des andern; und Wa,I,1179,Freund (Subst.) 143. Ein Freund soll dem andern dienen.

[123] Wa,III,1161,Reue 19. Reue bringt das Verlorene nicht wieder; und Wa,IV,267,Schmerz 16. Grosser Schmerz macht kleinen Schmerz vergessen.

[124] Wa,IV,45,Schade 75. Es ist selten ein Schaden, es ist ein Nutzen dabei.

[125] Wa,III,131,Liebe 52. Der Liebe ist kein Ding unmöglich; Wa,III,136,Liebe 160. Die Liebe

Nur wird sich Oringles als total unwürdig erweisen, während Erec zur Läuterung geführt wird.

Spielt eventuell bereits in dieser Sprichwortverwendung erneut eine gewisse Ironie mit hinein, so ist das in Hartmanns folgender Integrierung eines weiteren Sprichwortes absolut der Fall. Der heiß begehrende Oringles ist seiner Sinne nicht mehr mächtig – etwa wie König Markes *geluste unde gelange* (Zeile 17767) für Isolde[126] – und besteht darauf, Enite noch vor dem Begräbnis Erecs zu heiraten. Und da nun fügt Hartmann bloßstellend und auf spannende Weise vorausdeutend ein ungemein treffendes Sprichwort ein: *got hete den gewalt und er den wân* (6351)[127]. Die Zuhörer/Leser werden gewiß schon auf diesen Umschwung in der Erzählhaltung Hartmanns gewartet haben, denn Oringles benimmt sich doch in der Tat unmenschlich und später gar tierisch. So ist das Sprichwort 'Der Mensch denkt, Gott lenkt' eine willkommene didaktische Bemerkung, die den zweiten Teil des Oringles-Abenteuers einleitet. Selbstverständlich fungiert das Sprichwort hier auch als gelungenes Spannungselement, denn Zuhörer/Leser sind begierig zu erfahren, was denn nun Gottes Wille sein wird, nachdem dieser Enite scheinbar nicht helfen wollte. So steht dieses auf Gott bezogene Sprichwort auch als effektiver Kontrast zu den von Enite verwendeten und auf Gott bezogenen Sprichwörtern.

Wenn Graf Oringles die widerspenstige Enite gar zu schlagen beginnt, mutet es paradox an, daß sich diese über die Mißhandlung zu freuen scheint. Wieder ist Hartmann schnell mit einem Sprichwort zur Hand, um diese absurde Situation zu erklären. Da Enite hofft, durch diese Schläge endlich den Tod zu finden, kann das gängige Sprichwort als Kontrastformel eingesetzt werden:

> *von dem slage wart si vrô*
> *und ouch des tages nie mê wan dô.*
> *wâ si die vreude möhte nemen?*
> *daz muget ir gerne vernemen,*
> *wan slege tuont selten iemen vrô*[128].
> *ir vreude schuof sich sô:*
> *si waere gerner tôt gewesen*
> *tûsentstunt dan genesen. (6552–6559)*

Hier hilft ein Sprichwort also dazu, einen Ausnahmezustand zu erläutern. Und gleich darauf geschieht dann das Wunder, daß der scheintote Erec (*des todes âne*, 6591) durch das laute Klagen von Enite zu neuem Leben erwacht. Die fürchterliche Rache folgt sogleich, indem Erec das Monster Oringles erschlägt und seine Mannen auf die Flucht aus der Burg treibt. Das führt Hartmann abschließend nochmals zu

---

kann alles; Wa,III,146,Liebe 381. Lieb vberwind all ding; und Wa,II,154,Liebe 581. Liebe überwindet alles.

[126] Vgl. dazu MIEDER, *Liebe unde leide* (Anm. 1) 18.

[127] Wa,III,593,Mensch 104. Der Mensch denkt, Gott lenkt. TPMA,V,160, Nr. 453. BECH (Anm. 9) 209 weist in seinen Anmerkungen zu 'Erec' auch auf die alliterierende Form dieses Sprichwortes hin.

[128] Wa,IV,207,Schlag 34. Mit viel Schlägen wird niemand fromb gemacht.

einem Sprichwort, das durch die feigen Untertanen Oringles' umgekehrt wird. Hinzu kommt noch der bereits erwähnte sprichwörtliche Vergleich mit den Mäusen, so daß das maßlose und unhöfische Geschehen auf dieser Burg grotesk bloßgestellt wird:

> *ez lâgen under benken*
> *vil guoter knehte*
> *wider ritter rehte.*
> *eines dinges vil geschiht,*
> *des enwundert mich niht,*
> *swer sinem lîbe vorhte treit,*
> *daz er durch sîne gewarheit*
> *dicke vliuhet grôzen schal*
> *ûf die burc uz dem tal*[129].
> *sô vluhen dise ûz dem hûs*
> *und sluffen ze loche sam diu mûs.* (6645–6655)

Aufmerksame Zuhörer/Leser werden schon hier an eine gewisse Wiedergeburt Erecs denken, der zu neuen Einsichten gekommen ist. Eindeutig liegt eine Wende vor, denn zum ersten Mal kämpft Erec hier für seine treue Frau Enite. Das ist nicht mehr Abenteuer um der Abenteuer willen, sondern nun dreht es sich um ritterliche Bewährung, Pflicht und Liebe.

Und doch scheint sich Erec selbst seines Lernprozesses und dieser neuen Charakterstufe noch unbewußt zu sein. Wie sich zeigen wird, gehören noch zwei sehr wichtige Abenteuer zu seinem Reifungsprozeß dazu. Dafür aber schaltet sich Hartmann an dieser Stelle als allwissender Erzähler ein und gibt durch ein Sprichwort bekannt, daß Enite bereits ihre persönliche Läuterung gefunden hat. Sie hat ihre *triuwe, staete* und *liebe* immer wieder bis zum Todeswunsch und Selbstmordversuch und zur kaum noch vermiedenen Vergewaltigung unter Beweis gestellt. So ist es an der Zeit, daß die Trennung von Erec und Enite aufgehoben wird, Enite braucht nicht mehr zu schweigen, und aus ihrer Zweisamkeit kann langsam wieder eine Einheit werden: Nicht nur ist Enite *ein rehtez wîp* (6782) für Erec, sondern auch er hat sich durch das Oringles-Abenteuer als 'rechter Mann' für sie erwiesen. So handelt es sich auf dieser langen Abenteuerfahrt keineswegs nur um eine unnötige und vermessene Erprobung Enites seitens Erecs (wie dieser fälschlich annimmt), sondern gleichfalls um seine eigene Prüfung. In der Tat handelt es sich, der einleuchtenden Interpretation Hugo Kuhns zufolge, bei der ganzen Bußfahrt um eine «Probe auf ihre Minnegemeinschaft»[130]. So bezieht sich das Bibelsprichwort «Wie das Feuer Silber und der Ofen Gold, also prüft der Herr die Herzen» (Sprüche 17,3) auf die Erprobung der

---

[129] Wa,I,1279,Fürchten 61. Wer sich fürchtet, ist nirgends sicher.
[130] Hugo KUHN, Erec, in: ders., Dichtung und Welt im Mittelalter (Stuttgart 1959 [zuerst 1948]) 133–150, hier 149. Mit dieser Interpretation stimmt auch überein Friedrich MAURER, Leid: Studien zur Bedeutungs- und Problemgeschichte, besonders in den großen Epen der staufischen Zeit (Bern ⁴1969) 47–48.

Herzen und Charaktereigenschaften von Enite und Erec: *ez war durch versuochen getân/[...]/als man daz golt sol/liutern in der esse* (6781 und 6785–6786)[131]. Das Sprichwort übernimmt also an dieser Stelle für das Gesamtverständnis des Epos eine absolute Schlüsselfunktion, das die schließlich perfekte oder 'goldrichtige' Lebenshaltung von Erec und Enite bildhaft ausdrückt. Von Interesse ist noch, daß Hartman später noch einmal auf das Sprichwort in bezug auf die seitenlange Sattelbeschreibung von Enites Pferd anspielt. Da heißt es von dem Sattelgestell, daß es unter anderem *von dem besten golde/daz ie werden solde/geliutert in dem viure* (7530–7532) angefertigt wurde. Hier hat das sprichwörtliche Element freilich keine tiefere Bedeutung mehr, doch ruft es möglicherweise dessen vorherige aufschlußreiche Verwendung in Erinnerung.

Um die Läuterung Erecs zu zeigen, die sich selbstverständlich durch dessen klare Selbsterkenntnis auszudrücken hat, gestaltet Hartmann nun noch ein zweites und vertiefendes Abenteuer mit *dem wênigen künege* (6819) Guivreiz, wobei sich das Wort 'wenig' lediglich auf dessen kleine Gestalt bezieht. Es ist Hartmann auch hier wieder mit erstaunlicher psychologischer Einsicht gelungen, nun gerade Guivreiz als eine Art David dem Goliath Erec gegenüberzustellen. Auch erkennen sich die beiden Freunde nicht, und so kommt es ohne jegliche Kommunikation noch einmal zu einem Kampf, den dieses Mal der kleinere König Guivreiz gewinnt. Und es ist an der Zeit, daß Erec, sprichwörtlich ausgedrückt, von seinem hohen Roß geworfen wird. Durch diese Niederlage geht seine *superbia*, das heißt seine Hoffart und sein Hochmut, endlich zu Ende, wie Erec nun mit klarer Einsicht durch ein allgemeines Sprichwort und dessen einleuchtende persönliche Erklärung bekanntgibt:

> *swelh man toerlîche tuot,*
> *wirts im gelônet, daz ist guot*[132].
> *sît daz ich tumber man*
> *ie von tumpheit muot gewan*
> *sô grôzer unmâze*
> *daz ich vremder strâze*
> *eine wolde walten*
> *unde vor behalten*
> *sô manegem guoten knehte,*
> *dô tâtet ir mir rehte.* (7010–7019)

---

131 Wa,I,1792,Gold 125. Gold wird durch Feuer probiert, die Frau durch das Gold und der Mann durch die Frau. TPMA,V,127, Nr. 123. Zu vielen anderen Belegen dieses Sprichwortes vgl. Carl SCHULZE, Die biblischen Sprichwörter der deutschen Sprache (Göttingen 1869/ND hg. v. W. MIEDER, Bern 1987) 96–97.

132 Wa,III,898,Narr 459. Einem Narren muß man alles zugute halten. Vgl. auch ZINGERLE (Anm. 3) 147; SCHÖNBACH (Anm. 10) 212; und WEISE (Anm. 18) 19 und 64. Bei diesem Sprichwort scheint es sich um eine Lehnbearbeitung des lateinischen Rechtsspruches *Volenti non fit iniuria* («Dem, der es so haben will, geschieht kein Unrecht») des römischen Juristen Domitius Ulpianus (um 170–223) zu handeln; vgl. dazu Georg BÜCHMANN, Geflügelte Worte, hg. v. Winfried HOFMANN (Berlin [40]1995) 346.

Hier gibt Erec seine überhebliche Torheit einsichtsvoll zu, und diese indirekte «Belehrung, die Chrétien wiederum nicht hat, ist symbolisch zu fassen. Erec sieht ein, dass er durch seinen Hochmut zu Fall gekommen ist; er gesteht, dass er nicht der einzige 'guote kneht' (Z. 7018) ist, dass er auch der Gesellschaft Rechnung tragen soll und nicht allein das Mass aller Dinge ist»[133]. Natürlich ist für Hartmanns belehrende Intention von Bedeutung, daß von dem Einzelfall Erecs allgemeine Schlüsse gezogen werden, wozu sich das verallgemeinernde Sprichwort besonders gut eignet.

Erec hat also seine berechtigte *buoze* (Strafe, Z. 7023) erhalten, und das Eheglück ist nach vielen Abenteuern und Proben wiederhergestellt. Hartmann betont ausdrücklich, daß sie nun wieder zusammen *ligen*:

> *Erecke und vrouwen Enîten*
> *die ze manegen zîten*
> *bî ein ander niht enlâgen*
> *noch gesellschefte emphlâgen*
> *mit slâfe und mit mazze.*
> *dem unbescheiden hazze*
> *wart ein ende gegeben*
> *und kum in ein bezzer leben.* (7094–7101)

Doch heißt es zusätzlich, daß sie sich ein *bezzer leben* aussuchen, und das bedeutet nach all diesen Erfahrungen selbstverständlich nicht, daß sie sich bei Guivreiz womöglich erneut *verligen*. Sobald Erecs Wunde geheilt ist, besteht er darauf, mit Enite weiterzureiten, um jeder Bequemlichkeit zu entsagen und sich ritterlich weiterhin zu bewähren. Ja, sie haben die Absicht, als geläuterte, artuswürdige Personen nach langer Zeit an den Hof König Artus' zurückzukehren. Und so hat man lange gemeint, daß das Epos hier sein logisches Ende gefunden hat. Und doch kommt noch ein sehr notwendiges Abenteuer hinzu, wo Hartmann weitere elf Sprichwörter und drei Redensarten anhäuft. Es gibt also offensichtlich noch eine wichtige Lehre, die Hartmann für angebracht hält. Welcher Sinn also verbirgt sich hinter der *Joie de la curt-âventiure?*

Mit großer Spannung weiß Hartmann dieses scheinbar angehängte, letzte Abenteuer einzuleiten. Als Enite, Erec und Guivreiz an eine *wegescheide* (7813) kommen, stehen sie wie der klassische Herkules am Scheideweg und scheinen eine sprichwörtliche Fehlentscheidung zu treffen: *die rehten strâze si vermiten: die baz gebûwen si riten* (7816–7817)[134]. Sie wählen den leichteren und besseren (d.h. falschen) Weg

---

[133] JONG (Anm. 28) 38. Vgl. auch BUTLER (Anm. 28) 118; und KUTTNER (Anm. 19) 40–41.
[134] Wa,IV,1853,Weg (Subst.) *258. Auf dem (rechten) Wege sein; und Wa.IV,1854,Weg (Subst.) *294. Du bist auf dem rechten Wege. Zu «Herkules am Scheidewege» vgl. BÜCHMANN (Anm. 132) 294. Dem Sinn nach könnte diese Aussage auch mit Matthäus 7,13–14 in Verbindung gebracht werden: «Gehet ein durch die enge Pforte. Denn die Pforte ist weit, und der Weg ist breit, der zur Verdamnis abführet; und ihrer sind viele, die darauf wandeln./Und die Pforte is eng, und der Weg ist schmal, der zum Leben führet; und wenige sind ihrer, die ihn finden.»

und scheinen dadurch paradoxerweise den 'rechten' Weg zum Heil nicht gefunden
zu haben. Und dann verirrt sich Guivreiz auch noch und muß beschämt zugeben:
wir sîn verre/geriten von unser strâze. [...] *ich hân mich übele übersehen, gezeiget
zuo der winstern hant* (7899–7900 und 7905–7906). Die Redensart von der *winstern hant* ist von 'Erec'-Philologen eingehend untersucht worden, und es ist bewie-
sen, daß es sich hier um die linke, das heißt die üble bzw. teuflische Hand handelt.
Doch kommt es gar nicht einmal auf rechts oder links an, sondern es dreht sich
erneut um den rechten oder unrechten Weg[135]. Redensartlich wird also nochmals
betont, daß die drei Weggefährten nun zum zweiten Mal eine Fehlentscheidung
getroffen haben. Und dennoch führen gerade diese verkehrten Entschlüsse zu dem
ungemein wichtigen *Joie de la curt*-Abenteuer. Wie ist das möglich, wo ist die Logik,
und was will Hartmann damit sagen?

Allzu schnell will Rolf Endres die vordergründige Widersinnigkeit dieser beiden
negativen Redensarten als «Oberflächlichkeit» des Verfassers verwerfen[136]. Doch
hat Hartmann diese ansonsten doch mit so viel Feingefühl in die Dialoge und den
Erzählvorgang eingebaut, daß ihm wohl kaum ein zweimaliger Denkfehler unterlaufen sein kann. Einige Jahre nach Endres' Urteil hat Hinrich Siefken eine durchaus
eingängige Lösung für diese beiden schwer verständlichen Stellen vorgeschlagen,
indem er sie völlig überzeugend als Einleitung zu dem *Joie de la curt*-Abenteuer
interpretiert. Dieses letzte Abenteuer aber «ist Anti-Szene; Erec tritt als erlösender
Held auf, durch ihn findet diese Welt erst wieder zu den normalen Wertungen. In
dieser verkehrten Welt kehrt sich die Richtungssymbolik um; an der Wegscheide
wählte man den besseren Weg, der links abführte»[137]. Das erklärt später auch die
Beschreibung von Mâbonagrîns Garten als *daz ander paradîse* (9542). Es ist das
Paradies einer verkehrten Welt, die es zu befreien gilt. Aber zuerst muß man eben
die entsprechenden falschen und schlechten Wege gehen, um überhaupt in diese
verkehrte Welt als Retter vorstoßen zu können. Das ist in der Tat eine bemerkens-
werte Verwendung zweier Redensarten, die so gesehen logisch in den Erzählvorgang
und den Ideengehalt des Epos passen.

Doch vorerst versucht Guivreiz noch, seinen guten Freund Erec zur Umkehr zu
bewegen. Dieser antwortet erwartungsgemäß mit einem Sprichwort, daß seinen
Mut zu gefährlichen Abenteuern erneut unter Beweis stellt: *ez enist niht wirsers
dan der tôt* (7936)[138]. Wenn Guivreiz weiterhin erklärt, die Burg Brandigân nicht
aufzusuchen, da das *Joie de la curt*-Abenteuer zu gefährlich ist, kontert Erec erneut
mit einem Sprichwortargument. Er ist bereit, auf Leben und Tod diesen Kampf zu

---

[135] Vgl. weitere Belege und Erklärungen in den 'Erec'-Ausgaben von HAUPT (Anm. 9) 418–
419 und BECH (Anm. 9) 259 sowie in SCHÖNBACH (Anm. 10) 335; Anton WALLNER, 'Erec'
7906, in: ZfdA 40 (1898) 60–62; Rudolf VOSS, Die Artusepik Hartmanns von Aue (Köln
1983) 117–118.

[136] Vgl. ENDRES (Anm. 74) 37.

[137] Hinrich SIEFKEN, *Der saelden strâze*: Zum Motiv der Zwei Wege bei Hartmann von Aue,
in: Euphorion 61 (1967) 1–21, hier 15.

[138] Wa,IV,1226,Tod 24. Den Tod fürchten ist schlimmer als sterben.

unternehmen, denn *der lîp doch muoz verderben* (8153)[139]. Auch meint er weiterhin sprichwörtlich und mit einer bisher unbekannten Demut, daß er bei dem möglicherweise ungleichen Kampf gegen den starken und gefürchteten Mâbonagrîn mit seiner Wenigkeit einen großen Gegner besiegen kann: *dâ ich wider tûsent phunden/ wâge einen phenninc* (8535–8536)[140]. Voller Zuversicht verbringen Erec und Enite die Nacht vor dem Kampf zusammen, ja sie *hâten guote zîte/dâ si ensamet lâgen/ und guoter minne phlâgen* (8615–8617). Und doch fühlt sich Hartmann nun verpflichtet, seinen Superhelden als Menschen mit Gefühlen und Ängsten zu schildern. Hier deutet sich bereits an, daß Erec seine abenteuerlichen Kämpfe nicht mehr nur als 'Leistungssport' und Mutproben betrachtet:

> *manlîcher sorgen*
> *enwas sîn herze niht gar vrî,*
> *wan man wil daz er niht ensî*
> *gar ein vollekomen man*
> *der im niht vürhten enkan,*
> *und ist zen tôren gezalt.* (8619–8624)[141]

Erec hat also ein Herz, er darf sogar als Held ein wenig Furcht haben. Doch was bedeutet das anders, als daß er nun mit Überlegung und nicht blindlings in den endgültigen Kampf reitet. Auch kämpft er nun bewußt für andere Menschen, was diesem Kampf eine völlig andere Bedeutung zukommen läßt. Voller Zuversicht legt er sein Schicksal sogar ohne die alte Überheblichkeit in Gottes Hände, als er von der besorgten Enite Abschied nimmt: *ouch ist mir daz für wâr geseit,/got sî als guot er ie was./hei wie dicke er noch genas/dem er genaedic wolde wesen!* (8855–8858)[142]. Mit solcher sprichwörtlich demütigen Einstellung kann Gottes Knecht Erec getrost in den Kampf gegen Mâbonagrîn antreten, wobei ihm außer Gott auch seine Gedanken an Enite die notwendige Kraft gegen seinen kühnen Gegner verleihen:

> *er gedâhte an vrouwen Enîten.*
> *sô starcten im ir minne*
> *sîn herze und ouch die sinne,*
> *daz er ouch mit niuwer maht*
> *nâch manlîcher tiure vaht.* (9183–9187)

---

[139] Wa,III,5,Leib 23. Der schönste Leib muss eben so wol zu aschen werden, als der voller brüch vnd alter schäden ist.
[140] Wa,III,1338,Pfund 9. Wer mit dem Pfunde wagt, bedarf des Centners nicht.
[141] Wa,III,883,Narr 126. Der ist ein Narr, der seiner selbst vergisst; und Nr. 134: Der ist ein Narr, der sich nimmt an, was er doch nicht vollbringen kann.
[142] Wa,II,34,Gott 743. Gott ist noch heut zutag so reich als er gewesen ewiglich. Vgl. auch Schönbach (Anm. 10) 13 und Weise (Anm. 18) 98, die darauf hinweisen, daß es sich hier um eine deutsche Fassung der lateinischen Kirchenlehre *Deus semper est id quod fuit* handelt. Butler (Anm. 28) 108–109, erklärt, daß Erec sich hier der göttlichen Fügung unterwirft und «jegliche Art der Überheblichkeit und des Stolzes von sich zurückweist».

Das ist wahre Zusammenarbeit und Liebe, auch wenn sie hier vorübergehend körperlich getrennt sind. Doch diese kurze Zweisamkeit beruht auf der erprobten und bewiesenen Einheit der Liebe.

Noch einmal steigert sich Hartmann als Erzähler in eine großartige Kampfbeschreibung zwischen Erec und Mâbonagrîn. Kurz vor dem Beginn des Kampfes kommt es sogar zu einer regelrechten Sprichworttirade, wenn Erec mit sarkastischer Verachtung auf die schmähenden Drohungen sowie das überhebliche Prahlen Mâbonagrîns reagiert:

ich enahte niht ûf iuwer drô
und wil si wol genôzen
zwein bergen grôzen.
die swuoren bî ir sinnen
daz si wolden gewinnen
in selben ein gezaemez kint.
ein grôzez. als ouch si dâ sint.
dô verhancte des got
daz ez wart der liute spot,
und gebâren eine veltmûs[143].
ouch sint verbrunnen grôziu hûs
von wênigen viure[144].
in ist daz ellen tiure,
die sô gremelich wellen sîn[145].
daz selbe sol hie werden schîn.
ê wir uns hiute scheiden,
unser einem oder uns beiden
ist daz giuden gar gelegen. (9049–9066)

Mit der deutschen Entlehnung des klassischen Sprichwortes *parturiunt montes, nascetur ridiculus mus* zeigt Hartmann ein für allemal seine beachtliche Kenntnis der Antike. Seine Verarbeitung dieses auf eine Fabel des Phädrus zurückgehenden und von Horaz in seiner 'Ars poetica' aufgegriffenen Sprichwortes hat als Erstbeleg in der deutschen Sprache zu gelten[146]. Erec freilich gelingt mit der Verwendung

---

[143] Wa,I,313,Berg 22. Die Berge kreisen, um ein Mäuschen zu gebären. Im TPMA I,430–431 gibt es etliche Belege aus verschiedenen Sprachen zu «Unter grossem Lärm gebiert der Berg eine Maus,» doch fehlt der Beleg aus Hartmanns 'Erec'. Aus der deutschen Sprache werden nur je ein Beleg aus Martin Luther und Hans Sachs zitiert (vgl. S. 431, Nr. 66a und 67).

[144] Wa,I,994,Feuer 55. Ein klein Feuer entzündet einen grossen Wald; und Wa,I,1270,Funke 15. Ein kleiner funck verbrennt einen gantzen Wald. Auch hier fehlt im TPMA,II,232 und 236 wieder der Beleg aus Hartmanns 'Erec'.

[145] Wa,V,1759,Tapfere (der) 8. Der Tapfere lässt für sich die Thaten sprechen, der Prahler nur die Worte.

[146] Vgl. zu diesem klassischen Sprichwort ROETTEKEN (Anm. 33) 92; Franz HARDER, *Parturient* [sic] *montes, nascetur ridiculus mus*«, in: Zs. d. Vereins f. Volkskunde 35–36 (1925–1926) 278–280; RUBERG (Anm. 26) 489; KUTTNER (Anm. 19) 117–118; Lutz RÖHRICH, Das große Lexikon der sprichwörtlichen Redensarten, 3 Bde. (Freiburg 1991–1992) I,

dieses grotesken Sprachbildes eine großartige Schmähung Mâbonagrîns, wobei er das Sprichwort auch noch um einige Zeilen aus der Fabel erweitert. Der Bezug auf Gott soll wohl erneut zeigen, daß in diesem Kampf Gott dem besseren dieser beiden Kämpfer den Sieg zusprechen wird. Um aber nicht nur klassische Weisheiten zu zitieren, fügt Hartmann sogleich noch zwei volkssprachliche Sprichwörter hinzu, die das prahlerische Gebahren Mâbonagrîns lächerlich machen. Auch zeigt sich Erec immer mehr als angehender Lehrmeister, der nun altüberlieferte Sprichwortweisheit geschickt und richtig anzuwenden weiß.

Selbstverständlich gewinnt Erec den stundenlangen Kampf und kann Mâbonagrîn nun die gewichtige Lehre unterbreiten, daß man sich vor dem *verligen* hüten muß und soll. Erec spricht jetzt aus Erfahrung und Einsicht, und so ist er befähigt, nun auch Mâbonagrîn und seine Geliebte durch ein eingängiges Sprichwort aufzuklären. Diese beiden müssen lernen, daß es in ihrem Paradies zwar schön ist, daß sie sich jedoch aus allzu großer Liebe von den gesellschafltlichen Verpflichtungen entfernt haben, die nun einmal zu einem vollen Leben dazugehören, *wan bî den liuten ist sô guot* (9438). In seinem Spätwerk 'Iwein' benutzt Hartmann dafür das Sprichwort *Verlegeniu müezekeit/ist gote und der werlte leit* (7171–7172)[147]. Hier in 'Erec' wird das Problem des *verligens* indirekter durch ein anderes Sprichwort erläutert:

> *swie wünneclîch et hinne sî*
> *und swie deheiner slahte guot*
> *sô sêre ringe den muot*
> *sô dâ liep bî liebe lît,*
> *als ir und iuwer wîp sît,*
> *sô sol man waerlîchen*
> *den wîben doch entwîchen*
> *zetelîcher stunde.*
> *ich hân ez ûz ir munde*
> *heimlîchen vernomen*
> *daz hin varn und wider komen*
> *âne ir hâz mac geschehen.*
> *swie sis niht offentlîche enjehen.*
> *si wellent daz man niuwe sî*
> *und niht zallen zîten bî.* (9417–9431)[148]

Mit dieser Belehrung summiert Hartmann sozusagen das Hauptthema des ganzen 'Erec'-Epos, denn zu einem vollen und verantwortlichen Leben gehört ein gesunder Ausgleich von *minne* und *âventiure*. Das heißt als Sprichwort in aller Kürze

---

174–175; Aaron E. WRIGHT, Hartmann and the Fable: On 'Erec' 9049ff., in: Beiträge zur Geschichte d. dt. Sprache u. Literatur 116 (1994) 28–36; und BÜCHMANN (Anm. 132) 331.

[147] Vgl. Hartmann von Aue, Iwein, hg. v. Thomas CRAMER (Berlin 1968) 140. TPMA,III,170, Nr. 15.

[148] Kein Beleg für die letzten zwei sprichwörtlichen Zeilen dieser Lehre bei Wa. Vgl. aber

si [wîben] wellent daz man niuwe sî/und niht zallen zîten bî. Von Interesse ist dabei, daß Hartmann diese bedeutungsvolle Lehre Erec in den Mund legt. Dieser gibt selbst zu, daß er die Weisheit 'heimlich' von den Frauen (gemeint ist natürlich Enite) erfahren hat. Er, der Meisterschüler, kann nach bestandener Prüfung als Lehrmeister auftreten und Hartmann dieser Pflicht als Erzähler entbinden.

Erec ist nun selbst in der Lage, den achtzig durch Mâbonagrîn zu Witwen gewordenen Frauen Trost zu spenden, was von Hartmann mit einem dritten Freundschaftssprichwort beschrieben wird: *nû waz tuot dem manne baz/wan der in nâch leide troestet wol?/des ist vriunt vriuntes schol* (9823–9825)[149]. Hartmann läßt seinem Erec sogar noch sprichwörtlich verkünden, daß sich nun alles vom Leid zur Freude gewendet habe: *und muoz sich verkêren/ze gemache unde zêren/und ze wünne manec leide* (10112–10114)[150]. Somit ist die gesellschaftliche Ordnung mit ihren Normen für *minne* und *êre* wieder hergestellt, die *mâze* waltet über allem, und die *vreude* herrscht am Ziel dieses exemplarischen Artusromans.

Dieses menschliche und gesellschaftliche Ideal, *deist goldes übergulde* (10133)[151], wie es sprichwörtlich in der drittvorletzten Zeile heißt. Damit kehrt Hartmann ganz am Ende seines langen Werkes zurück zu seinem vorher verwendeten Sprichwort *als man daz golt sol/liutern in der esse* (6785–6786). Da galt die Weisheit des Sprichwortes jedoch noch als optimistische Prophezeiung dafür, daß die Buß- und Probezeit Enites und Erecs zu artuswürdigem Verhalten führen wird. Das hat sich am Ende aller Abenteuer erwiesen, und so schließt sich der sprichwörtliche und didaktische Kreis dieses Epos mit der Wiederholung des Wortes 'Gold'. Wen die Lebenserfahrungen so geläutert haben wie Erec und Enite, der ist in der Tat Gold wert und nicht mit Gold zu bezahlen. Als perfekte Mitglieder der höfischen Gesellschaft können Enite und Erec nach Hause reiten in dem vollen Bewußtsein, daß sie nicht nur den Ausgleich von Pflicht und Neigung gefunden haben, sondern daß sie dieses Ideal durch ständige Bewährungen auch aufrechterhalten werden. Das ist die Botschaft Hartmanns von Aue auch für moderne Leser, die vielen der hier besprochenen Sprichwörter und somit der Didaktik Hartmanns von Aue mit Gewinn zustimmen könnten.

ZINGERLE (Anm. 3) 167, der die Zeilen *si wellent daz man in niuwe sî/und niht zallen zîten bî* für ein Sprichwort hält; vgl. auch JONG (Anm. 28) 63.

[149] Wa,I,1180,Freund (Subst.) 183. Ein wahrer freundt ist der beste Artzt inn der noth; und Wa,V,1278,Freund (Subst.) 616. Einem Freunde muss man mit Viererlei helfen: mit dem Leibe, mit Gut, mit Trost und Rath. Zu den drei Sprichwörtern über Freunde vgl. ENDRES (Anm. 74) 112.

[150] Wa,III,15,Leid (Subst.) 2. Auf Leid folgt Freude; und Nr. 10: Durch Leid zu Freud. Es sei an dieser Stelle vermerkt, daß die Zeile *und ze wünne manec leide* in der von mir durchweg zitierten 'Erec' Ausgabe von Thomas CRAMER *und ze wünne manecvalt* lautet. Hier ginge dann das Sprichwort verloren. Vgl. zur Beibehaltung dieser Textstelle WEISE (Anm. 18) 61 und MECKE (Anm. 10) 97.

[151] Wa,I,1795,Gold *206. Das ist gar nicht mit Golde zu bezahlen; und Wa,1796,Gold *207. Das kann man (für alles) Gold nicht haben. Vgl. dazu MECKE (Anm. 10) 98.

"hochvârt ie seic unde viel"

Sprichwörtliche Lehren in Wolframs von Eschenbach *Parzival*

Mit dem Abschluß des dreizehnbändigen 'Thesaurus proverbiorum medii aevi [TPMA]. Lexikon der Sprichwörter des romanisch-germanischen Mittelalters' (Berlin 1995–2002) hat auch die Erforschung der mittelhochdeutschen Sprichwörter und Redensarten einen lexikographischen Höhepunkt erreicht. Hinzu kommen noch etliche gleichzeitig erschienene Einzeluntersuchungen zur sprichwörtlichen Sprache im 'Nibelungenlied' und in den höfischen Epen Gottfrieds von Straßburg und Hartmanns von Aue.[1] Allgemeine Überlegungen zur mittelalterlichen Gnomik in der Form von Sentenzen und Sprichwörtern sind ebenfalls vorgelegt worden,[2] und es gibt sogar ein Bochumer/Münsteraner Projekt über 'Literarische Kleinstformen pragmatischer Schriftlichkeit: Sentenzverwendung im mittelhochdeutschen höfischen Roman des 12. und 13. Jahrhunderts.' Dennoch gilt ganz allgemein, daß trotz großer parömiographischer Bemühungen immer noch viele sprichwörtliche Texte nicht lexikographisch registriert sind, und daß vor allem diese volkssprachlichen Ausdrücke nicht genügend zur Intepretation der jeweiligen Werke herange-

---

[1] Vgl. die drei Beiträge von Wolfgang MIEDER, *swaz sich sol gefüegen*: Sprichwort und Schicksal im 'Nibelungenlied', in: Bo ANDERSSON/Gernot MÜLLER (Hgg.), Kleine Beiträge zur Germanistik. Festschrift für John Evert Härd (Uppsala 1997) 165–177; *liebe unde leide*: Sprichwörtliche Liebesmetaphorik in Gottfrieds 'Tristan', in: Das Mittelalter 2 (1997) 7–20; *als man daz golt sol liutern in der esse*: Sprichwörtliche Ironie und Didaktik in Hartmanns von Aue 'Erec', in: Mittellateinisches Jahrbuch 26 (2001) 45–76; sowie Manfred EIKELMANN, Autorität und ethischer Diskurs: Zur Verwendung von Sprichwort und Sentenz in Hartmanns von Aue 'Iwein', in: Elizabeth ANDERSEN et al. (Hgg.), Autor und Autorschaft im Mittelalter (Tübingen 1998) 73–100; und die beiden von Olga V. TROKHIMENKO verfaßten Arbeiten *daz guot und weltlich êre und gotes hulde mêre zesamene in ein herze komen*: Sprichwörter in Hartmanns von Aue 'Der Arme Heinrich', in: Proverbium 17 (2000) 387–408; und *der saelden strâze*: Sprichwörter in Hartmanns von Aue 'Gregorius', in: Proverbium 18 (2001) 329–351. Weitere Sprichwortstudien zur europäischen Literatur des Mittelalters sind verzeichnet in Wolfgang MIEDER/George B. BRYAN, Proverbs in World Literature: A Bibliography (New York 1996).

[2] Vgl. die beiden von Manfred EIKELMANN verfaßten Arbeiten über Das Sprichwort im Sammlungskontext: Beobachtungen zur Überlieferungsweise und kontextuellen Einbindung des deutschen Sprichworts im Mittelalter, in: Walter HAUG und Burghart WACHINGER (Hgg.), Kleinstformen der Literatur (Tübingen 1994) 91–116; und *altsprochen wort*: Sentenz und Sprichwort im Kontext der mittelalterlichen Gnomik, in: Jahrbuch der Oswald von Wolkenstein-Gesellschaft 11 (1999) 299–315.

zogen worden sind. Was sich interpretatorisch mit diesem gnomischen Sprachgut machen läßt, zeigt Tomas Tomasek in einer eingehenden Analyse der Sentenzen (darunter auch Sprichwörtliches) in nur einem (dem X.) Buch von Wolframs von Eschenbach 'Parzival'.[3]

Gerade zum 'Parzival' gibt es bekanntlich ein kaum noch überschaubares Schrifttum,[4] und zwar ganz besonders auch zur Sprache und zum Stil dieses großen Epos. Allerdings haben frühe Sprachuntersuchungen die sprichwörtlichen Sprachmuster kaum beachtet,[5] obwohl Gustav Ehrismann in seinem Überblick zu Wolframs Stil wenigstens auf Wolframs 'Formeln', 'bildliche Ausdrucksweise' und seinen 'Zug zum Volkstümlichen' hinweist.[6] Es bedurfte eben doch eines sprichwortkundigen Forschers wie Wilhelm Grimm, der bereits in seiner Ausgabe von 'Vrîdankes Bescheidenheit' (1834) und dann später in weiteren Freidank-Studien auf sprichwörtliche Aspekte der Sprache Wolframs hingewiesen hat. Der Altgermanist Franz Mone hatte sogar schon 1830 immerhin 37 Sprichworttexte im 'Parzival' identifiziert, während Ignaz Zingerle in seiner Sammlung 'Die deutschen Sprichwörter im Mittelalter' (1864) lediglich 14 Sprichwörter registriert hat. Liselotte Hofmann kam dann in ihrer Studie 'Der volkskundliche Gehalt der mittelhochdeutschen Epen von 1100 bis gegen 1250 (1939) auf 67 sprichwortartige Formulierungen im 'Parzival'. Von großer Bedeutung sind selbstverständlich ebenfalls die aufschlußreichen Textkommentare zu 'Parzival' von Marta Marti, Ernst Martin und Samuel Singer, die viele versteckte Hinweise auf Sprichwörtliches und Redensartliches enthalten.[7] Umso mehr erstaunt es freilich, daß im TPMA lediglich 49 Belege aufgenommen worden sind. Das der hier vorliegenden Arbeit beigefügte Verzeichnis von 122 Sprichwörtern, 75 sprichwörtlichen Redensarten, 42 Vergleichen, 44 Paarformeln und 2 Drillingsformeln kommt nun auf 285 Texte, was ein für allemal verdeutlicht, daß es noch manche sprichwörtlichen Schätze in der mittelhochdeutschen Literatur zu bergen gibt. Überhaupt sind bisher nur einige der bekanntesten Epiker und Lyriker ausgeschöpft worden. Hinzu kommt, daß die Forschung zwar die mühselige Identifikation der Texte durchzuführen hat, daß sie sich aber gleichzeitig auf die Interpre-

---

[3] Tomas TOMASEK, Sentenzen im Dialog: Einige Beobachtungen zum Profil der Gawan-Figur im X. Buch des 'Parzival' Wolframs von Eschenbach, in: Susanne BECKMANN et al. (Hgg.), Sprachspiel und Bedeutung. Festschrift für Franz Hundsnurscher (Tübingen 2000) 481–488.

[4] Vgl. etwa Joachim BUMKE, Wolfram von Eschenbach, 6. Aufl. (Stuttgart 1991).

[5] Vgl. Karl KINZEL, Zur Charakteristik des Wolframschen Stils, in: Zeitschrift für deutsche Philolgie 5 (1874) 1–36; Ludwig BOCK, Wolframs von Eschenbach Bilder und Wörter (Strassburg 1879); und Harro Dewet JENSEN, Wolfram und sein Werk. Der Stil des 'Parzival' als Ausdruck der Persönlichkeit Wolframs (Diss. Marburg 1927).

[6] Gustav EHRISMANN, Geschichte der deutschen Literatur bis zum Ausgang des Mittelalters. Zweiter Teil: Die mittelhochdeutsche Literatur. II. Blütezeit (München 1927) 266–268. Keine Hinweise auf Sprichwörtliches gibt Erwin R. LIPPKA, Zum Stilproblem in Wolframs 'Parzival': Bericht über den Stand der Forschung, in: Journal of English and Germanic Philoligy 62 (1963) 597–610. Das gilt ebenso für Joachim BUMKE, Die Wolfram von Eschenbach Forschung seit 1945. Bericht und Bibliographie (München 1970).

[7] Bibliographisch sind diese und andere Studien am Anfang des beigefügten Sprichwortverzeichnisses aufgelistet.

tation einzulassen hat. Erst durch die Verbindung von Identifikation und Interpretation wird das parömiographische und parömiologische Interesse an der mittelhochdeutschen Literatur weitere Fortschritte aufzeigen können.

Die neuere 'Parzival'-Forschung hat sich in Kapiteln über Sprache und Stil kaum mit der sprichwörtlichen Sprache befaßt. Immerhin geht Hans Bayer wenigstens auf einige Sprichwörter und Redensarten als Ausdruck der 'Alltagssprache' ein.[8] Hugh Sacker erwähnt mit einigen wenigen Beispielen 'Wolfram's phraseology',[9] Henry Kratz erwähnt 'Wolfram's highly figurative and metaphorical style',[10] und Günther Schweikle spricht zwar von der Lehrhaftigkeit des Werkes, vergißt dabei aber darauf hinzuweisen, daß die Lehren eben zum Teil durch Sentenzen und Sprichwörter zum Ausdruck gebracht werden.[11] Es dreht sich im 'Parzival', wie Dennis Green es ausgedrückt hat, des öfteren um 'pieces of everyday advice which have all the terseness of gnomic poetry.'[12] Das sind alles treffende Bemerkungen, doch ist es an der Zeit, daß die beachtliche 'Parzival'-Forschung nun auf dem Gebiet der sprichwörtlichen Sprache weiterkommt. Das beigefügte Verzeichnis ist ein Versuch, sämtliche Belegstellen formelhafter Volkssprache zusammenzustellen. Zu zeigen ist jedoch nun, welche stilistische und gehaltliche Rolle diese Paarformeln, Drillingsformeln, Vergleiche, Redensarten und Sprichwörter im Gesamtwerk des 'Parzival' übernehmen.

Sogenannte Paar- oder Zwillingsformeln sind in der mittelhochdeutschen Literatur oft zu finden, und Elsa-Lina Matz hat eine große Anzahl formelhafter Ausdrücke dieser Art kommentarlos zusammengestellt.[13] Und doch trägt diese sprachliche Fertigware zur Ausdruckskraft des Erzählvorgangs bei, und sei es auch nur um auf eine ungewisse Zeitspanne wie *des sî kurz oder lanc* (814,6) oder eine allgemeine Wirkung wie *ir schade wirt lanc unde breit* (104,23) aufmerksam zu machen. Die letzte Zwillingsformel wird jedoch in zwei weiteren Textstellen mit tieferer Bedeutung eingesetzt. Am Anfang des Trevrizent-Buches fragt der Erzähler zum Beispiel *vrou Âventiure*, wie es denn Parzival auf seinen langen Reisen ergangen ist, *ob sîn ganziu werdekeit/sî beidiu lang unde breit* (433,19–21). Später heißt es dann nochmals über Parzival, *daz sîn hôhiu werdekeit/waer sô lanc und ouch sô breit,/ daz er den prîs vür alle man/von rehten schulden solte hân* (698,27–30). Tatsächlich hat Parzival in der Artuswelt weit und breit Ruhm erworben, aber das allein führt ihn bekanntlich nicht zum Gral.

---

[8] Hans J. BAYER, Untersuchungen zum Sprachstil weltlicher Epen des deutschen Früh- und Hochmittelalters (Berlin 1962) 214–215.

[9] Hugh SACKER, An Introduction to Wolfram's 'Parzival' (Cambridge 1963) 177–178.

[10] Henry KRATZ, Wolfram von Eschenbach's 'Parzival': An Attempt at a Total Evaluation (Bern 1973) 100–101.

[11] Vgl. Günther SCHWEIKLE, *stiure* und *lêre*: Zum 'Parzival' Wolframs von Eschenbach, in: Zeitschrift für deutsches Altertum und deutsche Literatur 106 (1977) 183–199.

[12] Dennis H. GREEN, Advice and Narrative Action: Parzival, Herzeloyde and Gurnemanz, in: D. H. GREEN et al. (Hgg.), From Wolfram and Petrarch to Goethe and Grass. Studies in Literature in Honour of Leonard Forster (Baden-Baden 1982) 33–75 (hier 33).

[13] Vgl. Elsa-Lina MATZ, Formelhafte Ausdrücke in Wolframs 'Parzival' (Diss. Kiel 1907), bes. 67–83.

Natürlich geht es in dem Epos immer wieder um *man und mâge* (300,28), *liute unde lant* (90,24; 97,4; 223,12; 267,10; 769,27), um *rîche und arme* (6,12; 526,25), um *ein verch und ein bluot* (740,3), um *sîn namen unt sînen art* (627,18) und um *helfe unde rât* (635,11; 640,20). Eine Paarformel dient auch zur Verstärkung des Liebesbekenntnisses der Königin Ampflise an Gachmuret: *dîn minne ist slôz unde bant/mîns herzen unt des vröude* (76,26–27). Und Sigune greift zu einer Zwillingsformel, um Parzivals Zukunft als Gralskönig zu beschreiben: *dir dienet zam unde wilt, ze rîcheit ist dir wunsch gezilt* (252,7–8). Zweimal steigert sich Wolfram sogar in gängige Drillingsformeln, die dann einen ganzen Vers ausfüllen: *ez sî maget man oder wîp* (363,23) und *maget man unde wîp* (394,23). Hier will Wolfram lediglich darauf hinweisen, daß Mädchen, Ritter und Frauen versammelt sind, und so fehlt diesen Triaden eine tiefere Bedeutung.

Doch mit besonderer Vorliebe wählt Wolfram die im Mittelalter so beliebte Formel *liep oder leit* (546,8; 625,8) in der Bedeutung von 'jdm. recht oder unrecht sein' oder 'etwas wollen oder nicht'. Gleich dreimal taucht die Formulierung *ez waere ir liep oder leit* auf, um eine gewisse Ausweglosigkeit anzudeuten. So kommt es gleich beim ersten Anblick zur schicksalhaften Liebe zwischen Belakane und Gachmuret:

> *der küneginne rîche*
> *ir ougen vuocten hôhen pîn,*
> *dô si gesach den Anschevîn.*
> *der was sô minneclîche gevar,*
> *daz er entslôz ir herze gar,*
> *ez waere ir liep oder leit:*
> *daz beslôz dâ vor ir wîpheit.* (23,22–28)

Und Gachmuret bekämpft Gaschier derart, daß *Gaschier dernider lac/mit orse mit alle/von der tjoste valle,/und wart betwungen sicherheit,/ez waere im liep oder leit* (38,26–30). Doch die Paarformel wird ebenfalls verwendet, um das schwere Schicksal des Gralskönigs Anfortas darzustellen, der in der Tat seine Qualen ausstehen muß, ob 'es ihm lieb oder leid ist':

> *der künec sich dicke des bewac,*
> *daz er blinzender ougen pflac*
> *etswenne gein vier tagen.*
> *sô wart er zuome grâle getragen,*
> *ez waere im lieb oder leit:*
> *sô twang in des diu siechheit,*
> *daz er diu ougen ûf swanc:*
> *sô muose er âne sînen danc*
> *leben und niht ersterben.* (788,21–29)

Auch die ähnliche und ebenso geläufige Paarformel *liep und leit* mit der Bedeutung von 'Freude (Liebe) und Schmerz (Leid)' tritt wiederholt auf. So heißt es von dem Condwiramurs anblickenden Parzival: *daz er si wachende an gesach./leit und liep im dran geschach* (193,19–20), und König Artus lobt Parzival auf folgende Weise: *ir habt mir lieb und leit getân:/doch habt ir mir der êre/brâht unt gesendet mêre/denn ich ir ie von manne enpfienc* (308,12–15). Tatsächlich beschert Parzival vielen Mitmenschen Freude und Schmerz auf seinem Weg vom hochmütigem Artusritter zum demütigen Gralskönig. Es kommt im ganzen Epos immer wieder zu *beidiu liep unde leit* (609,30), doch am Ende geht der Heilsweg dann in Freude und Liebe auf. Wolframs Interesse an Vergleichen ist verschiedentlich hervorgehoben worden,[14] doch hat man auch dabei weniger darauf geachtet, daß es sich bei dieser Bildlichkeit oft um sprichwörtliche Vergleiche handelt, die sich wiederholt in der mittelhochdeutschen Literatur auffinden lassen. Besonders beliebt sind dabei Farbvergleiche, die zur anschaulichen Verstärkung herangezogen werden: eine seidene Satteldecke *noch grüener denne ein smârât* (14,20), *röcke grüener denne ein gras* (234,4), ein Edelstein *noch grüener denne der clê* (498,10), ein Mantel *von samît grüene als ein gras* (605,10), *sîn schilt noch roeter danne ein viur* (145,22), ein Waffenrock *noch roeter denn ein rubbîn* (679,10), *helfenbein wîz als ein snê* (233,29), *ir hût noch wîzer denne ein swan* (257,13) und ein Samtmantel *noch swerzer denn ein gênît* (778,20). Wenn man bedenkt, daß Wolfram sein langes Epos ohne Bildmaterial vortrug, so nehmen solche Beschreibungen eine größere Bedeutung an, denn dem modernen Sprichwort gemäß sagt auch ein sprachliches Bild mehr als tausend Worte.[15] Das zeigt sich auf großartige Weise an dem Wunderbett, das Gawan auf der Zauberburg vorfindet, und das Wolfram gleich mit zwei sprichwörtlichen Vergleichen bildlich darstellt:

> *er gienc zer kemenâten în.*
> *der was ir estrîches schîn*
> *lûter, haele, als ein glas,*
> *dâ Lît marveile was,*
> *daz bette von dem wunder.*
> *vier schîben liefen drunder,*
> *von rubbîn lieht sinewel,*
> *daz der wint wart nie sô snel* (566,11–18)

Da nun einmal nicht alles so herrlich sein kann, gibt es im 'Parzival' den als Leitmotiv eingesetzten sprichwörtlichen Vergleich 'Es ist nichts als ein Wind',[16] um deutliche Bedeutungslosigkeit oder Nichtigkeit auszudrücken: *des vuore ist da engein gar ein wint* (66,25), *Lîâzen schoene was ein wint* (188,6) und *dröuwen und vlêhn was im ein wint* (301,6). Doch kann dieser Vergleich ebenfalls eingesetzt werden, um etwas anderes nur um so höher zu loben. Das geschieht zum Beispiel, wenn Wolfram Sigunes Treue besonders hervorheben will: *al irdisch triuwe was ein wint, / wan die man an ir lîbe sach* (249,24–25). Und wenn Anfortas durch Parzivals endlich gestellte Frage erlöst wird, so erstrahlt sein Antlitz in solchem Glanz, daß *Parzivâls schoene was nu ein wint* (796,7). Von Bedeutung ist freilich gleichfalls die folgende Aussage von Parzivals Halbbruder Feirefiz, der sich taufen lassen will, um die schöne Repanse de Schoye als Braut zu gewinnen. Sein ganzes vorheriges heldenhaftes Leben als Heide scheint ihm ohne Wert zu sein: *ez was ie jenen her ein wint, / swaz mich strît*

---

[14] Vgl. vor allem Patricia L. KUTZNER, The Use of Imagery in Wolfram's 'Parzival' (Bern 1975).
[15] Zu diesem Sprichwort vgl. Wolfgang MIEDER, *Ein Bild sagt mehr als tausend Worte*: Ursprung und Überlieferung eines amerikanischen Lehnsprichworts, in: Proverbium 6 (1989) 25–37.
[16] Vgl. Henry L. TAPP, An Investigation of the Use of Imagery in the Works of Wolfram von Eschenbach (Diss. Yale University 1953) 18 (Anm. 5).

oder minne twanc (814,4 – 5). Von noch tieferem Sinn für die Botschaft des ganzen 'Parzival' ist jedoch eine kurze Zeile, die Wolfram der Gralsbotin Cundry in den Mund legt. Diese verflucht Parzivals sinn- und zweckloses Abenteuertum kurz und bündig mit der treffenden Bemerkung *al âventiure ist ein wint* (318,20). Allerdings braucht der naive Held Parzival noch lange, bis er diese gewichtige Aussage versteht und sich von seinem hochmütigen Draufgängertum einer demütigen Lebensweise im Dienste Gottes zuwendet. Dieser sprichwörtliche Satz ist meines Wissens in der 'Parzival'-Forschung bisher nicht als Kernaussage herausgestellt worden.

Zwei Vergleiche benutzt Wolfram schließlich noch, um auf die dunkelhäutige Bevölkerung von Zazamanc anzuspielen, wo Parzivals Vater Gachmuret auf die schwarze Königin Belakene trifft: *liute vinster sô diu naht / wârn alle die von Zaza-manc* (17,24 – 25). Der gefleckte Halbbruder Feirefiz wird dann zu seiner Geburt wie das schwarz-weiße Gefieder einer Elster beschrieben: *Als ein agelster wart ge-var / sîn hâr und ouch sîn vel vil gar* (57,27 – 28). Solche Vergleiche muten heute etwas stereotypisch an, aber es darf dabei nicht vergessen werden, daß Wolfram am Ende seines Werkes Feirifiz sehr positiv als kämpfenden und minnenden Ritter darstellt. Einmal integriert Wolfram sogar eine humorvoll gemeinte Ortsneckerei,[17] wobei er der redensartlichen Formel etwas Positives abzugewinnen vermag:

> *(ein prîs den wir Beier tragen,*
> *muoz ich von Wâleisen sagen:*
> *die sint toerscher denne beiersch her,*
> *unt doch bî manlîcher wer.*
> *swer in den zwein landen wirt,*
> *gevuoge ein wunder an im birt)* (121,7 – 12)

Überhaupt baut Wolfram die sprichwörtlichen Vergleiche eher ernsthaft ein. Das ist ganz besonders in diesem letzten Textbeleg der Fall, wo Trevrizent sich alle Mühe gibt, Parzival über das Leid des Gralskönigs Anfortas aufzuklären: *sô tuot im grôzer vrost sô wê / sîn vleisch wirt kelter denne der snê* (490,11 – 12). Umso tragischer ist es dann später, wenn Parzival aus ritterlicher Formerstarrung (formeller Kälte) die erlösende Frage nicht stellt.

Doch von sprichwörtlichen Vergleichen geht Wolfram von Eschenbach mühelos zu Redensarten über, um seiner Erzählung die bildliche und emotionelle Ausdruckskraft zu geben. Das zeigt sich zum Beispiel an diesem Textbeleg, der in sechs Zeilen einen Vergleich und zwei Redensarten zu einem emotionellen Zornausbruch gestaltet:

> *daz er niht îsen als ein strûz*
> *und starke vlinse verslant,*
> *daz machte daz er ir niht envant.*
> *sîn zorn begunde limmen*
> *und als ein lewe brimmen.*
> *dô brach er ûz sîn eigen hâr* (42,10 – 15)

---

[17] Vgl. Wilhelm WACKERNAGEL, Die Spottnamen der Völker, in: Zeitschrift für deutsches Altertum und deutsche Literatur 6 (1848) 254 – 261. Der Beitrag enthält vor allem Beispiele aus der mittehochdeutschen Literatur und auf S. 255 auch den Beleg aus 'Parzival'.

Somatische Redensarten eignen sich dabei ganz besonders, um emotionelle Erregungen zum Ausdruck zu bringen. Ein weiterer Beleg für das 'Haareraufen' bezieht sich auf den jungen Parzival,[18] dem sein Vogelschießen sehr zu Herzen geht:

> *Swenne aber er den vogel erschôz,*
> *des schal von sange ê was sô grôz,*
> *sô weinde er unde roufte sich,*
> *an sîn hâr kêrt er gerich* (118,7–10)

Natürlich zeigt sich hier, wenn auch nur indirekt und etwas naiv seitens Parzivals, daß dieser ein gefühlvolles Herz hat, das nur vorübergehend wegen der wortwörtlichen Befolgung der Lehren von Gurnemanz davon abgehalten wird, Mitleid gegenüber seinem leidenden Oheim Anfortas zum Ausdruck zu bringen.

Weitere körperbezogene Redensarten bringen das Herz als Gefühlsquelle ins Spiel: *sît du mit schimpflîchen siten/mîn ganzes herze hâst versniten* (8,29–30), *der tôt ouch ir daz herze brach* (92,30), *wand er im holdez herze truoc* (397,22) und *mîn ougen sint des herzen vâr* (510,16). Allerdings erscheint im 'Parzival' auch ein Frühbeleg für die Redensart 'ein Dorn im Auge sein': *ez was ir bêder ougen dorn* (365,22). Erklärt wird somatisch, wie ein Ritter in die Hand seiner Gebieterin gerät: *mich vienc diu künegîn mit ir hant* (49,22), und eine Redensart muß dazu herhalten, den abgemagerten Schimmel Jeschutes zu beschreiben: *man hete im wol durch hût gezelt/elliu sîniu rippe far* (256,18–19). Von besonderem Interesse ist jedoch Wolframs Verwendung einer bekannten somatischen Redensart, um seine eigene direkte Erzählweise gegenüber unnützer Abschweifungen hervorzuheben. Wenn nämlich jemand zu umständlich erzählt, dann geht alles *ze einem ôren în, ze dem andern vür* (241,25). So führt 'sein angebornes Streben nach möglichster Sinnlichkeit in der Darstellung ihn ganz von selbst zur metaphorischen Redeweise'.[19] Im 'Prolog' befreit sich Wolfram übrigens mit einem weiteren Somatismus von jeglicher Kritik seiner selbstsicheren Erzählweise: *wer roufet mich dâ nie kein hâr/gewuohs, inne an mîner hant?* (1,26–27). Ihm sprachlich oder stilistisch irgendwelche Schwächen vorzuwerfen, wäre der Redensart nach ein unnützes Unternehmen.

Seine metaphorische Sprache zeigt sich besonders an den Tiermetaphern, wobei die Redensart 'eine dumme Gans sein' gleich dreimal auftaucht. Zweimal wird Gawan damit von Orgeluse unhöfisch beschimpft: *west willekomen, ir gans./nie man sô grôze tumpheit dans,/ob ir mich dienstes welt gewern* (515,13–15) und *ir sît ouch lîht ze sêre wunt/Uf strîtes gedense:/daz taete iu wê zer gense* (598,30–599,1–2). Eine noch schlimmere Beschimpfung muß Parzival jedoch auf sich ergehen lassen, wenn ihn ein einfacher Knappe eine dumme Gans nennt, nachdem er auf der Gralsburg die erlösende Frage nicht gestellt hat:

> *sprach der knappe. ›ir sît ein gans.*
> *möht ir gerüeret hân den vlans,*
> *und het den wirt gevrâget!*
> *vil prîses iuch hât beträget.‹* (247,27–30)

---

[18] Vgl. dazu David N. YEANDLE, Commentary on the Soltane and Jeschute Episodes in Book III of Wolfram von Eschenbach's 'Parzival' (116,5–138,8) (Heidelberg 1984) 53.

[19] Gotthold BÖTTICHER, Über die Eigenthümlichkeiten der Sprache Wolframs (Wien 1876) 63.

Parzival hat sich wirklich als beschränkter 'Dummkopf' erwiesen, und er wird noch viele Jahr auf Abenteuer ausreiten müssen, bis ihm ein Licht über sein menschliches Versagen aufgehen wird.

Zu einem noch drastischeren Bild greift Sigune, wenn sie Parzival ob seiner Unterlassung der Erlösungsfrage abtakelt. Die redensartliche Metapher vom Zahn eines tollwütigen Wolfes reduziert Parzival zu einem Tier, der keine Menschenwürde mehr besitzt:

> *gunêrter lîp, vervluochet man!*
> *ir truogt den eiterwolves zan,*
> *dâ diu galle in der triuwe*
> *an iu becleip sô niuwe.*
> *iuch solt iuwer wirt erbarmet hân,*
> *an dem got wunder hât getân,*
> *und het gevrâget sîner nôt.*
> *ir lebt, und sît an saelden tôt.‹* (255,13–20)

Sprachlich und bildhaft gelungen ist ebenfalls Wolframs Verarbeitung der Redensarten 'ein Steckenpferd reiten' und 'Wenn die Maulesel Junge haben' (d.h. niemals) in einem Streitgespräch Gawans mit einem Fährmann um ein Pferd:

> *wan daz taete mir ze wê,*
> *solt diz ors iuwer sîn:*
> *daz was sô ledeclîche mîn*
> *dennoch hiute morgen vruo.*
> *wolt ir gemaches grîfen zuo,*
> *sô ritet ir sanfter einen stap.*
> *diz ors mir ledeclîchen gap*
> *Orilus der Burgunjoys:*
> *Urjâns der vürste ûz Punturtoys*
> *Eine wîl her mirz verstolen.*
> *einer mûlinne volen*
> *möht ir noch ê gewinnen.* (545,22–546,3)

Den großen ritterlichen Kampf zwischen den beiden Halbbrüdern Feirefiz und Parzival leitet Wolfram mit einem auf eine Fabel zurückgehenden Sprichwort ein, wobei der 'Löwenvater' ihrer beider Vater Gachmuret ist: *den lewen sîn muoter tôt gebirt:/ von sînes vater galme er lebendec wirt* (738,19–20). Schließlich verwendet Wolfram noch eine sprichwörtliche Redensart aus der Tierwelt, um als Erzähler indirekt auf seine eigene ärmliche Lebensweise hinzuweisen: *dâ heime in mîn hûs,/ dâ wirt gevröut vil selten mûs./wan diu müese ir spîse steln* (185,1–3).

Das Dasein Wolframs scheint kein Kinderspiel gewesen zu sein, und so überrascht es nicht, daß er die schon im Mittelalter beliebte Redensart '(k)ein Kinderspiel sein' gleich dreimal in sein Epos eingegliedert hat. So heißt es von dem verbissenen Kampf zwischen Gachmuret und Lähelin auf dem Turnier von Kanvoleis *dô gieng es ûz der kinde spil* (79,20), und Gawan wird folgendermaßen vor dem Abenteuer auf Clinschors Zauberburg gewarnt: *ist iu âventiure bekant,/ swaz ie gestreit iuwer hant,/ daz was noch gar ein kindes spil* (557,11–13). Ganz ähnlich lautet es vor dem großen Zweikampf mit seinem Halbbruder Feirefiz, daß Parzivals bisherige

Kämpfe im Vergleich 'harmlos' waren: *swaz sîn hant ie gestreit,/daz was mit kinden her getân* (734,18–19). Wenn Gachmuret in einem solcher Kämpfe seinen Gegner Hüteger überwindet, so heißt es von diesem redensartlich *sînen meister hete er vunden* (38,7), und Orgeluse greift ebenfalls zu einer Redensart, um Gawan zynisch zurechtzuweisen: *muget ir gerne vliehen:/lât iu den vinger ziehen./rîtet wider ûf zen vrouwen* (599,7–9). Der noch im siebzehnten Jahrhundert belegte Ausdruck 'den Finger daraus ziehen' in der Bedeutung von 'sicher sein' oder etwa 'sich in Sicherheit bringen' ist heute nicht mehr geläufig.[20] Die somatische Redensart dürfte zu der bildlosen Phrase 'sich aus einer Sache herausziehen' verflacht sein.

Zwei weitere veraltete Redensarten treten in folgenden Zeilen auf, wo Wolfram direkten Bezug auf Hartmanns von Aue Artusroman 'Erec' nimmt. Hier befindet sich der junge und noch nicht artuswürdige Parzival auf dem Weg zum Hofe des Königs Artus, wo man möglicherweise über ihn lachen könnte. Dagegen aber wehrt sich der Dichter entschieden, dem es absolut nicht gleichgültig ist (weder Geige noch Rotte), wenn man Parzival verspotten sollte. Täte man dies dennoch, so wird er die schöne Enite und ihre Mutter durch die Spottmühle drehen (hecheln):

> *mîn hêr Hartmann von Ouwe,*
> *vrou Ginovêr iuwer vrouwe*
> *und iuwer herre der künc Artûs,*
> *den kumt ein mîn gast ze hûs.*
> *bitet hüeten sîn vor spotte.*
> *ern ist gîge noch diu rotte:*
> *si sulen ein ander gampel nemen:*
> *des lâzen sich durch zuht gezemen,*
> *anders iuwer vrouwe Enîde*
> *unt ir muoter Karsnafîde*
> *werdent durch die mül gezücket*
> *unde ir lop gebrücket.*
> *sol ich den munt mit spotte zern,*
> *ich wil mînen vriunt mit spotte wern.* (143,21–144,4)

Hier ergreift Wolfram also ganz vordergründig Partei für seinen närrischen und weltfremden Helden Parzival. Wie hoch er dessen menschlichen Wert ansetzt, geht daraus hervor, daß er seinen Charakter mit dem Ruhm der treuen Enite vergleicht. Mag Parzival hier noch verworren seinen Weg gehen, so wird ihn Wolfram, wie Goethe seinen Faust, schließlich zur Klarheit führen, zuerst als weltlicher Artusritter und dann als weltlich-christlicher Gralskönig.

Doch das ist ein langer Weg, und Parzival muß bekanntlich viele Abenteuer bestehen, bis er diesen gehobenen Stand erreicht. Vorher wird er von Cundry sprichwörtlich bis in die Hölle verflucht, weil er die Erlösungsfrage nicht an Anfortas gestellt hat: *ir sît der hellehirten spil./gunêrter lîp, hêr Parzivâl!* (316,24–25). Freilich besteht in diesem Entfaltungsroman nie ein Zweifel daran, daß Parzival dazu berufen ist, seine vorbestimmte hohe Stellung zur gegebenen Zeit zu erreichen,

---

[20] Vgl. Karl Friedrich Wilhelm WANDER, Deutsches Sprichwörter-Lexikon, 5 Bde. (Leipzig 1867–1880), Bd. 1, Sp. 1020, Finger Nr. 96.

denn *Dô lac diu gotes kunst an im. [...] nie mannes varwe baz geriet/vor im sît Adâmes zît./des wart sîn lop von wîben wît* (123,13–18). Gewiß bedeutet die Redensart 'seit Adams Zeit' einerseits lediglich, daß eben Parzival einer der prächtigsten Gestalten seit langer Zeit ist. Doch spiegelt sich hier auch die biblische Geschichte Adams wider, der das göttliche Paradies verläßt wie nun auch Parzival die von seiner Mutter Herzeloyde aufgebaute Waldidylle hinter sich läßt, um sich mit der realen Welt auseinanderzusetzen.[21] So entpuppt sich diese floskelhafte Redensart als eine Aussage von tieferer Bedeutung, denn wie Adam trägt Parzival die Erbsünde in sich, das heißt er wird unwissentlich und unwillentlich schuldig, weil er als Mensch keine göttliche Perfektion erreichen kann. Wenn Wolfram später die Redensart mit Hinweis auf das große Wissen von Pythagoras wiederholt, so handelt es sich bei diesem Beleg ganz allgemein nur um die prosaische Feststellung, daß der Gelehrte in der Antike der klügste Mann seit Adam war: *der wîse Pictagoras,/der ein astronomierre was,/unt sô wîse âne strît,/niemen sît Adâmes zît* (773,25–28).

Auf indirekte Weise gibt sich Wolfram Eschenbach selbstverständlich auch als einer dieser 'Weisen' an verschiedenen Stellen seiner exemplarischen 'Parzival'-Darstellung zu erkennen. Zweifelsohne will er allgemeine Erkenntnisse zum Menschsein vermitteln, und so dringt trotz aller spannungsgeladenen und unterhaltsamen Abenteuer immer wieder eine gewisse Didaktik durch. Schon im 'Prolog' heißt es schließlich programmatisch, daß darauf zu achten ist, *welher stiure disiu maere gernt/und waz si guoter lêre wernt* (2,7–8).[22] Worauf will diese Geschichte hinaus, wohin steuert sie, und was ist schließlich der Weisheit Schluß der fast zahllosen Reimpaare? Darüber ist in der Forschung bereits viel gesagt worden, doch hat man bisher nicht genügend darauf geachtet, welche Rolle die sprichwörtliche Weisheit in diesem Lehrgebäude übernimmt. Zu ergründen wäre doch in der Tat, inwiefern die 122 hier identifizierten Sprichwörter zur Steuerung und Lehrhaftigkeit des 'Parzival'-Gehalts beitragen. Oder sind diese Ausdrücke der Volksweisheit lediglich Füllwerk, deren eingehende Interpretation zu keiner bedeutungsvollen Einsicht führt? Geht man einmal davon aus, daß andere bereits untersuchte mittelhochdeutsche Epen gezeigt haben, daß Sprichwörter eine gewichtige Bedeutung für die darin enthaltene moralische und menschliche Botschaft haben, so dürfte es im 'Parzival'-Epos mit seinem ethischen Anliegen nicht anders sein.

Damit sei nicht gesagt, daß jedes Sprichwort für das Gesamtwerk eine beachtenswerte Lehre vermittelt. Zuweilen zitiert Wolfram ein Sprichwort nur, um auf eine allgemeine Weisheit hinzuweisen, die an der Stelle gerade angebracht zu sein scheint. Dabei summiert das Sprichwort eine Sachlage oder erklärt einen Zusammenhang in kurzer, prägnanter und eingängiger Form. Hin und wieder weist der Dichter dann

---

[21] Vgl. dazu auch Brian MURDOCH, 'Parzival' and the Theology of Fallen Man, in: Will HASTY (Hg.). A Companion to Wolfram's 'Parzival' (Columbia, South Carolina 1999) 143–158 (hier 147–148).

[22] Vgl. dazu vor allem Günther SCHWEIKLE, *stiure* und *lêre*: Zum 'Parzival' Wolframs von Eschenbach, in: Zeitschrift für deutsches Altertum und deutsche Literatur 106 (1977) 183–199.

mit einer Einführungsformel direkt auf die Volksweisheit hin.[23] Wie sich Wolfram durch den Wahrheitsanspruch eines Sprichwortes dazu verleiten läßt, gleich noch zwei weitere Weisheiten dazuzusetzen, zeigt der Übergang vom 'Prolog' zur Geschichte von Gachmuret, der wegen des sich in Wolframs Heimat durchsetzenden französischen Erbrechts seine Länder verliert und auf Ritterfahrt zum Baruc geht. Aus diesen rechtsgeschichtlichen Überlegungen geht eindeutig hervor, daß der Dichter mit dem französischen Rechtssprichwort nicht übereinstimmt. Er fügt deshalb noch zwei deutsche Sprichwörter über Jugend/Alter und Alter/Armut hinzu, die aufzeigen sollen, welche Ursachen das sich in deutschen Landen durchsetzende fragwürdige Sprichwort mit sich bringt:

> *Si pflegents noch als mans dô pflac,*
> *swâ lît und welhsch gerihte lac.*
> *des pfliget ouch tiuscher erde ein ort:*
> *daz habt ir âne mich gehôrt.*
> *swer ie dâ pflac der lande,*
> *der gebôt wol âne schande*
> *(daz ist ein wârheit sunder wân)*
> *daz der altest bruoder solde hân*
> *sîns vater ganzen erbeteil.*
> *daz was der jungern unheil,*
> *daz in der tôt die pflihte brach*
> *als in ir vater leben verjach.*
> *dâ vor waz ez gemeine:*
> *sus hâtz der alter eine.*
> *daz schuof iedoch ein wîse man,*
> *daz alter guot solde hân.*
> *jugent hât vil werdekeit,*
> *daz alter siuften unde leit.*
> *ez enwart nie niht als unvruot,*
> *sô alter unde armuot.*
> *künge, grâvem. herzogen,*
> *(daz sag ich iu vür ungelogen)*
> *daz die dâ huobe enterbet sint*
> *unz an daz elteste kint,*
> *daz ist ein vremdiu zeche* (4,27–5,21)

All dies hat für Parzivals Erkenntnisweg wenig Bedeutung, aber diese Zeilen zeigen doch, daß Wolfram durchaus willens ist, seine Meinung zum soziopolitischen Tagesgeschehen abzugeben. Daß er dabei dem fremden Rechtssprichwort widerspricht und dessen negative Folgen an Hand von zwei deutschen Sprichwörtern unterstreicht, macht seine didaktischen Intentionen deutlich.

Ein weiteres Sprichwort über 'Armut' leitet Wolfram ebenfalls mit einer Einführungsformel ein, womit die darin ausgedrückte Weisheit als allgemeingültig hervorgehoben wird: *genuoge sprechent, armuot,/daz diu sî ze nihte guot* (116,15–16).

---

[23] Einige Beispiele solcher Einführungsformeln auch bei Paulus Traugott FÖRSTER, Zur Sprache und Poesie Wolframs von Eschenbach (Leipzig 1874) 26–27; und Gotthold BÖTTI-CHER, Über die Eigenthümlichkeiten der Sprache Wolframs (Wien 1876) 27.

Um zwei allgemeine Weisheiten dreht es sich auch in den Erklärungen, die Wolfram seiner Erzählung beifügt, nachdem Parzival die Versöhnung von Orilus mit Jeschute herbeigeführt hat: *ouch ist genuogen liuten kunt,/weindiu ougen hânt süezen munt./dâ von ich mêr noch sprechen wil./grôz liebe ist vröude und jâmers zil* (272,11–14). Andere sprichwörtliche Verallgemeinerungen werden ebenso durch einleitende Formeln hervorgehoben, die den Wahrheitsanspruch des folgenden Sprichwortes hervorheben sollen: *ich hôrte ie sagen maere,/clôsnaerinne und clôsnaere/die solten mîden âmûrschaft* (439,13–15), *wîp und pfaffen sint erkant,/die tragent unwerlîche hant* (502,7–8); und *du hôrtest ouch vor dir sprechen ie,/swer dem andern half daz er genas,/daz er sîn vîent dâ nâch was* (525,2–4). Von besonderem Interesse ist schließlich noch folgendes Sprichwort, womit die Königin Arnive gegenüber Gawan eine zum aktiven Handeln auffordernde Lebensweisheit ausdrückt: *von segel balde gêt der kiel:/der man ist sneller der drûf gêt./ob ir diz bîspel verstêt,/iuwer prîs wirt hôch unde snel* (660,4–7). Und natürlich versteht Gawan dieses rätselhafte Sprichwort[24] und ergreift die Gelegenheit beim Schopf zum mutigen Kampf.

Ein letzter Beleg mit einer Einführungsformel sei noch erwähnt, denn hier handelt es sich um eine für das Gesamtwerk wichtige Aussage. Die Rede ist von dem ziellos herumirrenden Parzival, auf den ein auf mythologische Quellen zurückgehendes Sprichwort angewandt wird:

> *vil ungevertes er dô reit,*
> *dâ wênic wegerîches stuont.*
> *tal und berc wârn im unkunt.*
> *genuoge hânt des einen site*
> *und sprechent sus, swer irre rite*
> *daz der den slegel vünde:*
> *slegels urkünde*
> *lac dâ âne mâze vil,*
> *sulen grôze ronen sîn slegels zil.*
> *Doch reit er wênec irre,*
> *wan die slihte an der virre* (180,6–16)

Das Sprichwort vom Auffinden eines von den Göttern nachgeworfenen Schlegels ist ein Zeichen des Glücks, etwa in der Bedeutung des heutigen Sprichwortes 'Das Glück kommt im Schlaf.'[25] Hier gelangt Parzival zwar aus der Irre geraden Weges nach Pelrapeire, doch hat er da das große Glück, seine spätere Frau Condwiramurs zu finden. So scheint auch Parzival wie Goethes Faust sich trotz seiner Verworrenheit des rechten Weges wohl bewußt zu sein und findet einen Schlegel, besser ein

---

[24] Zur Bedeutung von *bîspel* als Sprichwort vgl. Wilhelm GRIMMS Bemerkung zu diesem Beleg aus 'Parzival' in seiner Ausgabe von 'Vrîdankes Bescheidenheit' (Göttingen 1834) LXXXIX; und Carl SCHULZE, Ausdrücke für Sprichwort, in: Zeitschrift für deutsches Alterthum 8 (1851) 376–384 (hier 377). Hier wird auch gezeigt, daß *maere* im Mittelhochdeutschen 'Sprichwort' bedeuten kann.

[25] Vgl. dazu die ausführliche Anmerkung von Ernst MARTIN (Hg.). Wolframs von Eschenbach 'Parzival' und 'Titurel', Bd. 2: Kommentar (Halle 1903/Darmstadt 1976) 176–177.

Glück, nach dem anderen, bis er zum Heil des Gralsrittertums gelangt. So wird die sprichwörtliche Formulierung *swer irre rite / daz der den slegel vünde* zu einem Leitmotiv auf dem Lebensweg Parzivals.

Solche Einführungsformeln sind besonders bei der Identifizierung sprichwörtlicher Aussagen eine große Hilfe. Schwieriger wird es dagegen bei Belegen, wo das Sprichwort in aufgelöster Form oder nur als Andeutung auftritt. Das ist zum Beispiel der Fall, wenn Gachmuret ein allzu großes Lob seiner Heldentaten zurückweist, wobei er sicherlich auf ein Sprichwort wie etwa 'Ein Ding wohl gelobt ist halb verkauft' oder auch die Redensart 'jdn. verkaufen wollen' anspielt:

> ›Mîn vrouwe mac waenen daz du tobest,
> sît du mich alsô verlobest.
> dune maht mîn doch verkoufen niht,
> wan etswer wandel an mir siht.
> dîn munt ist lobes ze vil vernomen‹ (86,5–9)

Noch komplizierter wird es bei einem Beleg, wo es sich bei der Ortsangabe Avestroit mavoie scheinbar nur um eine unbedeutende Ortsangabe handelt. Hier beschuldigt ein verwundeter Ritter Orgeluse, daß sie ihn ehemals sprichwörtlich ausgedrückt in einen gefährlichen Kampf um Leib und Gut gestürzt hat: *von ir schulden ist mir sô wê: / in Âv'estroit mâvoiê / half si mir schärpfer tjoste / ûf lîbes und guotes koste* (521,27–30). Schon im Jahre 1898 hat der bedeutende Sprichwörterforscher Samuel Singer folgende Entdeckung gemacht: 'An einer Stelle Parz. 521,28 hat er [Wolfram] statt einer vernünftigen Ortsbezeichnung einen allgemeinen Satz gesetzt *en iawe estroite male voie*, 'in engem Wasser ist die Furt schlecht', der ihm dabei in den Sinn kam; ich kann kein formell, wohl aber ein inhaltlich übereinstimmendes Sprichwort aus dem 16. Jahrh. nachweisen: *les eaues en lieu estroict vont plus roidement*. Aber vielleicht haben wir es hier nicht mit einer gewöhnlichen sprichwörtlichen Wendung zu thun, sondern mit einer Sentenz, die W. aus einer anderen Stelle seiner Vorlage übernommen hat, und der wir einen ganz bestimmten Platz anweisen können. Denn wir erinnern uns an Parz. 129,7ff., wo der Held die Furt eines besonders schmalen Baches (er ist nicht breiter als ein Hahnenschritt), der Warnung seiner Mutter folgend, meidet. Wenn man die Freiheit, die man doch jedenfalls W. gegenüber seiner Vorlage zugestehen muss, bedenkt, so wird man keinen Anstand nehmen, ihm die Aenderung des 'schmalen' in das ihm verständlichere 'dunkle' Wasser zuzutrauen, und wird es nicht unwahrscheinlich finden, dass der nun doch einmal belegte, für ein französiches Epos gute Vers *en iaweestroite male voie* 127,16 an Stelle von *Soltu tunkel fürte lâzen* gestanden habe.'[26] Dieses versteckte 'Sprichwortspiel' dürfte wohl auch Wolframs Zeitgenossen entgangen sein, doch zeigt es offensichtlich Wolframs Interesse am Sprichwortgut seiner französischen Vorlage sowie seines eigenen Werkes.[27]

---

[26] Samuel SINGER, Zu Wolframs 'Parzival', in: F. DETTER et al. (Hgg.), Abhandlungen zur Germanischen Philologie. Festgabe für Richard Heinzel (Halle 1898 / Hildesheim 1985) 353–436 (hier 354); identisch auch in S. SINGER, Bemerkungen zu Wolframs 'Parzival' (Halle 1898) 2.

[27] Zum Sprichwort im 'Perceval' von Chrétien de Troyes vgl. Alfred KADLER, Sprichwörter

Da ist ein dritter Beleg einer Sprichwortanspielung schon bedeutend einfacher zu lösen. Hier erkennt Gawan in der Ferne das Heranreiten des Ritters Turkoyte und erklärt: *vrouwe, dort vert ein ritter her/mit ûf gerihtem sper:/der wil suochens niht erwinden,/ouch sol sîn suochen vinden./sît er ritterschefte gert,/strîtes ist er von mir gewert* (593,23–28). Hier dreht es sich offensichtlich um eine Anspielung auf das Bibelsprichwort 'Suchet, so werdet ihr finden' (Matth. 7,7), das als 'Wer sucht, der findet' volksläufig geworden ist. Ähnlich verhält es sich mit einem weiteren Bibelsprichwort, das Gachmurets Bruder nach dessen Enterbung zitiert: *er hât wênc, und ich genuoc:/daz sol im teilen sô mîn hant,/dês mîn selde niht sî pfant/vor dem der gît unde nimt* (7,6–9). Dieses Mal jedoch wird das Sprichwort 'Der Herr hat's gegeben, der Herr hat's genommen' (Hiob 1,21) so bekannt gewesen sein, daß Wolfram den Namen des Herrn nicht erwähnen mußte.[28] Interessant ist dabei natürlich dennoch, daß sich hier ein König Gottes Geboten ohne Auflehnung unterwirft, um sein Seelenheil nicht aufs Spiel zu setzen. Das wird Parzival mit seinem hochmütigen Gotteszweifel erst noch lernen müssen.

Wolframs Vorliebe für sprichwörtliches Sprachgut zeigt sich jedoch an vielen bedeutend deutlicheren Aussagen, die er seinem Epos als allwissender Erzähler eingegliedert hat. Dabei dreht es sich dem Sprichwort gemäß um Lebenserfahrung und Menschenkenntnis. So heißt es über Frauen: *swen wîp lobent, der wirt erkant,/er hât den prîs ze sîner hant* (32,21–22), *wîpheit vert mit triuwen:/si kan vriundes kumber riuwen* (167,29–30), *Ouch enist hie ninder vrouwen hâr/weder sô murwe noch sô clâr,/es enwaere doch ein veste bant/ze wern strîtes iuwer hant* (299,3–6), *nu sol ein ieslîch saelec wîp,/ob si wil tragen werden lîp,/erbieten ez guoten liuten wol* (660,23–25) und *guot wîp man nie gezürnen sach* (766,9). Das sind alles sehr positive Weisheiten, besonders das bisher in der 'Parzival'-Forschung nicht identifizierte Sprichwort 'Frauenhaar zieht stark'.[29] Doch scheut auch Wolfram sich nicht davor, stereotypische und misogyne Sprichwörter zu verwenden: *wîp sint et immer wîp* (450,5) und vor allem *diu wîp tâten et als wîp:/etslîcher rit ir broeder lîp/daz sie diu werc volbrâhte,/des ir herzen gir gedâhte./sus wart verkêrt diu mennischeit* (518,25–29).

Besonders zur Liebe hat Wolfram, wie alle mittelhochdeutschen Epiker, zahlreiche Sprichwörter bereit. Die folgende Aufstellung könnte fast als eine Art 'Liebesschule' in Sprichwörtern bezeichnet werden:

---

und Sentenzen der altfranzösischen Artus- und Abenteuerromane (Marburg 1886); Fritz SCHEPP, Altfranzösische Sprichwörter und Sentenzen aus den höfischen Kunstepen (Diss. Greifswald 1905); Marcelle ALTIERI, Les romans de Chrétien de Troyes: Leur perspective proverbiale et gnomique (Paris 1976) 182–203; und Elisabeth SCHULZE-BUSACKER, Proverbes et expressions proverbiales dans la littérature narrative du moyen âge français: Recueil et analyse (Paris 1986) 60–63.

[28] Zu den beiden Bibelsprichwörtern vgl. Carl SCHULZE, Die biblischen Sprichwörter der deutschen Sprache (Göttingen 1860/ND hg. v. W. MIEDER, Bern 1987) 139 und 24 (mit mittelhochdeutschen Textbelegen).

[29] Vgl. Karl Friedrich Wilhelm WANDER, Deutsches Sprichwörter-Lexikon, 5 Bde. (Leipzig 1867–1880), Bd. 1, Sp. 1142, Frauenhaar Nr. 3.

daz was diu strenge minne:
diu neiget hôhe sinne (35,3–4)

trûren unde minne
brichet zaehe sinne (296,9–10)

waz minne wunders vüegen kan.
ez sî wîb oder man,
die crenket herzeminne
vil dicke an hôhem sinne (365,7–10)

Von minne noch zornes vil geschiht (366,1)

swem ist ze werder minne gâch,
dâ hoeret dienst vor unde nâch (511,15–16)

mit geschôze und mit viure.
diu minne ist ungehiure (532,5–6)

reht minne ist wâriu triuwe (532,10)

wert man sol sich niht minne wern:
wan den muoz minne helfen nern (534,7–8)

zuht sî daz slôz ob minne site (643,8)

swâ haz die minne undervert,
dem staeten herzen vröude er wert (726,21–22)

hôch minne kan wol zieren,
swâ rîchheit bî dem willen ist
unt ander werdeclîcher list (757,24–26)

Zur Macht der Liebe gesellt sich bei Wolfram selbstverständlich das als großes Leit-motiv mittelhochdeutcher Dichtung geltende Sprichwort 'Keine Liebe ohne Leid' mit seinen schier unbegrenzten Varianten. Es dreht sich ja in fast jedem Abenteuer gleichzeitig um ein Liebesabenteuer, und so überrascht es nicht, daß das mit der Liebe verbundene Leid (auch Herzenskummer, Sehnsucht usw.) in sprichwörtlicher Formulierung als Erfahrungs- und Lebensweisheit durch das ganze Epos geistert. Zuweilen folgt natürlich auf das Leid, dem gegensätzlichen Sprichwort 'Auf Leid folgt Freud' gemäß, auch einmal eine zuversichtliche Aussage:

wan jâmer ist ein schärpfer gart (90,11)

sô sult ir leit ze mâzen clagen (93,4)

wan swer durch wîp hât arbeit,
daz gît im vröude, etswenne ouch leit
an dem orte vürbaz wigt:
sus dicke minne ir lônes pfligt (334,27–30)

mit vröuden liep âne leit
mac iuwer prîs hie erwerben,
sult ir niht ersterben (560,10–12)

den ouch von minne ist worden wê (586,15)

wem waere daz liep âne leit,
dem si niht hêten getân? (704,18–19)

dâ war durch liebe leit verkorn (728,24)

Dagegen wirken dann solche bloß als Übergangsphrasen eingesetzten Sprichwörter
wie etwa *diu naht tet nâch ir alten site:/am orte ein tac ir zogte mite* (378,5–6),
Ez ist selten worden naht,/wan deiz der sunnen ist geslaht (776,1–2) und auch
Swerz niht geloubt, der sündet (435,1)[30] farblos und klischeehaft. Das ist jedoch
nicht der Fall in folgenden allgemeingültigen Lebensweisheiten, die den Zeitgenossen Wolframs durchaus bekannt waren. Dabei legt der Dichter die Sprichwörter
gelegentlich Frauen oder Männern in den Mund, doch meistens handelt es sich um
seine eigene lehrhafte Intention als moralischer Erzähler und Lehrer:

> *swer selbe sagt wie wert er sî,*
> *da ist lîhte ein ungeloube bî* (12,27–28)[31]
>
> *in zorne wunders vil geschiht* (152,13)
>
> *si sprach ‹swer iu getrûwet iht,*
> *den sult ir gerne triegen niht* (250,17–18)
>
> *von tumpheit muoz verderben*
> *maneges tôren hôher vunt* (292,24–25)
>
> *Gâwân dâhte ‹swer verzagt*
> *sô daz er vliuhet ê man jagt,*
> *deist sîme prîse gar ze vruo* (340,7–9)
>
> *unkünde dicke unminne sint* (351,13)
>
> *sô gelte ein tôt den andern tôt* (417,7)
>
> *swer schildes ambet üeben wil,*
> *der muoz durchstrîchen lande vil* (499,9–10)
>
> *niemen sich verspreche,*
> *ern wizze ê waz er reche* (516,5–6)
>
> *sich vüeget baz ob weint ein kint*
> *denne ein bartohter man* (525,6–7)
>
> *gestrichen varwe ûf daz vel*
> *ist selten worden lobes hel* (551,27–28)
>
> *der getriuwe ist vriundes êren vrô* (675,17)
>
> *mit rehter kiusche erworben kint,*
> *ich waene diu des mannes saelde sint* (743,21–22)
>
> *wer ist ein segen vür den tôt* (759,10)
>
> *dâ saz dienst unde lôn* (766,15)

Themen wie Eigenlob, Zorn, Vertrauen, Dummheit, Mut, Unkenntnis, Vergeltung,
Rittertum, Urteil, Männlichkeit, Täuschung, Freundschaft, Zeugung, Gegenwehr
sowie das Verhältnis von Dienst und Lohn ('Guter Dienst findet seinen Lohn') werden hier angeschnitten. Manchmal genügt Wolfram ein lehrhaftes Sprichwort nicht,

---

[30] Zu diesem Sprichwort vgl. Frank TOBIN, Wolfram's 'Parzival' 435,1 and Kaiser Heinrich's
'Ich grüeze mit gesange' (MF 5,16), in: Modern Language Notes 85 (1970) 373–374.
[31] Zu diesem Sprichwort vgl. Manfred EIKELMANN, *altsprochen wort*: Sentenz und Sprichwort
im Kontext der mittelalterlichen Gnomik, in: Jahrbuch der Oswald von Wolkenstein-
Gesellschaft 11 (1999) 299–315 (hier 313–314).

und so fügt er kurzerhand ein zweites hinzu: *der schadehafte erwarp ie spot: saelden pflihtaer dem half got* (289,11–12). Doch nicht immer geht es so ernst zu, wie eine kleine erotische Szene zeigt, wo Gawan sich mit einem Sprichwort Mut zum verbotenen Liebesspiel mit Antikonie macht:

> *ein magt begunde in schenken,*
> *dar nâch schier von in wenken.*
> *mêr vrouwen dennoch dâ sâzen,*
> *die ouch des niht vergâzen,*
> *si giengen und schuofen umbe ir pflege.*
> *ouch was der ritter von dem wege,*
> *der in dar brâhte.*
> *Gâwân des gedâhte,*
> *do si alle von im kômen ûz,*
> *daz dicke den grôzen strûz*
> *vaehet ein vil cranker ar.*
> *er greif ir undern mantel dar:*
> *Ich waene, er ruorte irz hüffelîn.*
> *des wart gemêret sîn pîn.*
> *von der liebe alsölhe nôt gewan*
> *beidiu magt und ouch der man,*
> *daz dâ nâch was ein dinc geschehen,*
> *hetenz übel ougen niht ersehen,*
> *des willen si bêde wârn bereit:*
> *nu seht, dô nâht ir herzeleit* (406,21–407,10)

Auch diese Szene ist natürlich in der 'Parzival'-Forschung bisher wieder nicht hervorgehoben worden, und dabei ist es ein so gutes Beispiel dafür, daß selbst ein würdiger Artusritter wie Gawan ein bewährtes Sprichwort zur Hilfe nimmt, um so zu einem erotischen Erlebnis zu gelangen. Man kann sich den ironisch schmunzelnden Erzähler Wolfram gut vorstellen! Doch so 'schlüpfrig' wird der perfekte Artusritter Gawan normalerweise nicht beschrieben. Vielmehr gilt für ihn ein ganz anderes auch in Hartmanns von Aue 'Erec' verwendetes Sprichwort,[32] das hier von Orgeluse lobend ausgesprochen wird: *ir sît ez der ellensrîche./dem golde ich iuch gelîche,/daz man liutert in der gluot:/als ist geliutert iuwer muot* (614,11–14). Dabei überrascht es eigentlich nur, daß Wolfram dieses Sprichwort nicht für Parzival als den am meisten geläuterten Helden seiner exemplarischen Erzählung vorbehalten hat. Es geht übrigens auf die Bibel zurück: 'Wie das Feuer Silber und der Ofen Gold, also prüft der Herr die Herzen' (Sprüche 17,3),[33] und so wäre diese Bibelweisheit dem christlich ausgerichteten Gralskönig Parzival wie auf die Haut geschrieben gewesen.

Doch Sprichwörtliches gibt es sowieso genug zur Charakteristik von Parzival, dessen zweifelnder Wankelmut ihn in Höllenpein bringen wird, wie es die ersten

---

[32] Vgl. Wolfgang MIEDER, *als man daz golt sol liutern in der esse*: Sprichwörtliche Ironie und Didaktik in Hartmanns von Aue 'Erec', in: Mittellateinisches Jahrbuch 26 (2001) 45–76 (hier 69–70).

[33] Vgl. die vielen mittelhochdeutschen Belege auch bei Carl SCHULZE, Die biblischen Sprichwörter der deutschen Sprache (Göttingen 1860/ND hg. v. W. MIEDER, Bern 1987) 96–97.

beiden Sprichwortzeilen am Anfang des 'Prologs' und die darauf folgenden zwölf
Zeilen als erklärendes Exemplum indirekt voraussagen:

> *Ist zwîfel herzen nâchgebûr,*
> *daz muoz der sêle werden sûr.*
> *gesmachet unde gezieret*
> *ist, swâ sich parrieret*
> *unverzaget mannes muot,*
> *als agelstern varwe tuot.*
> *der mac dennoch wesen geil:*
> *wande an im sint beidiu teil,*
> *des himels und der helle.*
> *der unstaete geselle*
> *hât die swarzen varwe gar,*
> *und wirt ouch nâch der vinster var:*
> *sô habet sich an die blanken*
> *der mit staeten gedanken* (1,1–14)

Das redensartliche Bild der schwarz-weiß gefiederten Elster deutet die Zwiespältig-
keit von Parzivals Entwicklung an, dessen strahlender Hochmut als Artusritter ihn
schließlich in schwarze Gottesabtrünnigkeit verführt, aus der er erst durch Erkenntis
seiner Sündhaftigkeit und anschließenden Demut zur hellen Position als Gralskönig
aufsteigen kann. Wolfram fügt noch redensartlich durch eine weitere Tiermetapher
hinzu, *diz vliegende bîspel/ist tumben liuten gar ze snel,/sine mugens niht erden-
ken:/wand ez kan vor in wenken/rehte alsam ein schellec hase* (1,15–19). In der
Tat wird es Jahre und Tausende von Erzählzeilen benötigen, bis Parzival und eben
auch die Zuhörer oder Leser der Erzählung ihren tieferen Sinn begreifen. Und natürlich wird im 'Prolog' auch bereits auf das schon erwähnte sprichwörtliche Leitmotiv
von 'Liebe und Leid' hingewiesen, das sich im ganzen Epos breitmacht: *von liebe
und von leide:/vröude und angest vert dâ bî* (3,30–4,1). Sämtliche Gefühlslagen
wird der Held Parzival, auf einem niedrigeren Niveau ebenso Gawan, durchmachen
müssen, von Liebe und Leid bis zur Freude und Sorge.[34] Was schließlich den richti-
gen Weg des Menschen kennzeichnet, ist ohne Zweifel an Gott und mit Beständigkeit, die laut zwei Redensarten gar zu schnell verschwindet *als viur in den brunnen/
und daz tou von der sunnen* (2,3–4), den schweren Lebensweg in Demut zu be-

---

[34] Allein über den Prolog des 'Parzival' gibt es zahlreiche Interpretationen, die hin und wieder
auch das Sprichwörtliche erwähnen; vgl. etwa Helene ADOLF, Der Eingang zu Wolframs
'Parzival', in: Neophilologus 22 (1937) 110–120 und 171–185; Karl Kurt KLEIN, Das
Freundschaftsgleichnis im Parzivalprolog (1953), in: Heinz RUPP (Hg.), Wolfram von
Eschenbach (Darmstadt 1966) 173–206; Hugh SACKER, An Introduction to Wolfram's
'Parzival' (Cambridge 1963) 1–6; Benedikt MOCKENHAUPT, Die Frömmigkeit im 'Parzival'
Wolframs von Eschenbach (Darmstadt 1968) 188–209; Steven MacLeod GILBERT,
Chasing the Frenzied Hare: Wolfram's Earthly Esthetic in the Prologue and Imagery of
'Parzival' (Diss. University of California at Berkeley 1986) 11–52; So SHITANDA, Topoi in
Wolfram's 'Parzival', in: Hiroshima Doitsu Bungaku 1 (1986) 39–71 (hier 52–53); und
Arthur GROOS, Romancing the Grail: Grenre, Science, and Quest in Wolfram's 'Parzival'
(Ithaca, New York 1995), 2–3.

schreiten.[35] Wie prekär es um diese Beständigkeit steht, wiederholt Wolfram im 'Prolog' mit einem weiteren sprichwörtlichen Vergleich: *wie staete ist ein dünnez îs, / daz ougestheize sunnen hât* (3,8–9). Wenn Parzival sich schließlich vom Zweifel an Gott lossagt und diesem mit Beständigkeit dienen will, hat er sein ihm vorgeschriebenes Ziel als Gralskönig erreicht. Beachtenswert ist aber vor allem, daß Wolfram diesen Grundgedanken seines massiven und tiefgründigen Epos durch indirekte sprichwörtliche Sprache im 'Prolog' zum Ausdruck bringt. Der eigentliche abenteuerliche Weg Pazivals wird dann zum Exemplum eben dieser 'theoretischen' und ethischen Ausführungen.

Immer wieder betont Wolfram diese 'schmerzliche Antithetik des menschlichen Lebens'[36] und reduziert diese auf ein allgemeingültiges Sprichwort: *alsus vert diu mennischeit, / hiute vröude, morgen leit* (103,23–24), das durch seine rhetorische Antithese den gesamten Erzählvorgang charakterisiert. Im Erzählkontext bezieht sich diese Aussage auf das Schicksal von Herzeloyde, die ihren geliebten Gachmuret verliert und so Freude für Leid eintauschen muß. Als Witwe versucht Herzeloyde ihren Sohn Parzival fern der ritterlichen Welt in der Waldidylle eine sorgenlose Jugend zu bereiten. Wenn dieser aber durch Zufall doch an Ritter gerät und nun ebenfalls nach weltlichem Rittertum strebt, gibt die leidende Mutter ihm vier gutgemeinte Lehren mit auf den Weg, wovon die ersten drei sprichwörtlich sind:

> *an ungebanten strâzen*
> *soltu tunkel vürte lâzen:*
> *die sîhte und lûter sîn,*
> *di soltu al balde rîten in* (127,15–18)

> *du solt dich site nieten,*
> *der werlde grüezen bieten* (127,19–20)

> *Ob dich ein grâ wîse man*
> *zuht wil lêren als er wol kan,*
> *dem soltu gerne volgen,*
> *und wis im niht erbolgen* (127,21–24)

Hinter diesen von Wolfram selbst formulierten Lehren verstecken sich zweifelsohne Sprichwörter wie 'Durch einen unbekannten Fluß muß man zuletzt waten', 'Freundlich grüßen kostet nicht viel', 'Wer guten Rat will haben, der frage einen alten Mann' und viele mehr.[37] Das Problem mit diesen Lebensweisheiten ist bekanntlich

---

[35] Vgl. dazu den faszinierenden Beitrag von Kathryn SMITS, *als viur in dem brunnen*: Überlegungen zu 'Parzival' 2,1–4, 63,13–64,12 und 112,21–30, in: Zeitschrift für deutsche Philologie 115 (1996) 26–41. Die Autorin zeigt, daß *viur in dem brunnen* die Bedeutung von 'ins Feuer pissen' hat.

[36] Hans J. BAYER, Untersuchungen zum Sprachstil weltlicher Epen des deutschen Früh- und Hochmittelateres (Berlin 1962) 223.

[37] Vgl. dazu die zahlreichen französischen und deutschen Belege bei David N. YEANDLE, Commentary on the Soltane and Jeschute Episodes in Book III of Wolfram von Eschenbach's 'Parzival' (116,5–138,8) (Heidelberg 1984) 230–249. Vgl. auch noch Dennis H. GREEN, Advice and Narrative Action: Parzival, Herzeloyde and Gurnemanz, in: D. H. GREEN et al. (Hgg.), From Wolfram and Petrarch to Goethe and Grass. Studies in Honor of Leonard Forster (Baden-Baden 1982) 33–75 (hier 38–42).

nur, daß Parzival in seiner Dümmlingsnot diese wortwörtlich und ohne Überlegung
befolgt, was ihn dann in Schwierigkeiten bringt. Es handelt sich also nicht um eine
Absage an die Erfahrungswahrheit dieser Sprichwörter, sondern um eine Kritik ihrer
automatischen Befolgung. Mit anderen Worten, Parzival muß lernen, unabhängig
zu denken und nicht nur vorgepredigte Lehren blind befolgen. Für wie kindisch
man Parzival am Artushof hält, zeigt folgendes Argument Keyes, womit er Artus
davon überzeugen will, Parzival gegen Ither kämpfen zu lassen, der einen rotgolde-
nen Becher von der Tafelrunde entwendet hat. Nicht nur benutzt Keye die auf ein
Kinderspiel zurückgehende Redensart 'den Kreisel drehen' im Sinne von 'jdm. sein
Spiel lassen', sondern er zitiert auch noch ein Tiersprichwort und reduziert den
draufgängerischen Parzival als ungestümen Hund:

> ›und lât in zuo ze im ûf den plân.
> sol iemen bringen uns den kopf,
> hie helt diu geisel, dort der topf:
> lât daz kint in umbe trîben:
> sô lobt manz vor den wîben.
> ez muoz noch dicke bâgen
> und sôlhe schanze wâgen.
> Ichne sorge umb ir dewders leben:
> man sol hunde umb ebers houbet geben.‹ (150,14–22)

Indirekt wird Parzival als Peitsche und Ither als Kreisel aufgefaßt, und überhaupt,
meint Keye, soll man den 'kleinen' Hund Parzival ruhig versuchen lassen, den 'großen' Eber Ither zu besiegen. All dies erinnert auch an das Sprichwort 'Wer Schweins-
köpfe haben will, muss Hundeköpfe dran wenden'.[38] Das hat mit gehobener Ritter-
sprache nichts zu tun, zeigt aber gleichzeitig, daß Wolfram die Alltagssprache sehr
gut beherrscht und als Kontrast zur höfischen Welt zu nutzen weiß.

Doch Parzival besteht dieses unritterliche Abenteuer, und nun gerät er an den
alten Ritter Gurnemanz, der sein Lehrmeister höfischer Sitten wird. Parzival erinnert sich auch sehr wohl an die sprichwörtliche Rede seiner Mutter, als er Gurnemanz erblickt: *mich bat mîn muoter nemen rât / ze dem der grâwe locke hât*
(162,29–30). Wenn Gurnemanz sich bereit dazu erklärt, den naiven Parzival in die
Regeln der Artuswelt einzuweihen, stellt sein Schüler befriedigt fest: *altmannes rede
stêt niht ze vâr* (163,16). Allerdings gibt die Hochachtung gerade dieses Sprichwortes bereits zu erkennen, daß Parzival die Weisheiten, die Gurnemanz ihm mit auf
den Weg geben wird, erneut wörtlich und gedankenlos praktizieren wird. Wie bei
den Lehren der Mutter wird er dadurch erneut unwillentlich und unwissentlich
schuldig werden. Der Unterricht bei Gurnemanz ist reine Formschule, und es fehlt
ihr die psychologische Tiefe. Das zeigen die als Sprachautomatismen verstandenen
und verwendeten Sprichwortformeln!

Gurnemanz erkennt schnell, was für einen unerfahrenen Menschen er vor sich
hat, der sich dazu noch laufend auf seine Mutter bezieht. Und so stutzt er ihn
ziemlich direkt zurecht:

---

[38] Karl Friedrich Wilhelm WANDER, Deutsches Sprichwörter-Lexikon, 5 Bde. (Leipzig 1867–
1880), Bd. 4, Sp. 461, Schweinskopf Nr. 2.

> *›ir redet als ein kindelîn.*
> *wan geswîgt ir iuwerre muoter gar*
> *und nemet anderre maere war?*
> *habt iuch an mînen rât:*
> *der scheidet iuch von missetât* (170,10–14)

Und nun kommen die Lehren,[39] die Parzival nur zu begierig als 'Goldmünzen' aufgreift und direkt und gedankenlos befolgen wird oder auch falsch auslegt:

> *ir sult niemer iuch verschemen.*
> *verschamter lîp, waz touc der mêr?* (170,16–17)
>
> *gebt rehter mâze ir orden* (171,13)
>
> *irn sult niht vil gevrâgen* (171,17)
>
> *man und wîp diu sint al ein* (173,1)

Die alltäglichen Lehren sind eigentlich klar: Parzival soll sein Verhalten überprüfen, da ein unbedachter Mensch nichts taugt. Aber gerade diese psychologisch ausgerichtete Selbstanalyse fehlt ihm. Er soll Maß halten, vermag dies aber nicht zu tun, wenn er zum Beispeil an Gott verzweifelt und ihm den Dienst aufsagt. Auch soll er nicht *viel* fragen, d. h. er soll nicht unnütz Leute mit Fragen belästigen, etwa den neueren Sprichwörtern 'Zu viel fragen taugt nichts' und 'Zu viel fragen ist nicht gut' entsprechend.[40] Das bedeutet nicht, daß diese Lehre ihm aufträgt, Anfortas die Mitleidsfrage nicht zu stellen. Hier scheint Parzival die Lehre nicht gut gelernt zu haben, denn für ihn heißt sie offensichtlich *irn sult niht gevrâgen*, und dieses falsche Gebot führt er durch sein Schweigen aus. Die Lehre von Gurnemanz ist deutlich kein Frageverbot, sondern der Rat, mit Verstand und Gefühl zu fragen. Stattdessen läßt sich Parzival von dem Ideal der höfischen Zucht bis zur mitleidslosen Erstarrung kontrollieren. Schließlich ist da noch das auf die Bibel zurückgehende Sprichwort 'Mann und Weib sind ein Leib' (vgl. 1. Mose 2,24). Zwar ist seine Liebe zu Condwiramurs stark und überzeugend, doch vergißt er sie auf seinen jahrelangen Abenteuern und erinnert sich erst in der berühmten Bluttropfen-Szene im Schnee an seine große Liebe. Die Sprichwörter als Ausdruck sozialer Normen sollen Handlungsorientierung sein, aber sie müssen in jedem zwischenmenschlichen Kontext neu interpretiert werden. Im Prinzip dreht es sich bei Parzivals Auslegung der belehrenden Sprichwörter um Fehlurteile, worauf auch die zahlreichen Beispiele des

---

[39] Vgl. zu den Lehren von Gurnemanz Siegfried GROSSE, Die höfischen Lehren in Hartmanns 'Gregorius' und Wolframs 'Parzival', in: Der Deutschunterricht 14,6 (1962) 52–66; Lutz HUTH, Dichterische Wahrheit als Thematisierung der Sprache in poetischer Kommunikation. Untersucht an der Funktion des Höfischen in Wolframs 'Parzival' (Hamburg 1972) 146–150; Ursula HENNIG, Die Gurnemanzlehren und die unterlassene Frage Parzivals, in: Beiträge zur Geschichte der deutschen Sprache und Literatur (Tübingen) 97 (1975) 312–332; und Dennis H. GREEN, Advice and Narrative Action: Parzival, Herzeloyde and Gurnemanz, in: D. H. GREEN (Hgg.), From Wolfram and Petrarch to Goethe and Grass. Studies in Literature in Honour of Loenard Forster (Baden-Baden 1982) 33–75 (hier 50–54).

[40] Karl Friedrich Wilhelm WANDER, Deutsches Sprichwörter-Lexikon, 5 Bde. (Leipzig 1867–1880), Bd. 1, Sp. 1098, Fragen Nr. 127 und 128.

Hochmuts, der großen mittelalterlichen Sünde der *superbia*, im 'Parzival' hinweisen. So heißt es zum Beispiel von Kingrun, der gerade von Parzival besiegt worden ist, *disiu tjost in lêrte vlust/an sölhem prîse, des er pflac/unz an sîn hôchvartswindens tac* (197,14–16). Vielleicht spielt Wolfram mit dem Neologismus *sîn hôchvartswindens tac*[41] bereits hier auf das Bibelsprichwort 'Hochmut kommt vor dem Fall' (Sprüche 16,18) an. Sicherlich aber hat Wolfram das Sprichwort im Sinn, wenn er den Abschied des von Parzival ebenfalls besiegten Clamide mit den Worten *den ê sîn hôchvart verriet* (215,18) kommentiert. Von großem Interesse ist diesbezüglich nach weiteren Kämpfen Parzivals die sprichwörtliche Aussage *ritterschaft ist topelspil* (289,24) des vom Pferd gestochenen Segramors. In der Tat hat man bei all den zwecklosen und hochmütigen Kämpfen das Gefühl, daß diese Art von Ritterschaft ein Würfelspiel ist, wo halt einer gewinnt und der andere verliert. Indirekt wenigstens wird hier das verflachte Artusrittertum kritisiert.

Doch aus dieser Welt entfernt sich Parzival, wenn er am Karfreitag zu dem Einsiedler Trevrizent kommt und mit gebrochenem Hochmut um Hilfe auf seinem Lebensweg bittet: *hêr, nu gebt mir rât:/ich bin ein man der sünde hât* (456,29–30). Von Trevrizent lernt Parzival durch drei Sprichwortweisheiten von der Allmacht und Güte Gottes, in dessen Obhut Parzival sich übergeben soll:

> *sît getriuwe ân allez wenken,*
> *sît got selbe ein triuwe ist* (462,18–19)
>
> *got heizt und ist diu wârheit* (462,25)
>
> *ez ist dehein gedanc sô snel,*
> *ê er vom herzen vür daz vel*
> *küme, ern sî versuochet:*
> *des kiuschen got geruochet.*
> *sît got gedanke speht sô wol,*
> *ôwê der broeden werke dol!* (466,25–30)

So ist Gott der Inbegriff der Treue, er ist die Wahrheit, und Gott ist nichts verborgen, denn er weiß alles. Ihm soll sich Parzival zuwenden, indem er seine Sünden zugibt, Buße tut und so die Gnade Gottes empfängt. Sein Zweifel an Gott, ausgedrückt durch seinen Hochmut, muß sich in Demut verwandeln. Diese Erklärung aber drückt Trevrizent mit dem schon erwähnten 'Hochmut'-Sprichwort aus, das als grundlegendes Leitmotiv des gesamten 'Parzival' zu gelten hat.

> *'ir müest aldâ vor hôchvart*
> *mit senftem willen sîn bewart.*
> *iuch verleit lîht iuwer jugent*
> *daz ir der kiusche braechet tugent.*
> *hôchvart ie seic unde viel'* (472,13–17)

Weiterhin auf das Sprichwort anspielend, erklärt Trevrizent Parzival auch, worauf die herzzerreißende Not des Gralskönigs Anfortas zurückzuführen ist:

---

[41] Vgl. dazu F. Lösel, Wolfram's *sîn hôchvartswindens tac*: Originality or Reminiscence? in: Philological Quarterly 48 (1969) 278–279.

> *daz sol iuch und mich armen*
> *immer mêr erbarmen*
> *umb sîn herzebaere nôt,*
> *die hôchvart im ze lône bôt*
> *sîn jugent unt sîn rîcheit*
> *der werlde an im vuogte leit,*
> *unt daz er gerte minne*
> *ûzerhalp der kiusche sinne* (472,23–30)

Und dann spricht Trevrizent in direkter Gegenüberstellung zu dem negativen Sprichwort *hôchvart ie seic unde viel* das positive Sprichwort *diemüet ie hôchvart überstreit* (473,4) als erlösende Weisheitslehre aus, die den Weg von der weltlichen Sünde der *superbia* zur christlichen Tugend der *humilitas* aufzeigt. Die Sinnmitte des Epos offenbart sich in der Einsicht, daß die Demut den Hochmut überwindet,[42] eine Erkenntnis, die, wie gesagt, auch in dem gegensätzlichen Sprichwortpaar zum Ausdruck kommt.

Mit der Aufgabe des Zweifels an Gott kann Parzival nun weit entfernt von seinem ursprünglichen Hochmut in tiefer Demut seine Sünden zugeben. Nachdem Trevrizent dieses Sündenbekenntnis hört, reagiert er etwa mit dem Sprichwort 'Der Welt Lohn ist für Gutes Uebels thon'[43] und einem Vorläufer der Redensart 'das ist das Ende vom Lied' auf diese ungewollte Versündigung Parzivals:

> *'ôwê werlt, wie tuostu sô?'*
> *sprach der wirt: der was des maeres unvrô.*
> *'du gîst den liuten herzesêr*
> *unt riuwebaeres kumbers mêr*
> *dan der vröud, wie stêt dîn lôn!*
> *sus endet sich dîns maeres dôn'* (475,13–18)

Trevrizent erklärt Parzival aber auch mit der Redensart 'seine fünf Sinne nicht beieinander haben', wie es zu all seinen Verfehlungen kommen konnte: *dô dir got vünf sinne lêch,/die hânt ir rât dir vor bespart* (488,26–27). Mit anderen Worten, Parzival hat die ihm von seiner Mutter Herzeloyde und dem Artusritter *par excellence* Gurnamanz vermittelten Lehren zu wörtlich oder unüberlegt angewandt. Die ihm als Mensch angeborene Urteilskraft, bestehend aus den fünf Sinnen, hat versagt. Überhaupt ist der Mensch dem Sprichwort gemäß ein seltsames Wesen:

> *diu menscheit hât wilden art.*
> *etswâ wil jugent an witze vart:*
> *wil denne daz alter tumpheit üeben*
> *unde lûter site trüeben* (489,5–7)

---

[42] Vgl. dazu Hans J. Bayer, Untersuchungen zum Sprachspiel weltlicher Epen des deutschen Früh- und Hochmittelalters (Berlin 1962) 276, Henry Kratz, Wolfram von Eschenbach's 'Parzival': An Attempt at a Total Evaluation (Bern 1973) 68–69; und David Duckworth, The Influence of Biblical Terminology and Thought on Wolfram's 'Parzival' with Special Reference to the Epistle of St. James and the Concept of *Zwîfel* (Göppingen 1980) 86–87, 142–143 und 158–159.

[43] Karl Friedrich Wilhelm Wander, Deutsches Sprichwörter-Lexikon, 5 Bde. (Leipzig 1867–1880), Bd. 5, Sp. 160, Welt Nr. 78.

Doch es besteht kein Grund zur Verzweiflung, wenn man ohne Zweifel an Gott seinen Weg geht. So kann der reuevolle und demütige Parzival nach seiner Läuterung bei Trevrizent sich auf den Weg zur Gralsburg begeben. Parallel dazu beweist sich Gawan weiterhin als ehrwürdiger Artusritter. Man denkt in beiden Fällen unwillkürlich an Goethes 'Faust'-Sentenz 'Wer immer strebend sich bemüht, den können wir erlösen'. Hieß es über das Schicksal der verwitweten Herzeloyde noch sprichwörtlich *hiute vröude, morgen leit* (103,24), so wird nun Gawan von dem Fährmann Plippalinot mit dem Gegensprichwort *hiute riuwec, morgen vrô* (548,8) und dem Sprichwort *bî manheit saelde helfen mac* (548,12) ermutigt, seinen Weg als tapferer Artusritter beizubehalten.[44] Freilich lernt auch Gawan, mehr als Erec bei Hartmann von Aue und daher näher zu dem Gralsritter Parzival, daß er sich nicht alles Dank seiner Kraft ertrotzen kann. Wiederum greift Wolfram zu einem Sprichwort, um mit volkssprachlicher Autorität zu erklären, daß der in Not geratene Mensch Gott um Hilfe bittet:

> Er lac, unde liez es walten
> den der helfe hât behalten,
> und den der helfe nie verdrôz,
> swer in sînem kumber grôz
> helfe an in versuochen kan.
> der wîse herzehafte man,
> swâ dem kumber wirt bekant,
> der rüefet an die hôhsten hant (568,1–8)

Mit Stolz kann Gawan von seinem Rittertum behaupten, daß dem Sprichwort gemäß *des schildes ambet ist sô hôch,/daz er von spote ie sich gezôch,/swer ritterschaft ze rehte pflac* (612,7–9). Das gilt selbstverständlich ebenso für Parzival auf seinem abenteuerlichen Weg von der Artuswelt zur Gralsburg, nur daß er als Gralskönig *werlde hulde* und *gotes hulde* zu vereinen lernt.

Überblickt man schließlich die stufenmäßige Herausbildung Parzivals zu einem gottergebenen Menschen fern allen Hochmuts, so könnte man das von dem Ritter Keye mißmutig auf Gawan bezogene Sprichwort *got mit den liuten wunder tuot* (675,13) im positiven Sinn auf Parzival anwenden. Dieser aber kann Gralskönig werden, nachdem er seinen Oheim Anfortas durch seine demütige Frage nach seinem Befinden erlöst hat. All dies kommentiert aber Wolfram mit einem weiteren gottbezogenen Sprichwort: *got noch künste kan genuoc* (796,16). Folgerichtig besucht Parzival dann nach seiner Berufung zum Gralskönig mit dankbarer Ergebenheit seinen wichtigsten Lehrmeister Trevrizent. Wenn dieser ehrwürdige Mensch erfährt, daß Parzival sein ihm vorbestimmtes Ziel als Diener Gottes erreicht hat, greift er noch einmal zu einem bestimmenden und unumstößlichen Sprichwort: *got vil tougen hât./wer gesaz ie an sînen rât,/oder wer weiz ende sîner craft?* (797,23–

---

[44] Vgl. dazu auch Tomas TOMASEK, Sentenzen im Dialog. Einige Beobachtungen zum Profil der Gawan-Figur im X. Buch des 'Parzival' Wolframs von Eschenbach, in: Susanne BECKMANN et al. (Hgg.), Sprachspiel und Bedeutung. Festschrift für Franz Hundsnurscher (Tübingen 2000) 481–488 (hier 487).

25). Doch das letzte Wort behält Wolfram für sich, und hier summiert er der Weisheit letzten Schluß seines langen Epos:

> *swes leben sich sô verendet,*
> *daz got niht wirt gepfendet*
> *der sêle durch des lîbes schulde,*
> *und der doch der werlde hulde*
> *behalten kan mit werdekeit,*
> *daz ist ein nütziu arbeit* (827,19–24)

Diese letzten Zeilen enthalten kein Sprichwort mehr, sondern sie sprechen ganz allgemein von einem würdevollen und gottergebenen Leben. Erinnert man sich jedoch noch einmal an das als Leitmotiv eingesetzte Bibelsprichwort 'Hochmut kommt vor dem Fall' (Sprüche 16,18), und schaut man dann im sechzehnten Kapitel der 'Sprüche' einmal nach, so stößt man einige Verse früher auf den Text 'Des Menschen Herz erdenkt sich seinen Weg; aber der Herr allein gibt, daß er fortgehe' (Sprüche 16,9). Aus diesem Bibelzitat ist längst das Volkssprichwort 'Der Mensch denkt, Gott lenkt' geworden, und diese demütige Weisheit hätte gut zu den Schlußzeilen von Wolframs von Eschenbach 'Parzival' gepaßt. Natürlich aber gelten als bleibende 'Parzival'-Weisheit auch die beiden Sprichwörter *hôchvart ie seic unde viel* und *diemüet ie hôchvart überstreit*, die zusammen mit zahlreichen anderen Sprichwörtern den tiefen Sinn des Werkes volkssprachlich und allgemeinverständlich unterstreichen.

Verzeichnis
(Sprichwörter, Redensarten, Vergleiche, Paarformeln, Drillingsformeln)

In diesem Verzeichnis sind die Sprichwörter, sprichwörtlichen Redensarten, sprichwörtlichen Vergleiche, Paarformeln (Zwillingsformeln) und Drillingsformeln aufgelistet. Zitiert wird aus der von Wolfgang Spiewok besorgten Ausgabe von Wolfram von Eschenbach, Parzival, 2 Bde. (Stuttgart: Philipp Reclam, 1981), wobei die Seiten- und Zeilenzählung der Standardausgabe von Karl Lachmann, Wolfram von Eschenbach, 7. Ausgabe (Berlin: Walter de Gruyter, 1952), folgt. Jeder Beleg beginnt mit den Seiten- und Zeilenzahlen, darauf folgt der mittelhochdeutsche Text, und dann werden noch Hinweise auf die Sekundärliteratur hinzugefügt, wo der betreffende Beleg von anderen Wissenschaftlern als sprichwörtlich (manchmal auch sentenzhaft) oder redensartlich bezeichnet worden ist. Es ist bekanntlich äußerst schwierig, die Sprichwörtlichkeit mittelhochdeutscher Texte eindeutig festzulegen. Das gilt auch heute noch, obwohl der von Samuel Singer und Ricarda Liver herausgegebene 'Thesaurus proverbiorum medii aevi [TPMA]. Lexikon der Sprichwörter des romanisch-germanischen Mittelalters' (Berlin: Walter de Gruyter, 1995–2002) nun in dreizehn gewaltigen Bänden und einem Band 'Quellenverzeichnis' (1996) abgeschlossen vorliegt. Es überrascht in der Tat, daß der TPMA lediglich 49 sprichwörtliche Belege aus 'Parzival' enthält (möglicherweise habe ich den einen oder anderen Beleg übersehen), wenn die hier vorliegende Liste 285 Texte enthält (davon 53 von mir neu identifiziert), die eine mehr oder weniger deutliche Sprichwörtlichkeit erkennen lassen. Unerklärlich ist dabei vor allem, daß selbst die von Samuel Singer in mehreren Schriften zum 'Parzival' als sprichwörtlich identifizierten Zeilen zum Teil nicht in den TPMA aufgenommen worden sind. Das gilt zu einem großen Grade auch für viele Belege, die von anderen Wissenschaftlern in Stellenkommentaren als Sprichwörter, Redensarten, Vergleiche und Formeln ausgewiesen wurden. All dies rechtfertigt dieses Verzeichnis, das die mittelhochdeutsche Parömiographie um einige kleine Schritte weiterbringen soll.

Bei den Hinweisen aus der Sekundärliteratur handelt es sich um die folgenden Quellen, die in alphabetischer Anordnung mit entsprechenden Seitenzahlen nach den Belegen angegeben werden:

Bayer = Bayer, Hans J. Untersuchungen zum Sprachstil weltlicher Epen des deutschen Früh- und Hochmittelalters (Berlin 1962).

Berthold = Berthold, Luise. Mittelalterliche Sprichwörter und das moderne Mundartwörterbuch, in: Hessische Blätter für Volkskunde 39 (1941) 64–67.

Blamires = Blamires, David. Characterization and Individuality in Wolfram's 'Parzival' (Cambridge 1965).

Bötticher = Bötticher, Gotthold. Über die Eigenthümlichkeiten der Sprache Wolframs (Wien 1876).

Duckworth = Duckworth, David. The Influence of Biblical Terminology and Thought on Wolfram's 'Parzival' with Special Reference to the Epistle of St. James and the Concept of *Zwîfel* (Göppingen 1980).

Eikelmann = Eikelmann, Manfred. *altsprochen wort:* Sentenz und Sprichwort im Kontext der mittelalterlichen Gnomik, in: Jahrbuch der Oswald von Wolkenstein-Gesellschaft 11 (1999) 299–315.

Gamra = Gamra, Ulrike Grein. Ein komplexer Ritter auf seiner dynamischen Queste. Wolframs 'Parzival' und die Chaostheorie: Eine strukturelle Untersuchung (Bern 1999).

Gilbert = Gilbert, Steven MacLeod. Chasing the Frenzied Hare: Wolfram's Earthy Esthetic in the Prologue and Imagery of 'Parzival' (Diss. University of California at Berkeley 1986).

Green = Green, Dennis H. Advice and Narrative Action: Parzival, Herzeloyde und Gurnemanz, in: D. H. Green et al. (Hgg.), From Wolfram and Petrarch to Goethe and Grass. Studies in Literature in Honour of Leonard Forster (Baden-Baden 1982) 33–75.

Grimm 1834 = Grimm, Wilhelm. Vrîdankes Bescheidenheit (Göttingen 1834).

Grimm 1850 = Grimm, Wilhelm. Über Freidank (1850), in: Gustav Hinrichs (Hg.), Kleinere Schriften von Wilhelm Grimm, 4 Bde. (Gütersloh 1887), Bd. 4, 5–92.

Groos 1972 = Groos, Arthur. Wolfram von Eschenbach's 'Bow Metaphor' and the Narrative Technique of 'Parzival', in: Modern Language Notes 87 (1972) 391–408.

Groos 1995 = Groos, Arthur. Romancing the Grail. Genre, Science, and Quest in Wolfram's 'Parzival' (Ithaca, New York 1995).

Henning = Henning, Ursula. Die Gurnemanzlehren und die unterlassene Frage Parzivals, in: Beiträge zur Geschichte der deutschen Sprache und Literatur (Tübingen) 97 (1975) 312–332.

Hofmann = Hofmann, Liselotte. Der volkskundliche Gehalt der mittelhochdeutschen Epen von 1100 bis gegen 1250 (Zeulenroda 1939).

Kratz = Kratz, Henry. Wolfram von Eschenbach's 'Parzival': An Attempt at a Total Evaluation (Bern 1973).

Kutzner = Kutzner, Patricia L. The Use of Imagery in Wolfram's 'Parzival' (Frankfurt/M. 1975).

Ludwig 1889 = Ludwig, Karl. Der bildliche Ausdruck bei Wolfram von Eschenbach, in: Programm des K. K. Staats-Ober-Gymnasiums in Mies (Mies 1889) 3–32.

Ludwig 1890 = Ludwig, Karl. Der bildliche Ausdruck bei Wolfram von Eschenbach (Fortsetzung und Schluß), in: Programm des K. K. Staats-Ober-Gymnasiums in Mies (Mies 1890) 31–64.

Marti = Marti, Marta (Hg.). Wolframs von Eschenbach 'Parzival' und 'Titurel'. 4. Auflage der von Karl Bartsch besorgten Ausgabe, 3 Bde. (Leipzig 1927). Mit Band- und Seitenzahl, z. B. 1,5, d. h. Band 1, Seite 5.

Martin = Martin, Ernst (Hg.). Wolframs von Eschenbach 'Parzival' und 'Titurel', Bd. 2: Kommentar (Halle 1903/Darmstadt 1976).

Matz = Matz, Elsa-Lina. Formelhafte Ausdrücke in Wolframs 'Parzival' (Diss. Kiel 1907).

Mone = Mone, Franz. Zur Literatur und Geschichte der Sprüchwörter, in: Quellen und Forschungen zur Geschichte der teutschen Literatur und Sprache 1 (1830) 186–214.

Murdoch = Murdoch, Brian. 'Parzival' and the Theology of Fallen Man, in: Will Hasty (Hg.), A Companion to Wolfram's 'Parzival' (Columbia, South Carolina 1999) 143–158.

Röhrich = Röhrich, Lutz. Das große Lexikon der sprichwörtlichen Redensarten, 3 Bde. (Freiburg 1991–1992). Röhrich wird mit Band- und Seitenzahl zitiert und zwar nur, um von mir neu aufgefundene Texte zu belegen.

Rupp = Rupp, Heinz. Zu einigen 'Leitmotiven' in Wolframs 'Parzival', in: Der Deutschunterricht 37,4 (1985) 87–99.

Schemann = Schemann, Hans. Deutsche Idiomatik. Die deutschen Redewendungen im Kontext (Stuttgart 1993). Schemann wird nur zitiert, um von mir neu aufgefundene Texte zu belegen.

Schweikle = Schweikle, Günther. *stiure* und *lêre*: Zum 'Parzival' Wolframs von Eschenbach, in: Zeitschrift für deutsches Altertum und deutsche Literatur 106 (1977) 183–199.

Shitanda = Shitanda, So. Topoi in Wolframs 'Parzival', in: Hiroshima Doitsu Bungaku 1 (1986) 39–71.

Singer 1898a = Singer, Samuel. Zu Wolframs 'Parzival', in: F. Detter et al. (Hgg.), Abhandlungen zur Germanischen Philologie. Festgabe für Richard Heinzel (Halle 1898/Hildesheim 1985) 353–436.

Singer 1898b = Singer, Samuel. Bemerkungen zu Wolframs 'Parzival' (Halle 1898). Identisch mit Singer 1898a, aber mit anderer Seitenzählung.

Singer 1916 = Singer, Samuel. Wolframs Stil und der Stoff des Parzival (Wien 1916).

Singer 1937 = Singer, Samuel. Neue Parzival-Studien (Zürich 1937).

Singer 1939 = Singer, Samuel. Wolfram und der Gral/Neue Parzival-Studien (Bern 1939).

Singer 1944/47 = Singer, Samuel. Sprichwörter des Mittelalters, 3 Bde. (Bern 1944–1947). Wird mit Band- und Seitenzahl zitiert.

Smits = Smits, Kathryn. *als viur in dem brunnen*: Überlegungen zu 'Parzival' 2,1–4, 63,13–64,12 und 112,21–30, in: Zeitschrift für deutsche Philologie 115 (1996), 26–41.

Tapp = Tapp, Henry Lee. An Investigation of the Use of Imagery in the Works of Wolfram von Eschenbach (Diss. Yale University 1953).

Tobin = Tobin, Frank. Wolfram's 'Parzival' 435,1 and Kaiser Heinrich's 'Ich grüeze mit gesange' (MF 5,16), in: Modern Language Notes 85 (1970) 373–374.

Tomasek = Tomasek, Tomas. Sentenzen im Dialog. Einige Beobachtungen zum Profil der Gawan-Figur in X. Buch des 'Parzival' Wolframs von Eschenbach, in: Susanne Beckmann et al. (Hgg.), Sprachspiel und Bedeutung. Festschrift für Franz Hundsnurscher (Tübingen 2000) 481–488.

TPMA = Thesaurus proverbiorum medii aevi. Lexikon der Sprichwörter des romanisch-germanischen Mittelalters, hrsg. von Samuel Singer und Ricarda Liver, 13 Bde. (Berlin 1995–2002). Mit Bandangabe sowie Seitenzahl und Belegnummer, z.B. 9 390,7, d.h. Band 9, Seite 390, Nr. 7.

Wa = Wander, Karl Friedrich Wilhelm Wander. Deutsches Sprichwörter-Lexikon, 5 Bde. (Leipzig 1867–1880/Darmstadt 1964). Mit Band- und Spaltenangabe, Lemma und Belegnummer, z.B. Wa,III,165 Lieber *846, d.h. Band 3, Spalte 165 und unter 'Liebe' Nr. 846. Das Sternchen vor der Nummer bedeutet, daß es sich um eine sprichwörtliche Redensart und nicht um ein Sprichwort handelt. Wander wird nur zitiert, um von mir neu aufgefundene Texte zu belegen.

Yeandle = Yeandle, David N. Commentary on the Soltane and Jeschute Episodes in Book III of Wolfram von Eschenbach's 'Parzival' (116,5–138,8) (Heidelberg 1984).

Zingerle = Zingerle, Ignaz. Die deutschen Sprichwörter im Mittealter (Wien 1864/Wiesbaden 1972).

1,1-2   *Ist zwîfel herzen nâchgebur,*
             daz muoz der sêle werden sûr.
             (Blamires 193, Bötticher 58, Gilbert 11–23, Groos 1995 2, Hofmann 67, Mone
             202, Shitanda 52–53, Singer 1898a 353–354, Singer 1898b 1–2)

1,6   *als agelstern varwe tuot.*
             (Groos 1995 2, Singer 1916 11–12)

1,15-19   *diz vliegende bîspel*
             ist tumben liuten gar ze snel,
             sine mugens niht erdenken:
             wand ez kan vor in wenken
             rehte alsam ein schellec hase.
             (Gilbert 24–27, Kutzner 45, Martin 5–6)

1,21   *und des blinden troum:*
             (Singer 1898a 412, Singer 1898b 60, Singer 1944/47 3,22)

1,26-27   *wer roufet mich dâ nie kein hâr*
             gewuohs, inne an mîner hant?
             (Berthold 65, Gilbert 37–42, Kutzner 44, Ludwig 1890 60, Marti 1,5, Martin 7,
             Singer 1939 25, TPMA 9 390,7)

2,1-4   *wil ich triuwe vinden*
             aldâ si kan verswinden,
             als viur in dem brunnen
             und daz tou von der sunnen?
             (Gilbert 37–42, Martin 8, Schweikle 187, Smits 26–41, Zingerle 23)

2,10-14   *beidiu si vliehent unde jagent,*
             si entwîchent unde kêrent,
             si lasternt unde êrent.
             swer mit diesen schanzen allen kan,
             an dem hât witze wol getân.
             (Gilbert 48–52, Martin 9, Schweikle 186, TPMA 3 311,118)

2,20-22   *sîn triuwe hât sô kurzen zagel,*
             daz si den dritten biz niht galt,
             vuor si mit bremen in den walt.
             (Kutzner 43, Ludwig 1889 25, Martin 10)

3,7   *diu valsche erwirbet valschen prîs.*
             (Singer 1898a 413, Singer 1898b 61)

3,8-10   *wie staete ist ein dünnez îs,*
             daz ougestheize sunnen hât?
             ir lop vil balde alsus zergât.
             (Bötticher 29, Marti 1,7, TPMA 2 441,30)

3,15-17   *ich enhân daz niht vür lîhtiu dinc,*
             swer in den cranken messinc
             verwurket edeln rubîn
             (TPMA 2 341,5)

3,30   *von liebe und von leide:*
             (bisher nicht belegt; vgl. Wa,III,165,Liebe *846: In Lieb und Leid)

5,3-5   *(daz ist ein wârheit sunder wân)*
             daz der altest bruoder solde hân
             sîns vater ganzen erbeteil.
             (Singer 1939 26–27)

5,13-14   *jugent hât vil werdekeit,*
           daz alter siuften unde leit.
           (Hofmann 65, Mone 203, TPMA 6 374,6, Zingerle 78)

5,15-16   *ez enwart nie niht als unvruot,*
           sô alter unde armuot.
           (Marti 1,11, Singer 1898a 413, Singer 1898b 61, TPMA 1 186,53)

5,24   *verlôs sus bürge unde lant,*
           (Marti 1,11)

6,12   *rîche und arme, gar diu diet,*
           (Marti 1,11)

6,23-24   *er sprach ›ir kunnet mâze gern:*
           ich wil iuch des und vürbaz wern.
           (Singer 1898a 413, Singer 1898b 61)

7,9   *vor dem [Gott] der gît unde nimt:*
           (Martin 19, Singer 1898a 414, Singer 1898b 62)

8,30   *mîn ganzez herze hâst versniten,*
           (bisher nicht belegt; vgl. Schemann 344: es zerreißt jdm./einem das Herz)

12,27-28   *swer selbe sagt wie wert er sî,*
           da ist lîhte ein ungeloube bî:
           (Eikelmann 313-314, Hofmann 65, Marti 1,20, Mone 203, Singer 1898a 414,
           Singer 1898b 62)

13,30   *(daz dunket si âne crümbe sleht),*
           (Singer 1898a 414, Singer 1898b 62)

14,20   *noch grüener denne ein smârât*
           (bisher nicht belegt; vgl. etwa Wa,II,156,Grün *15. Grüner als Gras)

17,16   *der sieche unt der gesunde,*
           (Marti 1,26)

17,24   *liute vinster sô diu naht*
           (bisher nicht belegt; vgl. Wa,V,1264,Finster *18. Finster wie eine November-
           nacht)

19,28-29   *swenn er den arzât gewan,*
           daz er doch mohte niht genesen.
           (Singer 1898a 414, Singer 1898b 62)

20,1   *sus warb ie der ungerne vlôch.*
           (Hofmann 66, Marti 1,29, Martin 32, Singer 1898a 414-415, Singer 1898b
           62)

20,6   *nâch rabens varwe was ir schîn.*
           (bisher nicht belegt; vgl. Wa,IV,426,Schwarz *74. Schwarz wie ein Rabe)

21,2-3   *er sprach ›vrouwe, unser nôt*
           ist mit vröuden zergangen.
           (Marti 1,30, Singer 1898a 415, Singer 1898b 63)

23,27   *ez waere ir liep oder leit:*
           (Marti 1,34, Matz 71)

26,19   *(ichne weiz waz nâch uns süle geschehen:*
           (Marti 1,37, Singer 1898a 415, Singer 1898b 63)

28,12–13   *mit triuwen wîplîcher sin*
           in wîbes herze nie geslouf.
           (Mone 303)

28,14   *ir kiusche was ein reiner touf,*
           (Hofmann 66)

28,19   *und rehtiu jâmers lêre.*
           (Marti 1,39, Singer 1898a 415, Singer 1898b 63)

32,21–22   *swen wîp lobent, der wirt erkant,*
           er hât den prîs ze sîner hant.
           (Hofmann 67, Mone 203)

35,3–4   *daz was diu strenge minne:*
           diu neiget hôhe sinne.
           (Hofmann 65, Mone 203)

37,6–7   *geliutert in dem viure*
           was sîn buckel rôt golt.
           (bisher nicht belegt; vgl. 'Parzival' 614,12, und Wa,I,1792,Gold 125. Gold wird
           durch Feuer probiert, die Frau durch das Gold und der Mann durch die Frau)

38,7   *sînen meister hete er vunden.*
           (bisher nicht belegt; vgl. Röhrich 2,1020. Seinen Meister finden)

38,30   *ez waere im liep oder leit.*
           (Matz 71)

42,10–12   *daz er niht îsen als ein strûz*
           und starke vlinse verslant,
           daz machte daz er ir niht envant.
           (Marti 1,54, Martin 53, Singer 1898a 415, Singer 1898b 63, TPMA 11 163,3)

42,14   *und als ein lewe brimmen.*
           (bisher nicht belegt; vgl. Wa,I,489,Brüllen *1. Er brüllt wie ein Löwe)

42,15   *dô brach er ûz sîn eigen hâr,*
           (Martin 53)

49,22   *mich vienc diu künegîn mit ir hant:*
           (bisher nicht belegt; vgl. Schemann 308. Jdn. in der Hand haben)

50,16   *vür zucker gaezen in diu wîp.‹*
           (Martin 59, TPMA 3 111,356)

53,18   *als al die boume trüegen golt.*
           (bisher nicht belegt; vgl. Röhrich 1,162. Auf den Bäumen wachsen)

57,10–11   *ir vröude vant den dürren zwîc,*
           als noch diu turteltûbe tuot.
           (Hofmann 66, Martin 65–66)

57,27   *Als ein agelster wart gevar*
           (bisher nicht belegt; vgl. 'Parzival' 1,6)

65,27   *ritter die diu minne jagt,*
           (TPMA 9 350,61)

66,25   *des vuore ist da engein gar ein wint,*
           (Hofmann 66, Martin 74, Tapp 18)

76,26   *dîn minne ist slôz unde bant*
           (Marti 1,93)

78,9   *dâ wirt diu crümbe selten sleht.*
           (Martin 85, Singer 1898a 416, Singer 1898b 64)

79,20   *dô gieng ez ûz der kinde spil.*
           (Hofmann 66, Martin 86, Singer 1916 35)

82,1–2   *wan si sint mir alle sippe*
           von dem Adâmes rippe.
           (Hofmann 65, Martin 88, TPMA 1 26,12, Zingerle 9)

82,13   *dâ was gewunnen und verlorn:*
           (Marti 1,99)

86,5–7   ›*Mîn vrouwe mac waenen daz du tobest,*
           sît du mich alsô verlobest.
           dune maht mîn doch verkoufen niht,
           (Hofmann 65, Marti 1,104, Martin 91, Singer 1898a 416, Singer 1898b 64,
           TPMA 12, 173,35)

90,11   *wan jâmer ist ein schärpfer gart.*
           (Hofmann 65, Mone 203)

90,24   *si gap mir liute unde lant.*
           (Matz 71)

92,30   *der tôt ouch ir daz herze brach.*‹
           (bisher nicht belegt; vgl. Wa,II,617,Herz *399. Das Herz bricht ihm)

93,4   *sô sult ir leit ze mâzen clagen.*‹
           (Singer 1898a 416, Singer 1898b 64)

97,3–4   *dô si mich ûf von strîte bant,*
           ich liez ir liute unde lant.‹
           (Matz 71)

102,16   *des wart gewunnen unt verlorn*
           (Marti 1,121)

102,24   *gewin und vlust, wie daz gestê,*
           (Marti 1,121)

103,24   *hiute vröude, morgen leit.*
           (Bayer 223, Grimm 1834 XCV, Grimm 1850 13, Hofmann 65, Marti 1,122,
           Martin 102, Singer 1898a 417, Singer 1898b 65, TPMA 6 87,76, Zingerle 68)

104,23   *ir schade wirt lanc unde breit:*
           (Singer 1898a 423, Singer 1898b 71)

116,2–4   *ich waere ê nacket âne tuoch,*
           sô ich in dem bade saeze,
           ob ich des questen niht vergaeze.
           (Martin 115, TPMA 1 328,1)

116,15–16 *genuoge sprechent, armuot,*
           daz diu sî ze nihte guot.
           (Hofmann 65, Marti 1,138, Martin 117, Singer 1898a 417, Singer 1898b 65,
           TPMA 1 185,26)

117,2   *ouge noch ôre in nie dâ vant.*
           (Yeandle 28)

118,9–10 *sô weinde er unde roufte sich,*
           an sîn hâr kêrt er gerich.
           (Yeandle 53)

121,7-9   *(ein prîs den wir Beier tragen,*
             muoz ich von Wâleisen sagen:
             die sind toerscher denne beiersch her,
             unt doch bî manlîcher wer.
             (Martin 123, TPMA 8 405,1059)

123,17   *vor im sît Adâmes zît.*
             (Groos 1995 65, Marti 1,147, Martin 125, Murdoch 148, Singer 1898a 385–
             387, Singer 1898b 33–35, Yeandle 172–174)

127,15-18   *an ungebanten strâzen*
             soltu tunkel vürte lâzen:
             die sîhte und lûter sîn,
             dâ soltu al balde rîten in.
             (Martin 128, Yeandle 230–237)

127,19-20   *du solt dich site nieten,*
             der werlde grüezen bieten.
             (TPMA 10431,41, Yeandle 237–238)

127,21-24   *Ob dich ein grâ wîse man*
             zuht wil lêren als er wol kan,
             dem soltu gerne volgen,
             und wis im niht erbolgen.
             (Singer 1898a 356–357, Singer 1898b 4–5, Tomasek 482, Yeandle 240–249)

129,7-8   *er kom an einen bach geriten.*
             den hete ein han wol überschriten:
             (Ludwig 1889 25, Singer 1898a 354, Singer 1898b 2–3)

130,11   *von snêwîizem beine*
             (Yeandle 302)

133,23   *dô sprach si ‹nune welle got.*
             (Martin 133, Yeandle 356)

133,27-28   *vürstinne ez übele zaeme,*
             ob si dâ minne naeme.‹
             (Mone 203)

142,26   *ichne sorge umb niemen danne um mich,*
             (Marti 1,168, Singer 1898a 421, Singer 1898b 69)

143,26   *ern ist gîge noch diu rotte:*
             (Bayer 215, Hofmann 67, Martin 145)

144,1   *werdent durch die mül gezücket*
             (Bayer 215, Ludwig 1890 39, Marti 1,169, Martin 146)

145,22   *sîn schilt noch roeter danne ein viur,*
             (bisher nicht belegt; vgl. Wa,III,1743,Roth *52. So räud asse Fuir)

150,16-17   *hie helt diu geisel, dort der topf:*
             lât daz kint in umbe trîben:
             (Bayer 214, Singer 1898a 421, Singer 1898b 69)

150,22   *man sol hunde umb ebers houbet geben.‹*
             (Hofmann 65, Ludwig 1889 24, Marti 1,176, Martin 152, Singer 1898a 421,
             Singer 1898b 69, TPMA 2 339,7, Zingerle 73)

152,13   *in zorne wunders vil geschiht.*
             (bisher nicht belegt; vgl. Wa,V,603,Zorn 87. Im Zorn wird nichts Gutes gestiftet)

152, 24   *der durch swîgen dûhte ein tôr,*
           (Singer 1898a 421, Singer 1898b 69)

153,9   *sîn brât wart gâlûnet,*
           (Bayer 215)

157,28–29 *der gewâpente in den satel spranc:*
           ern gerte stegereife niht,
           (TPMA 11 122,6)

163,16   *altmannes rede stêt niht ze vâr.‹*
           (Green 42, Hofmann 65, Martin 163, Mone 203, TPMA 1 78,100)

167,29–30 *wîpheit vert mit triuwen:*
           si kan vriundes kumber riuwen.
           (Hofmann 67, Mone 203, TPMA 3 395,934, Zingerle 168)

170,17   *verschamter lîp, waz touc der mêr?*
           (Henning 315–316, Mone 203, TPMA 10 21,51, Zingerle 130)

171,5–6   *im ist noch wirs dan den die gênt*
           nâch brôte aldâ diu venster stênt.
           (Hofmann 67, Martin 168)

171,13   *gebt rehter mâze ir orden.*
           (Henning 317)

171,17   *irn sult niht vil gevrâgen:*
           (Henning 318–322, Kratz 232, Rupp 88–90, Singer 1898a 358–359, Singer
           1898b 6–7, Singer 1937 16, Singer 1939 35, TPMA 3 324,66)

172,21–22 *ungeverte und hâmît,*
           dar gedîhet manec strît:
           (Ludwig 1890 37)

173,1   *man und wîp diu sint al ein;*
           (Hofmann 65, TPMA 2 429,207)

180,9–11   *genuoge hânt des einen site*
           und sprechent sus, swer irre rite
           daz der den slegel vünde:
           (Bayer 215, Hofmann 65, Kutzner 43, Marti 1,208, Martin 176, Mone 203,
           TPMA 10 177,28, Zingerle 133)

180,30   *die wol gevidert unt gesniten*
           (Marti 1,209)

181,23–29 *swie vil er daz ors mit sporen versneit,*
           durch vorhte ez doch die brücken meit.
           den rehtiu zageheit ie vlôch,
           der erbeizte nieder unde zôch
           sîn ors ûf der brücken swanc.
           eins zagen muot waer alze cranc,
           solt er gein sölhem strîte varn.
           (Singer 1937 16–17, Singer 1939 36)

185,1–3   *dâ heime in mîn selbes hûs,*
           dâ wirt gevröut vil selten mûs.
           wan diu müese ir spîse steln:
           (Hofmann 67, Marti 1,213, Martin 181, Singer 1898a 421–422, Singer 1898b
           69, Singer 1939 36, TPMA 8 157,86)

188,6   *Lîâzen schoene was ein wint*
           (Tapp 18)

192,13   *si suochte helfe unt vriundes rât.*
           (Marti 1,220)

193,20   *leit und liep im dran geschach.*
           (Matz 80)

214,25   *ir kom ouch kûme der sâme wider.*
           (Marti 1,242)

215,18   *den ê sîn hôchvart verriet.*
           (bisher nicht belegt; vgl. Wa,II,692,Hochmuth 16. Hochmuth kommt vor dem
           Fall)

215,22   *er spranc drûf âne stegreif.*
           (TPMA 11 122,7)

219,25 – 26   *und der arme Jûdas,*
           der bî eime kusse was
           (Marti 1,247)

223,12   *ir liute, ir lant, dar zuo ir lîp*
           (Matz 71)

233,29   *ûf helfenbein wîz als ein snê,*
           (bisher nicht belegt; vgl. Wa,V,148,Weiss *41. Weysser denn Schnee)

234,4   *röcke grüener denne ein gras,*
           (Martin 216)

241,8 – 9   *ich sage die senewen âne bogen.*
           diu senewe ist ein bîspel.
           (Bötticher 67 – 68, Groos 391 – 408, Martin 221 – 222)

241,17 – 18   *swer den bogen gespannen siht,*
           der senewen er der slehte giht,
           (Bötticher 67 – 68, Groos 391 – 408, Martin 221 – 222, TPMA 2 60,72)

241,25   *ze einem ôren în, ze dem andern vür.*
           (Hofmann 67, TPMA 9 40,93, Zingerle 111)

241,28   *ich sagte oder sunge,*
           (Marti 1,272, Martin 222)

241,29 – 30   *daz es noch baz vernaeme ein boc*
           oder ein ulmiger stoc.
           (Ludwig 1889 25, Ludwig 1890 60, Martin 222)

247,27   *sprach der knappe. ‹ir sît ein gans.*
           (Martin 226, Singer 1916 41)

249,24   *al irdisch triuwe was ein wint,*
           (Tapp 18)

250,17 – 18   *si sprach ›swer iu getrûwet iht,*
           den sult ir gerne triegen niht.
           (bisher nicht belegt; vgl. Wa,IV,1616,Vertrauen (Verb) 16. Wer leicht vertraut,
           wird leicht betrogen)

252,7   *dir dienet zam unde wilt,*
           (Marti 1,282)

255,14–15   *ir truogt den eiterwolves zan,*
          dâ diu galle in der triuwe
          (Hofmann 67, Marti 1,286, Martin 232)

256,18–19   *man hete im wol durch hût gezelt*
          elliu sîniu rippe gar.
          (Bayer 215)

256,27   *ez was dürre als ein zunder.*
          (Bayer 215)

257,13   *ir hût noch wîzer denne ein swan.*
          (Martin 233)

264,26   *der beidiu crump unde sleht*
          (Martin 238)

267,10   *sprach ›liute, lant, noch varnde guot,*
          (Matz 71)

272,11–12   *ouch ist genuogen liuten kunt,*
          weindiu ougen hânt süezen munt.
          (Grimm 1834 XCIV, Grimm 1850 13, Hofmann 65, Marti 1,303, Martin 242, Mone 203, Singer 1898a 422, Singer 1898b 70, Singer 1916 39, Singer 1937 17, Singer 1939 37–38, TPMA 1 299,456, Zingerle 15)

272,14   *grôz liebe ist vröude und jâmers zil.*
          (bisher nicht belegt; vgl. Wa,III,140,Liebe 252. Grosse Liebe, grosser Schmerz)

287,7   *weder er in sluoc dô noch enstach,*
          (Marti 1,319)

289,11   *der schadehafte erwarp ie spot:*
          (Hofmann 65, Marti 1,321, Martin 253, Mone 203, Singer 1898a 425, Singer 1898b 73, TPMA 11 78,3, Zingerle 128)

289,12   *saelden pflihtaer dem half got.*
          (Hofmann 65, Marti 1,321, Martin 253, Mone 203, TPMA 5 95,532, Zingerle 128)

289,24   *ritterschaft ist topelspil,*
          (Martin 253, TPMA 9 349,44)

292,24–25   *von tumpheit muoz verderben*
          maneges tôren hôher vunt.
          (Hofmann 65, Mone 203)

296,9–10   *trûren unde minne*
          brichet zaehe sinne.
          (Hofmann 66, Marti 1,328, Martin 257, Mone 203)

299,3–6   *Ouch enist hie ninder vrouwen hâr*
          weder sô murwe noch sô clâr,
          ez enwaere doch ein veste bant
          ze wern strîtes iuwer hant.
          (bisher nicht belegt; vgl. Wa,I,1142,Frauenhaar 2. Ein Frauenhaar zieht mehr als Glockenseil; Wa,I,1142,Frauenhaar 3. Frawen Haar zeucht starck)

300,28   *ir habet man und mâge*
          (Marti 1,333)

301,6   *dröuwen und vlêhn was im ein wint.*
          (Martin 260)

308,12   *ir habt mir lieb und leit getân:*
                (Matz 80, Tapp 18)

316,24   *ir sît der hellehirten spil.*
                (bisher nicht belegt; vgl. Schemann 778. Für jdn. ein Spielzeug sein)

318,20   *al âventiure ist ein wint,*
                (Tapp 18)

319,9–10   *wan scham gît prîs ze lône*
                und ist doch der sêle crône.
                (Hofmann 68, Mone 203)

321,11   *ein kus, den Jûdas teilte,*
                (Hofmann 67)

334,27–30 *wan swer durch wîp hât arbeit,*
                daz gît im vröude, etswenne ouch leit
                an dem orte vürbaz wigt:
                sus dicke minne ir lônes pfligt.
                (bisher nicht belegt; vgl. Wa,III,157,Liebe 658. Nach lieb – leidt)

338,8–10   *swer sînen vriunt alle mâl*
                mit worten an daz hoehste jagt,
                der ist prîses anderhalp verzagt.
                (Hofmann 68, Mone 203)

338,11–12 *im waere der liute volge guot,*
                swer dicke lop mit wârheit tuot.
                (Grimm 1834 XCIV, Grimm 1850 13, Hofmann 68, Mone 203, TPMA 8 28,315)

338,14   *diu rede belîbet âne dach.*
                (Hofmann 67, Martin 283)

338,19   *âne wirt ûf eime snê,*
                (Hofmann 67, Martin 283)

340,7–9   *Gâwân dâhte ›swer verzagt*
                sô daz er vliuhet ê man jagt,
                deist sime prîse gar ze vruo.
                (Hofmann 66, Marti 2,4, Martin 284, Mone 203, TPMA 3 310,107)

344,5–7   *waz hilft sîn manlîcher site?*
                ein swînmuoter, lief ir mite
                ir värhelîn, diu wert ouch sie.
                (Ludwig 1889 24)

346,22   *genâde doch bî dem dienste stêt,*
                (Hofmann 66, Martin 289)

347,12   *daz wirt gestochen unt geslagen.*
                (Marti 2,12)

351,13   *unkünde dicke unminne sint.*
                (Marti 2,16, Martin 291, TPMA 7 450,920)

363,23   *ez sî maget man oder wîp.*
                (Marti 2,30)

365,7   *waz minne wunders vüegen kan.*
                (bisher nicht belegt; vgl. Wa,III,154,Liebe 577. Liebe thut alles)

365,22   *ez was ir bêder ougen dorn,*
           (Martin 299)

366,1   *Von minne noch zornes vil geschiht:*
           (bisher nicht belegt; vgl. Wa,V,607,Zorn 195. Zorn vberwind die lieb)

369,10   *diu rede waere des sinnes dach.*
           (Ludwig 1890 59, Martin 302)

371,12   *irn wert iuch vaste unz an den wirt.*
           (Marti 2,28)

378,5 – 6   *diu naht tet nâch ir alten site:*
           am orte ein tac ir zogte mite.
           (bisher nicht belegt; vgl. Wa,III,847,Nacht 81. Nach der Nacht kompt der Tag
           mit Macht)

378,15 – 17   *da erhal manc rîchiu tjoste guot,*
           als der würfe in grôze gluot
           ganze castâne.
           (Hofmann 67)

386,17 – 18   *wande ir tumbiu lôsheit*
           vil liute brâhte in arbeit.
           (Mone 203)

386,28   *der turnei al stille stêt*
           (Martin 311 – 312)

394,23   *dane waere magt man unde wîp*
           (Marti 2,63)

397,22   *wand er im holdez herze truoc.*
           (bisher nicht belegt; vgl. Schemann 345. Jdn. in sein Herz geschlossen haben)

405,14   *mîn tuon oder mîn lâzen.‹*
           (bisher nicht belegt; vgl. Schemann 869. Das Tun und Lassen)

406,28 –   *Gâwân des gedâhte,*
407,1   *do sie alle von im kômen ûz,*
           daz dicke den grôzen strûz
           vaehet ein vil cranker ar.
           (Hofmann 66, Ludwig 1889 24, Marti 2,78, Martin 323, Singer 1898a 422,
           Singer 1898b 70, TPMA 1 41,23)

409,26 – 29   *(baz geschict an spizze hasen,*
           ich waene den gesâht ir nie,
           dan si was dort unde hie,
           zwischen der hüffe unde ir brust.
           (Martin 324 – 325, Singer 1916 38)

416,23   *er ensunge und spraeche sô*
           (Marti 2,88)

417,7   *sô gelte ein tôt den andern tôt.*
           (bisher nicht belegt; vgl. Wa,IV,1236,Tod 240. Ein Tod gehört wider den
           andern)

419,23 – 24   *mir dâ ze schaden meget getuon,*
           ine gevloehe nimmer vor iu huon.
           (Ludwig 1889 25)

421,26   *grôz gebe und starkiu lêhen*
             (Marti 2,93)

433,20   *sî beidiu lang unde breit,*
             (Marti 2,106, Singer 1898a 423, Singer 1898b 71, Singer 1944/47 3,81)

435,1   *Swerz niht geloubt, der sündet.*
             (Martin 339, Singer 1898a 423, Singer 1898b 71, Tobin 373–374)

439,13–15   *ich hôrte ie sagen maere,*
             clôsnaerinne und clôsnaere
             die solten mîden âmûrschaft.'
             (bisher nicht belegt; auch nicht in Wa)

442,1   '*Ich warp als der den schaden hât,*'
             (Marti 2,115, Martin 343, Singer 1898a 425, Singer 1898b 73)

450,5   *wîp sint et immer wîp:*
             (Hofmann 66, Marti 2,124, Martin 348)

462,18   *sît getriuwe ân allez wenken,*
             (Hofmann 67)

462,19   *sît got selbe ein triuwe ist:*
             (Martin 355, Mone 203)

462,25   *got heizt und ist diu wârheit:*
             (bisher nicht belegt; auch nicht in Wa)

465,19–20   *nemt altiu maer vür niuwe,*
             ob si iuch lêren triuwe.
             (Hofmann 68, Martin 358, Mone 203)

466,16–19   *gedanc sich sunnen blickes wert:*
             gedanc ist âne slôz bespart,
             vor aller crêatiure bewart:
             gedanc ist vinster âne schîn.
             (Hofmann 66, Marti 2,141, Mone 203, Singer 1898a 428, Singer 1898b 76,
             Zingerle 46)

466,25–30   *ez ist dehein gedanc sô snel,*
             ê er vom herzen vür daz vel
             küme, ern sî versuochet:
             des kiuschen got geruochet.
             sît got gedanke speht sô wol,
             ôwê der broeden werke dol!
             (Gamra 196, TPMA 5 152,252)

472,17   *hôchvart ie seic unde viel.'*
             (Duckworth 86, Hofmann 66, Kratz 69 und 296, Marti 2,147, Mone 203,
             TPMA 6 130,90)

473,4   *diemüet ie hôchvart überstreit.*
             (Bayer 226, Kratz 68, Mone 203, TPMA 2 186,20)

475,13–17   '*ôwê werlt, wie tuostu sô?*'
             sprach der wirt: der was des maeres unvrô.
             '*du gîst den liuten herzesêr*
             unt riuwebaeres kumbers mêr
             dan der vröud, wie stêt dîn lôn!
             (TPMA 13 52–53,224)

475,18 *sus endet sich dîns maeres dôn.*'
        (Hofmann 67, Martin 364)

488,26-27 *dô dir got vünf sinne lêch,*
           die hânt ir rât dir vor bespart.
           (bisher nicht belegt; vgl. Wa,IV,574,Sinn *70. Er hat seine fünf Sinne net beieinander)

489,5   *diu menscheit hât wilden art.*
        (Mone 203)

490,12 *sîn vleisch wirt kelter denne der snê.*
        (bisher nicht belegt; vgl. Wa,II,1119,Kalt *40. So kald asse Eis)

498,10 *(diu ist noch grüener denne der clê)*
        (Martin 377)

499,9-10 *swer schildes ambet üeben wil,*
          der muoz durchstrîchen lande vil.
          (Hofmann 66)

499,26 *nu volge mîner raete,*
        (Martin 2,175)

502,7-8 *wîp und pfaffen sint erkant,*
         die tragent unwerlîche hant:
         (TPMA 9 78,175)

508,29-30 *ougen süeze ân smerzen,*
           unt ein spansenwe des herzen.
           (Martin 382-383, Tomasek 483)

510,2-6 *maneger sîniu ougen bolt,*
         er möht si ûf einer slingen
         ze senfterm wurfe bringen,
         ob er sehen niht vermîdet
         daz im sîn herze snîdet.
         (Tomasek 483)

510,15-16 *dô sprach er 'vrouwe, ir sagt mir wâr,*
           mîn ougen sint des herzen vâr:
           (Tomasek 484)

511,15-16 *swem ist ze werder minne gâch,*
           dâ hoeret dienst vor unde nâch.'
           (Tomasek 484)

514,17-18 *hüet daz iuch iht gehoene*
           mîner vrouwen schoene:
           (Tomasek 484)

514,19 *wan diu ist bî der süeze al sûr,*
        (bisher nicht belegt; vgl. Wa,IV,983,Süsses 12. Süsses hat Saures zum Gefährten)

514,21 *'nu walte es got,' sprach Gâwân.*
        (Martin 385, Tomasek 487)

515,13 *si sprach 'west willekomen, ir gans.*
        (Singer 1916 41)

516,5–6   *niemen sich verspreche,*
           ern wizze ê waz er reche,
           (bisher nicht belegt; vgl. Wa,IV,1500,Urtheilen 2. Man soll nie urtheilen, ohne
           siebenmal geprüft zu haben)

518,25   *diu wîp tâten et als wîp:*
           (Marti 2,196, Martin 387, Tomasek 485)

521,28   *in Âv'estroit mâvoiê*
           (Singer 1898a 354, Singer 1898b 2)

521,30   *ûf lîbes und guotes koste.*
           (Martin 389)

525,2–4   *du hôrtest ouch vor dir sprechen ie,*
           swer dem andern half daz er genas,
           daz er sîn vîent dâ nâch was.
           (Hofmann 66, Marti 2,202, Martin 390–391, Singer 1939 43–44, Tomasek
           485, TPMA 6 12,18)

525,6–7   *sich vüeget baz ob weint ein kint*
           denne ein bartohter man.
           (Tomasek 485)

526,25   *da ez rîche und arme hôrten.*
           (Marti 2,204)

529,15–16 *man sol unvuoge rechen*
           mit slahen unt mit stechen.'
           (Hofmann 66, Marti 2,207, Martin 393, Tomasek 486)

532,5–6   *mit geschôze und mit viure.*
           diu minne ist ungehiure.
           (Mone 203)

532,10   *reht minne ist wâriu triuwe.*
           (Hofmann 66, Tomasek 486)

534,7–8   *wert man sol sich niht minne wern:*
           wan den muoz minne helfen nern.
           (Tomasek 486)

537,20   *wan der schilt ist immer strîtes pfant.*
           (Hofmann 67, Martin 397)

544,15   *von anders nihtiu gienc sîn pfluoc:*
           (Hofmann 67, Martin 399)

545,27   *sô ritet ir sanfter einen stap.*
           (Martin 400)

546,2–3   *einer mûlinne volen*
           möht ir noch ê gewinnen.
           (bisher nicht belegt; vgl. Wa,III,520,Maulesel *14. Wenn die Maulesel Junge
           haben)

546,8   *ist im daz liep oder leit,*
           (Matz 71)

548,8   *hiute riuwec, morgen vrô.*
           (Grimm 1834 CXV, Grimm 1850 13, Hofmann 66, Marti 2,226, Martin 401, Sin-
           ger 1898a 417, Singer 1898b 65, Tomasek 487, TPMA 6 88,91, Zingerle 68)

548,12   *bî manheit saelde helfen mac.*
          (Hofmann 66, Mone 203, Tomasek 487)

550,10   *hêr, unser saelde wachet.'*
          (Martin 402)

551,27-28 *gestrichen varwe ûf daz vel*
          ist selten worden lobes hel.
          (Hofmann 68, Mone 203)

552,19   *zwei lîlachen snêvar.*
          (bisher nicht belegt; vgl. Schemann 721. Weiß wie Schnee)

557,13   *daz was noch gar ein kindes spil:*
          (Hofmann 67)

558,10   *die lieben unt die leiden*
          (Marti 2,237)

560,10   *mit vröuden liep âne leit*
          (Marti 2,239)

566,13   *lûter, haele, als ein glas,*
          (bisher nicht belegt; vgl. Wa,I,1696,Glatt *14. So glatt as en Spaigel)

566,18   *daz der wint wart nie sô snel:*
          (Martin 411)

568,6-8   *der wîse herzehafte man,*
          swâ dem kumber wirt bekant,
          der rüefet an die hôhsten hant:
          (Mone 203)

586,15   *den ouch von minne ist worden wê.*
          (bisher nicht belegt; vgl. Wa,III,142,Liebe 287. Lieb bringt Leid vnd grosse Pein)

593,25-26 *der wil suochens niht ervinden,*
          ouch sol sîn suochen vinden.
          (Marti 2,274, Martin 425)

599,2   *daz taete iu wê zer gense.*
          (Martin 427, Singer 1916 41)

599,8   *lât iu den vinger ziehen.*
          (Hofmann 67, Martin 427)

605,10   *von samît grüene als ein gras*
          (bisher nicht belegt; vgl. Wa,II,156,Grün *15. Grüner als Gras)

609,30   *beidiu liep unde leit.*
          (Matz 80)

612,7-8   *des schildes ambet ist sô hôch,*
          daz er von spote ie sich gezôch,
          swer ritterschaft ze rehte pflac.
          (Tomasek 488)

614,12-14 *dem golde ich iuch gelîche,*
          daz man liutert in der gluot:
          als ist geliutert iuwer muot,
          (Marti 2,294, Martin 433, Tomasek 488, TPMA 5 127,125)

625,8   *er wurbe lieb oder leit,*
          (Matz 71)

627,18   *si versweic sîn namen unt sînen art.*
          (Marti 3,2)

634,19-20 *daz was ein kus den Jûdas truoc,*
          dâ von man sprichet noch genuoc.
          (Marti 3,9, Martin 441)

635,11   *got lêre iuch helfe unde rât,*
          (Marti 3,9)

640,20   *diu ist helfe und râtes rîche.'*
          (Marti 3,15)

643,4-5   *wan daz man dem unvuoge ie jach,*
          der verholniu maere machte breit.
          (Hofmann 68, Mone 203)

643,8   *zuht sî daz slôz ob minne site.*
          (bisher nicht belegt; vgl. Wa,V,612,Zucht 54. Zucht und Tugend sind der beste
          Brautschatz)

647,6   *als du gâhest ûz dem viure*
          (Marti 3,21)

659,20   *der die sterne hât gezalt,*
          (Hofmann 67, Singer 1898a 428, Singer 1898b 76, Zingerle 127)

660,4-6   *von segel balde gêt der kiel:*
          der man ist sneller der drûf gêt.
          ob ir diz bîspel verstêt,
          (Hofmann 68, Mone 203)

660,23-25 *nu sol ein ieslîch saelec wîp,*
          ob si wil tragen werden lîp,
          erbieten ez guoten liuten wol:
          (Mone 203)

666,10   *als er niht langer wolde leben.*
          (Marti 3,40)

675,13   *'got mit den liuten wunder tuot.*
          (Hofmann 67, Martin 458, TPMA 5 155,326)

675,17   *der getriuwe ist vriundes êren vrô:*
          (Hofmann 68, Mone 203)

675,24-25 *sô sint die muotes cranken*
          gîtes unde hazzes vol.
          (bisher nicht belegt; vgl. Wa,III,990,Neid 100. Neid und Hass wohnen in einem
          Fass)

679,10   *noch roeter denn ein rubbîn*
          (bisher nicht belegt; vgl. Wa,III,1742,Roth *43. Rot wie ein goldt)

698,28   *waer sô lanc und ouch sô breit,*
          (Marti 3,73)

704,18-19 *wem waere daz liep âne leit,*
          dem si niht hêten getân?
          (Marti 3,79, Martin 473)

726,21–22   *swâ haz die minne undervert,*
           dem staeten herzen vröude er wert.'
           (bisher nicht belegt; vgl. Wa,II,383,Hass 35. Wo hass regiert vnd nied, da ist kein glück noch fried)

728,15   *der zergienc, als in der sunnen snê,*
           (bisher nicht belegt; vgl. Schemann 721. Schmelzen wie Schnee an der Sonne)

728,24   *dâ wart durch liebe leit verkorn.*
           (bisher nicht belegt; vgl. Wa,III,15,Leid 10. Durch Leid zu Freud')

731,26–30   *den daz gelêret heten wîp:*
           wan swem sîn dienst verswindet,
           daz er niht lônes vindet,
           dem muoz gein sorgen wesen gâch,
           danc reiche wîbe helfe nâch.
           (Hofmann 68, Mone 203)

734,18–19   *swaz sîn hant ie gestreit,*
           daz was mit kinden her getân.
           (Hofmann 67)

737,20   *die mit kiusche lember wâren*
           (Martin 488, Singer 1916 41)

737,21   *und lewen an der vrechheit.*
           (Martin 488, Singer 1916 41)

738,19–20   *den lewen sîn muoter tôt gebirt:*
           von sînes vater galme er lebende wirt.
           (Martin 488, TPMA 8 47,6)

740,3   *sît ein verch und ein bluot*
           (Martin 489)

740,29–30   *mîn bruoder und ich daz ist ein lîp,*
           als ist guot man und des guot wîp.
           (Hofmann 66, Martin 490, Mone 203, TPMA 7 340,39)

743,21–22   *mit rehter kiusche erworben kint,*
           ich waene diu des mannes saelde sint.
           (Hofmann 67, Martin 492, TPMA 7 13,3)

757,1   *Rûch gebildet, snêvar.*
           (bisher nicht belegt; vgl. Schemann 721. Weiß wie Schnee)

757,24–26   *hôch minne kan wol zieren,*
           swâ rîchheit bî dem willen ist
           unt ander werdeclîcher list.
           (Hofmann 68, Mone 203)

759,10   *wer ist ein segen vür den tôt.*
           (Martin 499)

766,9   *guot wîp man nie gezürnen sach,*
           (Hofmann 66)

766,13   *den zins muoz wâriu minne geben.*
           (Mone 203)

766,15   *dâ saz dienst unde lôn.*
           (bisher nicht belegt; vgl. Wa,I,601,Dienst 31. Guter Dienst findet seinen Lohn)

769,27   *ir saget mir liute unde lant,*
           (Matz 71)

773,28   *niemen sît Adâmes zît*
           (Marti 3,147, Singer 1898a 385–387, Singer 1898b 33–35)

775,13   *ûf einem touwec grüenen gras,*
           (bisher nicht belegt; vgl. Wa,II,156,Grün *22. So graün asse Gras)

776,1–2   *Ez ist selten worden naht,*
           wan deiz der sunnen ist geslaht,
           (bisher nicht belegt; vgl. Wa,III,847,Nacht 81. Nach der Nacht kompt der Tag
           mit Macht)

778,20   *noch swerzer denn ein gênît.*
           (bisher nicht belegt; vgl. Wa,IV,426,Schwarz *74. Schwartz wie ein rabe)

787,26–27 *ich hân tal unde berc*
           mit maneger tjost überzilt
           (bisher nicht belegt; vgl. Schemann 70. Über Berg und Tal wandern)

788,25   *ez waere im lieb oder leit:*
           (Matz 71)

796,7   *Parzivâls schoene was nu ein wint,*
           (Tapp 18)

796,8   *und Absalôn Dâvides kint,*
           (Marti 3,171)

796,16   *got noch künste kan genuoc.*
           (bisher nicht belegt; vgl. Wa,II,35,Gott 762. Gott kan alle Handwercke)

797,23   *dô sprach er 'got vil tougen hât.*
           (Martin 520)

805,14   *ez ist niht crump alsô der boge,*
           (Martin 523)

811,4   *dô slôz sich in ir minnen stric*
           (bisher nicht belegt; vgl. Röhrich 2,1091. Jdn. im Netz verstricken)

814,4   *'ez was ie jenen her ein wint,*
           (Tapp 18)

814,6   *des sî kurz oder lanc*
           (bisher nicht belegt; vgl. Wa,II,1731,Kurz *47. Ueber kurz oder lang)

825,9   *mit triuwen milte ân âderstôz,*
           (Bayer 215, Martin 533)

"Labor vincit omnia"

Zum ersten Band des *Thesaurus proverbiorum medii aevi*

Als Motti für die Rezension dieses schon lange ersehnten Mammutwerks zur mittelalterlichen Sprichwortweisheit seien zwei Sprichwörter vorangestellt, und zwar 'Labor vincit omnia' und 'Was lange währt, wird endlich gut'. Man hat in der Tat ungemein fleißig, aber auch lange an diesem großangelegten Projekt in Bern gearbeitet, doch nun liegt der erste Bd. im Druck vor, und es handelt sich im Hinblick auf alle wissenschaftlichen Maßstäbe um einen großen Wurf. Ohne Zweifel werden schließlich sämtliche Bd.e des 'Thesaurus proverbiorum medii aevi' (TPMA) ein Standardwerk zur Erforschung der mittelalterlichen Sprichwörter Europas sein, wie es jetzt bereits der Fall ist für Hans WALTHERS neunbändige lateinische Sammlung 'Proverbia sententiaeque latinitatis medii aevi' (Göttingen 1963–1986).

Die Materialsammlung dieses auf acht Bd.e geplanten Lexikons geht auf die grundlegenden Forschungen des Wiener Altgermanisten, Komparatisten und Volkskundlers Samuel SINGER (1860–1948) zurück, der von 1891 bis 1930 an der Universität Bern lehrte und als Wissenschaftler in aller Welt Anerkennung fand, wie es die ihm in Amerika gewidmete Festschrift 'Corona: Studies in Celebration of the Eightieth Birthday of Samuel Singer', hg. von Arno SCHIROKAUER/Wolfgang PAULSEN (Durham, North Carolina 1941) deutlich zu erkennen gibt. Von SINGERS vielen Publikationen ist sein dreibändiges Werk 'Sprichwörter des Mittelalters' (Bern 1944/1947) zweifelsohne am bedeutendsten. Der dritte Bd. enthält am Schluß eine kurze Abhandlung über 'Prolegomena und Thesaurus' (143–151), worin SINGER seinen Plan schildert, das gesamte Schriftwesen des MA.s (etwa von 500 bis 1500) nach Sprichwörtern und Redensarten zu durchforschen, um diese dann komparatistisch zusammenzustellen als eine Art einheitliches europäisches Sprichwörterkorpus. Die drei veröffentlichten Bd.e waren für SINGER Vorstudien und lediglich eine kleine Auswahl seiner fast uferlosen Textsammlung, die bis auf ein 35bändiges Manuskript anschwoll.

Es war SINGER nicht gegönnt, dieses gewaltige Projekt zu vollenden. Die Vorbereitung seines Riesenmanuskripts für den Druck hat fast volle fünfzig Jahre in Anspruch genommen, und es hat an willigen Mitarbeiter/Innen und Geldern nicht gefehlt. Zu nennen sind vor allem SINGERS Mitarbeiterinnen Gertrud STRICH-SATTLER und Marga NOEGGERATH-BAUER. Nachdem die Arbeiten an dem Werk von 1948 bis 1963 geruht hatten, gelang es STRICH-SATTLER, ein Kuratorium zu etablieren, das nun die Vollendung des 'Thesaurus' und dessen Veröffentlichung ermöglichen sollte. Bis 1965 lag die wissenschaftliche Leitung des Werkes in ihren Händen, von 1966 bis 1974 war Werner ZILTENER verantwortlich, und von 1974 bis 1982 führte Ricarda LIVER als gestandene Parömiologin Regie. Danach übernahmen verschiedene Redaktoren die Verantwortung für gewisse Fachgebiete. Zu nennen wären vor allem Vroni MUMPRECHT, Christian HOSTETTLER, Mathilde BRACHNA, Eva DELZ, Hans RUEF und Hans-Ulrich SEIFERT. Die Stadt- und Universitätsbibliothek Bern hat die notwendigen Räumlichkeiten für dieses langfristige Projekt zur Verfügung gestellt, und der Schweizerische Nationalfonds zur Förderung der wissenschaftliche Forschung sowie mehrere andere Stiftungen tragen dessen unumgängliche Kosten. Der Dank aller am Sprichwort interessierten Forscher ist ihnen allen gewiß. Das gilt auch für den Walter de Gruyter Verlag in Berlin, der den Druck dieses umfangreichen Werkes übernommen hat.

Ricarda LIVER hat dem ersten Bd. ein aufschlußreiches Vorwort (V–XIX) beigefügt, worin auch knapp auf die Geschichte und die Anlage des TPMA hingewiesen wird. In ihrer etwas spärlichen Bibliographie (XIV-XV) erwähnt sie berechtigtermaßen ihren Beitrag über 'Humanistisches Interesse an antiken und mittelalterlichen Sprichwörtern', doch hätte der fehlende Untertitel 'Zu Samuel Singers ‹Thesaurus der Sprichwörter des romanisch-germanischen Mittelalters›' (vgl. Wolfenbütteler Renaissance-Mitteilungen 3 [1979] 69–74) deutlicher gezeigt, worum es sich hier handelt. Einige weitere, von LIVER leider nicht verzeichnete Arbeiten geben interessante Aufschlüsse über den Entstehungsgang dieses Lexikons: Siegfried HEINIMANN, Thesaurus der Sprichwörter des germanisch-romanischen Mittelalters, in: Proverbium 11 (1968) 299; R. LIVER/Vroni MUMPRECHT, Probleme der Redaktion eines mehrsprachigen Sprichwörterlexikons (zu Samuel Singers 'Thesaurus der Sprichwörter des germanisch-romanischen Mittelalters'), in: Acta Ethnographica Academiae Scientiarum Hungaricae 26 (1977) 192–198; R. LIVER, The 'Thesaurus Singer': A Lexicon of Medieval Proverbs in Germanic and Romance Languages, in: Proverbium Paratum 1 [1980] 30–35, und Hans-Ulrich SEIFERT, Thesaurus proverbiorum medii aevi (TPMA), in: Proverbium: Yearbook of International Proverb Scholarship 4 (1987) 271–272. Diese Berichte haben viel dazu beigetragen, daß interdisziplinär und komparatistisch ausgerichtete Forscher/Innen sehnsüchtig auf dieses Werk gewartet haben. Da der erste Bd. nun erschienen ist, werden sie absolut nicht enttäuscht sein und hoffentlich recht bald die weiteren sieben Bd.e in Händen haben.

Doch nun zu dem Werk selbst: Es beruht sage und schreibe auf 80000 Sprichwörtern und sprichwörtlichen Redensarten, die SINGER aus gedruckten Quellen des lateinischen, germanischen und romanischen Mittelalters exzerpiert hat. Wie international gefächert seine Forschungen verliefen, läßt sich an dem Sprachenreichtum der Belege erkennen. Neben griechischen und klassisch-lateinischen Belegen sind folgende Sprachen vertreten: Mittellateinisch, Mittelgriechisch, Portugiesisch, Spanisch, Katalanisch, Provenzalisch, Französisch, Italienisch, Altnordisch, Englisch, Niederländisch und Deutsch. Sämtliche Texte werden in der Originalsprache abgedruckt, und die Redaktoren haben jeweils eine hochdeutsche Übersetzung hinzugefügt. Diese linguistische Hilfeleistung ist sehr zu begrüßen, denn es ist heutzutage kaum zu erwarten, daß jemand alle zwölf vertretenen europäischen Sprachen, und dazu noch deren ältere Formen, beherrscht.

Trotz der langen Zeitspanne seit SINGERs Tod im Jahre 1948 ist das nun erscheinende Werk in seiner Grundkonzeption doch das seine geblieben. Nur wenige Änderungen weichen von seinem Plan ab, anhand der zahlreichen Sprichwörter «die Einheit der gesamten europäischen Menschheit» (vgl. Bd. 3, 151 seiner 'Sprichwörter im Mittelalter') zu zeigen. Völlig richtig hatte er den Begriff der Sprichwörtlichkeit sehr weit gefaßt, so daß außer Sprichwörtern auch sprichwörtliche Redensarten, Vergleiche, feststehende Formeln, Sentenzen und längere Sprüche aufgenommen worden sind. Gerade bei mittelalterlichen Texten ist es häufig schwierig zu entscheiden, ob sie tatsächlich eine gewisse Proverbialität erreicht haben (vgl. dazu jetzt Wernfried HOFMEISTER, Sprichwortartige Mikrotexte: Analysen am Beispiel Oswalds von Wolkenstein [Göppingen 1990]). SINGERs Plan war es gewesen, einzelne Texte unter mehreren Stichwörtern zu verzeichnen, was ihr Auffinden im Lexikon gewiß erleichtert hätte. Hier mußten die Redaktoren jedoch entscheiden, jeden Text nur einmal aufzunehmen, da das Werk sonst weit über die acht geplanten Bd.e angeschwollen wäre. Es ist jedoch zu wünschen, daß möglicherweise in einem neunten Bd. dann noch ein umfangreiches Stichwortregister ausgearbeitet wird. Viele Sprichwörter haben ja mindestens zwei, wenn nicht drei Schlüsselwörter. So steht das deutsche Sprichwort 'Na regen sunnenscyn upsteyt Unde na seren arbeyde vyre' (174, Nr. 84) eben nur unter 'Arbeit' im Lexikon, während man im Register noch 'Regen', 'Sonnenschein' und 'Feier' verzeichnen könnte.

Auch mußten sich die Herausgeber entscheiden, von einer systematischen Ergänzung zu SINGERs Sammelarbeit abzusehen. Das hätte, wie es in dem Vorwort heißt, «zu einer gewaltigen Anschwellung des Materials und zu einer jahrelangen (wenn nicht jahrzehntelangen) Verzögerung der Redaktionsarbeit geführt» (X). Das ist eine verständliche Entscheidung für ein Forschungsteam, das sich die Mühe gemacht hat, ein eben doch schon 'veraltetes' riesengroßes Manuskript herauszugeben. Das bedeutet aber auch, daß Forschungsresultate der vergangenen fünfzig Jahre nicht in dem Lexikon enthalten sind. Es hat ja an Aufsätzen, Dissertationen und Monographien zum mittelalterlichen Sprichwort nicht gefehlt, die ohne Zweifel zusätzliche Texte oder wenigstens Varianten enthalten. Man denke nur einmal an grundlegende Bücher wie etwa Bartlett Jere WHITING, Proverbs, Sentences, and Proverbial Phrases from English Writings mainly before 1500 (Cambridge, Massachusetts 1968); James Woodrow HASSELL, Middle French Proverbs, Sentences, and Proverbial Phrases (Toronto 1982); Elisabeth SCHULZE-BUSACKER, Proverbes et expressions proverbiales dans la littérature narrative du moyen âge français: Recueil et analyse (Paris 1985); Giuseppe DI STEFFANO, Dictionnaire des locutions en moyen français (Montréal 1991), und Wernfried HOFMEISTER, Sprichwortartige Mikrotexte als literarische Medien, dargestellt an der hochdeutschen politischen Lyrik des Mittelalters (Bochum 1995). Zahlreiche weitere Publikationen aus den verschiedenen europäischen Sprachen sind verzeichnet in: Wolfgang MIEDER / George B. BRYAN, Proverbs in World Literature: A Bibliography (New York 1996). Der vorgeschlagene neunte Bd. des TPMA sollte auf jeden Fall eine umfassende Bibliographie zum Sprichwort im MA. enthalten. Vielleicht wird es eines Tages ein neues Kuratorium geben, das einen zweiten SINGER ermöglicht, worin all die neueren Funde des reichhaltigen Sprichwörterschatzes des MA.s verzeichnet sind. Genug Material gäbe es schon jetzt für ein solch umfassendes Werk.

Über den Aufbau des TPMA ließe sich streiten, aber kein Parömiograph kann es im Prinzip allen Lesern recht machen. Zur parömiographischen Lexikographie gibt es inzwischen ebenfalls eine reichhaltige Literatur (vgl. dazu Wolfgang MIEDER, International Proverb Scholarship: An Annotated Bibliography, 3 Bd.e [New York 1982, 1990 und 1993]). Zieht man aber in Betracht, daß es sich hier um ein internationales, komparatistisches und diachronisches Lexikon handelt, das auch noch Übereinstimmungen im mittelalterlichen Weisheitsgut europäischer Völker nachweisen will, so haben die Redaktoren in Übereinstimmung mit SINGERS Konzept dieses Problem mustergültig gelöst. So enthält das Lexikon circa 2000 Artikel unter alphabetisch angeordneten Titelstichwörtern. Der im Titelstichwort enthaltene Begriff erscheint wörtlich in jedem Sprichwort des Artikels und ist meistens der Hauptbegriff des betreffenden Sprichwortes. Innerhalb der Artikel hat man eine inhaltliche Gliederung nach Sinngruppen vorgenommen, die in einem übersichtlichen, durchnumerierten Titelverzeichnis jedem Artikel vorangestellt ist. Die Titel (und oft auch Untertitel) werden dann im Artikel selbst wiederholt, so daß sich gerade für die längeren Gruppierungen ein relativ leichter Zugang ermöglicht. Texte, die nicht in eine größere Gruppe passen, erscheinen am Ende des Artikels unter 'Verschiedenes'. Zuweilen gibt es einige erläuternde Anmerkungen ganz am Schluß eines Artikels. Die Reihenfolge der Texte aus den verschiedenen Sprachen folgt der bereits oben erwähnten Gruppierung, wobei die romanischen Belege vor den germanischen Texten erscheinen. Griechische und lateinische Belege stehen jeweils am Anfang, während die deutschen Texte ganz am Ende auftreten. Eine gute Idee war es auch, die Belege in jedem Artikel zu numerieren, da man auf diese Weise leicht aus dem umfangreichen Werk mit Angabe des Titelstichworts, Seitenzahl und Nummer zitieren kann. Auf den Text folgt jeweils die deutsche Übersetzung und dann erwartungsgemäß die Quellenangabe.

Hier liegt nun allerdings ein kleines Problem vor, das erst im letzten Bd. des TPMA gelöst werden kann. Man hat sich offensichtlich dazu entschlossen, das umfangreiche Quellenverzeichnis erst zum Schluß zu drucken, was sich noch einige Jahre hinziehen wird. Man hätte dieses Verzeichnis vielleicht schon im vorliegenden ersten Bd. abdrucken sollen. Doch wird es wohl so umfangreich sein, daß es am besten in den neunten Bd. kommt. Momentan wird schon viel von dem Leser erwartet, um die abgekürzten Quellenangaben zu entschlüsseln. Die Quellen bestehen einmal aus literarischen Werken, doch hat SINGER eben auch die frühen Sprichwörtersammlungen (z. B. die 'Proverbia communia' von ca. 1490 oder gar Sebastian FRANCKS 'Sprichwörter / Schöne / Weise / Herrliche Clugreden vnnd Hoffsprüch' von 1541) exzerpiert. Bei lateinischen Sprichwörtern werden selbstverständlich auch Jakob WERNERS grundlegendes Werk 'Lateinische Sprichwörter und Sinnsprüche des Mittelalters' (Heidelberg 1912) sowie die neuere, bereits erwähnte Sammlung von Hans WALTHER angegeben. Obwohl die Texte in einzelnen Sprachgruppen chronologisch angeordnet sind, wird selbstverständlich erst das große Quellenverzeichnis die eigentlichen Daten der Belege verraten. Bei den einzelnen Sprichwörtern fehlen wenigstens jegliche Zeitangaben, wie dies in der angloamerikanischen Parömiographie seit den fünfziger Jahren allerdings der Fall ist (vgl. z. B. Morris Palmer TIL-LEY, A Dictionary of the Proverbs in England in the Sixteenth and Seventeenth Centuries [Ann Arbor, Michigan 1950]; F. P. WILSON, The Oxford Dictionary of English Proverbs, [Oxford ³1970], und Wolfgang MIEDER et al., A Dictionary of American Proverbs [New York 1992]).

Die einzelnen Artikel sind erwartungsgemäß von unterschiedlichem Umfang. So steht in dem Artikel zu 'Abel' lediglich der mittellateinische Text 'Abel esse renuit, quem Cain malitia non exercet', während unter 'Arm (Adj.)' immerhin 898 Belege (vgl. S. 181 – 225) aufgelistet werden. Bei einem so langen Artikel ist es absolut notwendig, daß man sich das vorangestellte Inhaltsverzeichnis (181-182) mit zwölf Hauptgruppen und zahlreichen Untergruppen anschaut, denn sonst ist das Auffinden eines spezifischen Textes kaum möglich. In diesem Artikel sind übrigens auch Texte enthalten, die als Stichwörter 'ärmlich', 'armselig', 'Armut', 'Elend', 'gering', 'niedrig (sozial)' enthalten, wie es gleich am Anfang erläuternd heißt. In dieser Aufführung hätte der Begriff 'der/die Arme(n)' nicht fehlen dürfen, denn auch die dieses Stichwort enthaltenen Texte sind hier aufgeführt. Wie dem auch sei, ein Artikel von solchem beeindruckenden Umfang macht nochmals deutlich, daß ein ausführliches Stichwortregister im neunten Bd. ein definitives Desideratum darstellt.

Überhaupt muß man bei der Arbeit mit diesem Lexikon nicht allzu schnell aufgeben, wenn man einen Text nicht auf Anhieb findet. Wer etwa das über Europa verbreitete Sprichwort 'Als Adam hackt' (grub) und Eva spann, wer (wo) war da wohl ein Edelmann?' sucht, wird gewiß spontan erst einmal unter 'Adam' nachschlagen. Unter diesem Stichwort hat es auch Karl Friedrich Wilhelm WANDER in seinem 'Deutschen Sprichwörter-Lexikon' (Leipzig 1867), Bd. 1, Sp. 27, Nr. 17, verzeichnet. Im TPMA tritt das Sprichwort unter 'Adam' jedoch nicht auf, und es fehlt auch jeglicher Verweis auf den Artikel zu 'Adel', wo es dann doch noch erscheint, und zwar in einer beachtlichen Variantenkette vom mittellateinischen 'Cum vanga quadam tellurem foderit Adam, Et Eva nens fuerat, quis generosus erat?' bis hin zu englischen, niederländischen und deutschen Texten (vgl. S. 32, Nr. 76 – 95). Die Herausgeber verweisen in einer Anmerkung auch auf Albert FRIEDMANS aufschlußreichen Beitrag zu diesem Sprichwort aus dem Jahre 1974 (39, Anm. 6), doch sei hier noch auf zwei frühere und reichhaltige Aufsätze hingewiesen: Sylvia RESNIKOW, The Cultural History of a Democratic Proverb: 'When Adam dalf, and Eve span, Who was thanne a gentleman?', in: Journal of English and Germanic Philology 36 (1937) 391 – 405, und Leopold SCHMIDT, 'Als Adam grub und Eva spann', in: Das deutsche Volkslied 46 (1944) 36 – 40.

Bei dem Artikel 'Ander' (111 – 126) mit seinen 226 Belegen fehlt dieses Stichwort gleich am Anfang als Titel des Artikels. Hier macht sich allerdings auch die lexikographische Problematik eines so gewaltigen Lexikons bemerkbar. So fragt man sich vielleicht mit Recht, warum die Texte Nr. 219 – 224 (122), nämlich 'Ander jâr, ander guot', 'Andere jar, andere mär', 'Andere jar, andere har', 'Andere zeit, andere freud' unter 'Ander' verzeichnet sind und nicht unter 'Jahr' bzw. 'Zeit', wo man sie vielleicht suchen würde. Wiederum scheint es angebracht, diese strukturgleichen Texte gesammelt vorzulegen. Die berechtigte Frage taucht jedoch auf, warum das Sprichwort 'Andere Länder, andere Sitten' dann nur im Inhaltsverzeichnis mit einem Hinweis, es unter dem Artikel 'Sitte' (warum nicht 'Land'?) zu suchen, erscheint (vgl. S. 114, Sektion 4.1.3). Allerdings leuchtet es ein, daß das Bibelsprichwort 'Wer andern eine Grube gräbt, fällt selbst hinein' nur in der Inhaltsübersicht des Artikels (vgl. S. 113, Sektion 1.5.2.4) auftritt, und zwar mit dem Verweis, es unter dem Artikel 'Grube' zu suchen.

Gelegentlich kann man von dem TPMA auch historische Aufschlüsse erhalten, wenn ein erwartetes Sprichwort nicht registriert ist. So fehlt z.B. in dem Artikel zu 'Apfel' das Sprichwort 'Der Apfel fällt nicht weit vom Stamm', für das ich in einem detaillierten Beitrag das Jahr 1554 als schriftlichen Erstbeleg etablieren konnte (vgl. 'The Apple doesn't Fall far from the Tree': A Historical and Contextual Proverb Study Based on Books, Archives, and Databases, in: Midwestern Folklore 19 [1993] 69 – 98). Singers nun vorliegende Texte machen deutlich, daß es dieses Sprichwort im MA. tatsächlich noch nicht gab, denn es läßt sich auch nicht in den Artikeln 'Apfelbaum' und 'Baum' finden. Erwähnt sei ebenfalls, daß der TPMA auch Wellerismen (Sagwörter) enthält, so etwa den mittellateinischen Text '*Et nos poma natamus*' (164, Nr. 47), wobei es sich freilich um 'Pferdeäpfel' handelt. Hier macht sich Singers Belesenheit (oder die der Herausgeber) bemerkbar, denn mit Recht wird auf das heute selten beachtete Buch von Albert Wesselski, Erlesenes (Prag 1928), verwiesen, das ein Kapitel mit dem Titel 'Vergessene Fabeln 4: Der Pferdedreck unter den Äpfeln schwimmt' (102 – 105) enthält. Schon Archer Taylor hat auf die internationale Verbreitung dieses Sagworts durch Lehnübersetzungen aufmerksam gemacht (vgl. The Proverb [Cambridge, Massachusetts 1931] 209). Er erwähnt Martin Luthers Gebrauch dieses Textes, und selbstverständlich fehlt dieser auch im TPMA nicht (164, Nr. 50).

In dem Artikel über 'Auge' mit 549 Belegen (vgl. S. 275 – 305) steht als Nr. 484 auch das mittellateinische Sprichwort '*Sed habet hic campus oculos sanctorum procul dubio angelorum*', und zwar als einziger Text unter dem Gruppentitel 'Das Feld hat Augen, der Wald hat Ohren'. Nun gibt es aber dazu zahlreiche Varianten in verschiedenen Sprachen, die vielleicht erst in dem Artikel zu 'Ohr' registriert werden. Der lateinische Text enthält ja nur das Wort 'Auge' und nicht 'Ohr'. Da die Herausgeber keine Anmerkung zu diesem Beleg beisteuern, sei hier jedoch auf eine grundlegende Monographie zu diesem Sprichwort hingewiesen, die vor allem auch dessen ikonographische Überlieferung darstellt und weitere Sekundärliteratur verzeichnet: Manfred Bambeck, Das Sprichwort im Bild: 'Der Wald hat Ohren, das Feld hat Augen'. Zu einer Zeichnung von Hieronymus Bosch (Stuttgart 1987).

Der TPMA enthält überdies Belege, die skatologisch oder obszön ausgerichtet sind, so etwa einige der 138 Texte in dem Artikel über 'Arsch' (228 – 237). Hier auch Texte über 'Arschloch', 'Hinterbacke', 'Hintere (der)', 'Hinterteil', 'Loch' mit Verweisen auf 'Cunnus', 'Penis'. Solche Texte gehören ebenso zur Kulturgeschichte des MA.s wie etwa die 216 Sprichwörter über den 'Arzt' (vgl. S. 246 – 260). Hier sei noch das Medizinsprichwort 'Nicht ist ynn die augen gut' (297, Nr. 412) erwähnt, wofür Ricarda Liver eine erläuternde Anmerkung (304, Nr. 14) geschrieben hat. Vgl. dazu aber vor allem Elfriede Grabner, 'Nix ist gut für die Augen': Heilchemie, Volksmedizin und Redensart um das 'Augennix', in: Carinthia 152 (1962) 316 – 321. Von kulturgeschichtlichem Interesse dürften freilich ebenso die 28 Belege des Artikels 'Bier' (477 – 479) sein. Bei solchen Artikeln kann man sich regelrecht festlesen, denn das sprichwörtliche Material macht durchgehend deutlich, welchen Einfluß mittellateinische Sprichwörter auf die Sprachen Europas hatten, und wie diese Texte sowie die vielen einheimischen Texte eine gewisse «Einheitlichkeit menschlicher oder wenigstens eurasischer Denk- und Empfindungsart» (Singer, in: Sprichwörter des Mittelalters, Bd. 1, V) erkennen lassen.

Es ist zu bedauern, daß Samuel S<small>INGER</small> das Erscheinen seines acht- oder gar neunbändigen Meisterwerkes nicht erleben konnte. Fünfzig Jahre nach seinem Tod hat ein verantwortungsbewußtes und ungemein exakt arbeitendes Forscherteam es nun geschafft, den wissenschaftlichen Nachlaß S<small>INGERS</small> als Standardwerk vorzulegen. Schon jetzt mit dem ersten Bd. kann behauptet werden, daß hier ein Basiswerk erscheint, daß man ohne weiteres den bereits erwähnten Sprichwörterlexika von W<small>ANDER</small> und W<small>ALTHER</small> zur Seite stellen kann. Dank und Anerkennung also allen Mitarbeiter/Innen, Geldgebern und dem Verlag, daß sie dieses wertvolle Werk zum Druck geführt haben. Der 'Thesaurus proverbiorum medii aevi' gehört in jede Bibliothek und in die Bücherregale aller am MA. interessierten Wissenschaftler/Innen, seien sie nun Parömiologen, Philologen (Linguistik und Literaturwissenschaft), Volkskundler, Historiker oder Soziologen. Dieses Werk bietet allen etwas, und wie Lutz R<small>ÖHRICHS</small> 'Das große Lexikon der sprichwörtlichen Redensarten', 3 Bd.e (Freiburg 1991–1992) wird es gewiß auch großen allgemeinen Anklang finden. Wer sich für die Mentalität des MA.s interessiert und wissen will, inwiefern die in Sprichwörtern ausgedrückte Weisheit dieser Zeit über die Jahrhunderte hinweg auch heute noch gängig ist, wird mit Gewinn und Freude zum TPMA greifen!

"Parömiographisches Standardwerk mit (un)vermeidbaren Problemen"

Kritischer Lobgesang auf den *Thesaurus proverbiorum medii*

Kaum war der erste Bd. des 'Thesaurus proverbiorum medii aevi' (TPMA) im Jahre 1995 erschienen, da kamen in Abschnitten von knapp sechs Monaten drei weitere Bd.e sowie ein unnumerierter Bd. mit dem beeindruckenden Quellenverzeichnis heraus, die es hier zu besprechen gilt (zum ersten Bd. vgl. meine Rezension in: Mittellateinisches Jahrbuch 31,2 [1996] 137–142)[1]. Als Fazit sei hier anfangs erneut betont, daß es sich beim TPMA um ein mustergültiges parömiographisches Werk handelt, wofür Volkskundler, Philologen, Linguisten sowie Kultur- und Literaturwissenschaftler den Herausgebern, den Geldgebern und dem Walter de Gruyter Verlag zu großem Dank verpflichtet sind. Die jetzt vorliegenden Bd.e beweisen in der Tat, daß es sich hier um ein Standardwerk handelt, das Lob und Anerkennung verdient. Was grundsätzlich und positiv zu dieser gewaltigen komparatistisch angelegten Mammutsammlung bereits in meiner Rezension des ersten Bd.s gesagt wurde, braucht nicht wiederholt zu werden. Auch sollen die folgenden Bemerkungen und Ergänzungen nicht als grobe Kritik verstanden werden, sondern lediglich als Hinweise auf hauptsächlich neuere Forschungsergebnisse. Es läßt sich nun einmal nicht leugnen, daß der TPMA zum allergrößten Teil auf den gewaltigen Vorarbeiten Samuel SINGERS (1860–1948) beruht. Das aber bedeutet, daß die beachtliche Forschung der letzten fünfzig Jahre zum Sprichwortgut des Mittelalters keinen Eingang in den TPMA gefunden hat (vgl. dazu jetzt auch Ricarda LIVER, Mittellatein und Volkssprachen im Sprichwort: Zum Erscheinen des ersten Bandes des 'Thesaurus proverbiorum medii aevi' (TPMA), begründet von Samuel Singer, in: Non recedet memoria eius: Beiträge zur Lateinischen Philologie des Mittelalters im Gedenken an Jakob Werner (1861–1944), hg. von Peter STOTZ und Michele C. FERRARI [Bern 1995] 187–198).

Schon ein kurzer Blick in den zweiten Bd. läßt erneut erkennen, was für eine reichhaltige Fundgrube an komparatistischem Spruchgut (Sprichwörter, Redensarten, Sagwörter, Zwillingsformeln, Sprüche und wohl auch Sentenzen) des europäischen Mittelalters hier vorliegt. Unter dem Stichwort 'Brot' (103–125) sind 359 Belege verzeichnet, der Artikel zu 'Dieb' (202–221) enthält 300 Texte, und unter dem Begriff 'Dienen' (222–266) sind sage und schreibe 752 Phraseologismen aufgeführt. Bei solchen umfangreichen Artikeln hilft es ungemein, daß den vielen Belegen ein detailliertes Gliederungsverzeichnis vorangestellt wird, das im

---

[1] Thesaurus proverbiorum medii aevi. Lexikon der Sprichwörter des romanisch-germanischen Mittelalters. Begründet von Samuel SINGER, hg. vom Kuratorium SINGER der Schweizerischen Akademie der Geistes- und Sozialwissenschaften. Bd. 2: Bisam – erbauen, Berlin/ New York 1996 (de Gruyter), 484 S.; Bd. 3: Erbe – freuen, Berlin/New York 1996 (de Gruyter), 496 S.; Bd. 4: Freund – gewöhnen, Berlin/New York 1997 (de Gruyter), 496 S.; und ohne Bandzahl: Quellenverzeichnis, zusammengestellt von Werner ZILTENER, überarbeitet und ergänzt von Christian HOSTETTLER, Berlin/New York 1996 (de Gruyter), 249 S.

Falle von 'Dienen' immerhin vier ganze Seiten in Anspruch nimmt (222–226). Auch handelt es
sich bei den Texten keineswegs nur um solche, die das Verb 'dienen' enthalten. Gleich darunter
heißt es nämlich: «Hier auch BEDIENSTETER, BURSCHE, DIENER(SCHAFT), DIENST, DIENST-
MANN, GESINDE, KNECHT, LEH(E)NSMANN, LEIBEIGEN(ER), MAGD, SKLAVE, TROSSBUBE,
TRUCHSESS, UNFREI, UNTERGEBENER, UNTERTAN, VOGT» (222). Selbstverständlich stehen diese
Wörter mit einem Verweis auf 'Dienen' an der entsprechenden Stelle im TPMA, also z. B.
«BURSCHE S. DIENEN» (150). So kann einem eigentlich kein Text entgehen, und doch wird es
manchmal ungemein viel Zeit in Anspruch nehmen, einen bestimmten Text in einem der längeren Artikel aufzufinden. Hin und wieder fragt man sich auch, warum ein gewisses Sprichwort
hier und nicht an einer anderen Stelle und unter einem anderen Schlüsselwort registriert worden ist. Das läßt sich bei einem so großen Werk kaum vermeiden. Doch sei hier wie in der
Besprechung des ersten Bd.s nochmals das Plädoyer ausgedrückt, zum Schluß noch ein Stichwortregister zusammenzustellen. Es würde das auf acht oder neun Bd.e geplante Lexikon noch
zugänglicher und benutzerfreundlicher machen.

Dazu ein Beispiel von vielen: In dem Artikel zu 'Brennen' (87–98) stehen unter dem Lemma
'3.5. Wer einmal gebrannt worden ist, fürchtet für immer das Feuer (Wasser)' die vielen europäischen Varianten des Sprichwortes 'Gebranntes Kind fürchtet das Feuer' (93–94). Eine berechtigte Frage wäre nun, ob nicht die meisten Benutzer das Sprichwort unter 'Kind' erwarten?
Hoffentlich steht in dem entsprechenden Band (man kann 'Kind' ein unbedingt notwendiger
Verweis auf 'Brennen'. Wiederum kann man die Entscheidung der Herausgeber für die Plazie-
rung unter 'Brennen' verstehen, da es viele Varianten gibt, die ganz allgemein von 'Gebrannten'
sprechen und 'Kinder' nicht erwähnen. Wie gesagt, all dies zeigt die Komplexität der parömiographischen Lexikographie auf, und ein ausführliches Stichwortregister wird diese Sorgen be-
seitigen.

Hin und wieder haben die Herausgeber am Ende eines Artikels erklärende Anmerkungen
zu Sprichwörtern hinzugefügt. Manchmal findet sich dann auch ein bibliographischer Hinweis
auf einen Aufsatz, wo die Herkunft, Überlieferung und Bedeutung eines antiken oder gemein-
mittelalterlichen Sprichworts mit vielen Varianten aus verschiedenen Sprachen dargestellt worden sind. Hier hat man jedoch nicht konsequent genug nach älteren und neueren Forschungs-
ergebnissen gefahndet. In dem Artikel zu 'Burg' findet man zum Beipiel auch die im MA stark
verbreitete Redensart 'Luftschlösser (Burgen) in Spanien bauen' (146–147). Dazu gibt es eine
beachtliche Sekundärliteratur, wovon doch wenigstens einige Titel hätten registriert werden
sollen: Alfred MOREL-FATIO, Châteaux en Espagne, in: Mélanges offerts à M. Emile Pico, hg.
von Henri OMONT. Paris: Morgand, 1913, Bd. 1, 335–342; Arthur LANGFORS, Châteaux en
Brie et – en Espagne, in: Neuphilologische Mitteilungen 16 (1914) 107–110; Roland M.
SMITH, Chaucer's 'Castles in Spain' (HF 1117), in: Modern Language Notes 60 (1945) 39–
40 und Stuart A. GALLACHER, Castles in Spain, in: Journal of American Folklore 76 (1963)
324–329. In Anm. 10 (S. 147) verweisen die Herausgeber jedoch auf Axel NELSON, 'Châteaux
en Espagne' dans le latin médiéval, in: Eranos 49 (1951) 159–169. Gerade dieser Aufsatz ist
von Bedeutung, da er Belege der mittellateinischen Redensart 'Castra in Hispania' enthält und
auf das Verhältnis von Mittellatein und Volkssprachen eingeht. Dazu bietet selbstverständlich
nun der ganze TPMA ungemein wichtige Aufschlüsse.

Im Artikel zu 'Dieb' hätte in einer Anmerkung zu '12. Gestohlenes Wasser (Gestohlener
Trank, gestohlene Speise) schmeckt am süssesten' (218) ein Hinweis auf Archer TAYLOR, Stolen
Fruit is Always the Sweetest, in: Proverbium Nr. 7 (1967) 145–149, nicht fehlen dürfen. Zu
den kulturgeschichtlich interessanten Belegen im Artikel 'Deutsch' wird in einer Anmerkung
(vgl. Anm. 4, S. 198) auf das aufschlußreiche Buch von Georg M. KÜFFNER, Die Deutschen
im Sprichwort (Heidelberg: Carl Winter, 1899) hingewiesen. KÜFFNERS Pendantband, Die

Engländer im Sprichwort (Ludwigshafen: Weiß & Hameier, 1916) fehlt dann aber im Artikel über 'England' (479–480). Für mittelhochdeutsche Stereotypen vgl. auch noch Wilhelm WAK-KERNAGEL, Die Spottnamen der Völker, in: Zeitschrift für deutsches Altertum und deutsche Literatur 6 (1848) 254–261. Selbstverständlich sind schließlich die Artikel zu 'Coitus' (166–167) und 'Cunnus' (167–171) sittengeschichtlich von großem Interesse. Die Geschichte der obszönen beziehungsweise skatologischen Sprichwörter wäre erst noch zu schreiben (vgl. einzelne Studien in: Wolfgang MIEDER, International Proverb Scholarship: An Annotated Bibliography, 3 Bd.e [New York: Garland Publishing, 1982, 1990 und 1993]).

Auch im dritten Bd. gibt es wieder einige besonders reichhaltige Sammelartikel, wie zum Beispiel über 'Frau' (328–455) mit 1818 Belegen! Allein die durchnumerierte Gliederung nimmt elf ganze Seiten in Anspruch (328–338), und Vroni MUMPRECHT als Bearbeiterin dieser Materialfülle verdient alle Achtung. Trotzdem gehört schon Zeit und Muße dazu, ein bestimmtes Sprichwort aufzufinden. Auch wird man dabei oft ganz einfach seitenweise die Belege lesen wollen, denn kulturgeschichtlich bietet sich hier eine ganze Revue der Frauenbeurteilung an. Obwohl es durchaus positive Werturteile über die Frauen gibt, ist doch die Mehrzahl der mittelalterlichen Sprichwörter dem misogynen Männergeist zu verdanken. Zu frauenfeindlichen Sprichwörtern aus aller Welt gibt es eine beachtliche Sekundärlitertur, die hier nicht zitiert werden kann (vgl. MIEDERS oben genannte Bibliographie). Erwähnt sei lediglich zum Lemma '1.9.2.6. Frauen verschweigen nur, was sie nicht wissen' (372–373) der Aufsatz von Richard JENTE, A Woman Conceals What She Knows Not, in: Modern Language Notes 41 (1926) 253–254, worin nachgewiesen wird, daß das misogyne Sprichwort bis auf Seneca zurückgeht.

Zu erwähnen ist mit Bezug auf den kurzen Artikel zu 'Feige' (192–194), daß viele der heute noch gebräuchlichen Redensarten auf mittelalterliche Gebärden zurückgehen. Lutz RÖHRICH hat darüber einen großartigen Aufsatz verfaßt: Gebärdensprache und Sprachgebärde, in: Humaniora. Essays in Literature, Folklore, Bibliography. Honoring Archer Taylor on His Seventieth Birthday, hg. von Wayland D. HAND und Gustave ARLT (Locust Valley, New York: J. J. Augustin, 1960) 121–149. Zu der im TPMA verzeichneten sexuellen Sprachgebärde 'Jdm. die Feige weisen' (192–193) sei aber unbedingt auf drei weitere Untersuchungen mit zahlreichen Abbildungen und Texten hingewiesen: José LEITE DE VASCONCELLOS, A Figa. Estudio de etnografia comparativa (Porto: Araujo & Sobrinho, 1925. 136 S.); und Oskar MOSER, Zur Geschichte und Kenntnis der volkstümlichen Gebärden, in: Carinthia I, Mitteilungen des Geschichtsvereins für Kärnten 144,1–3 (1954) 735–774 (bes. S. 766–770), und Lenz RETTENBECK, 'Feige'. Wort, Gebärde, Amulett. Ein volkskundlicher Beitrag zur Amulettforschung (Diss. München, 1953. 140 S.).

Sehr beachtlich sind die multisprachlichen Belege der bis ins Griechische zurückgehenden Redensarten vom 'Esel, der Leier (Harfe, auf der Pfeife) spielt' (64–65). Umso mehr enttäuscht es, daß die wertvollen Ausführungen und Belege aus den folgenden leicht zugänglichen Aufsätzen nicht wenigstens in einer Anmerkung erwähnt werden: Helen ADOLF, The Ass and the Harp, in: Speculum 25 (1950) 49–57; und Julia Bolton HOLLOWAY, 'The Asse and the Harpe': Boethian Music in Chaucer, in: Boethius and the Liberal Arts, hg. von Michael MASI (Bern: Peter Lang, 1981) 175–188.

Bei dem Artikel über 'Fisch' (261–273) werden dem Benutzer für zwei Sprichwörter wichtige Studien vorenthalten. Zu dem bis auf Hesiod zurückgehenden Sprichwort 'Große Fische fressen kleine Fische' (263–264) gibt es eine so große sprachliche und ikonographische Sekundärliteratur, das hier nur mein diese Literatur rezipierender Aufsatz stellvertretend für alle anderen zitiert sei: 'Die großen Fische fressen die kleinen'. Geschichte und Bedeutung eines Sprichwortes über die menschliche Natur, in: Muttersprache 98 (1988) 1–37. Zu Herkunft

und modernem Weiterleben des Sprichwortes 'Der Fisch beginnt am Kopf zu stinken' (269)
sei verwiesen auf Shirley ARORA, On the Importance of Rotting Fish: A Proverb and Its Au-
dience, in: Western Folklore 48 (1989) 271–288. Schließlich fehlt im Artikel über 'Fischen'
(273–279) zu der bekannten Redensart 'Im trüben Wasser fischen' der grundlegende Beitrag
von Archer TAYLOR, It is Good Fishing in Troubled (Muddy) Waters, in: Proverbium Nr. 11
(1968) 268–275. In diesem Aufsatz hatte TAYLOR das englische Sprichwort im Mittellateinischen aufgefunden und gemäß seiner historisch-komparatistischen Arbeitsweise auch viele Belege aus europäischen Sprachen beigesteuert. Wer weiß, ob TAYLOR solche mühselige Arbeit
heute nochmals durchführen würde. Was er in mehreren detaillierten Einzelstudien zu Sprichwörtern und Redensarten zusammengetragen hat, liegt nun zum größten Teil in TMPA geordnet und gebündelt vor. Kein Zweifel, der international anerkannte Parömiologe Archer TAYLOR
(1890–1973) wäre zutiefst beeindruckt von diesem Werk!

Noch zwei lexikographische und kulturgeschichtliche Höhepunkte seien aus dem dritten
Bd. herausgegriffen. Da sind einmal die vielen Belege zu der interessanten auf einer Triade
beruhenden lateinischen Sprichwortformel 'Tria sunt …' (404–406), wobei eines der drei
erwähnten Dinge gewöhnlich eine böse (zänkische, geschwätzige) Frau ist, die zusammen mit
Rauch, Regen usw. den Mann aus dem Hause treibt. Hier wird ganz richtig in Anm. 80 (454)
auf Archer TAYLORS bedeutende Studie 'Sunt tria damna domus', in: Hessische Blätter für
Volkskunde 24 (1926) 130–146, hingewiesen. Dieses enumerative Sprichwort und seine Varianten sind heutzutage weniger geläufig, doch sind sie von großem Interesse, wenn sie in ihrem
kulturgeschichtlichen Kontext untersucht werden. Und schließlich ist noch der Artikel über
'Freude' (467–496) zu erwähnen, und darin ganz besonders der Abschnitt '1. Enge Verbindung und Aufeinanderfolge von Freude und Leid' (471–479). Hier findet man dann unter
den deutschen Belegen das bekannte bei Dietmar von Eist zuerst belegte mittelhochdeutsche
Sprichwort 'Liep âne leit mac niht gesîn', und selbstverständlich fehlen die beiden Belege aus
dem Anfang und Ende des 'Nibelungenlieds' nicht: 'Wie liebe mit leide ze jungest lônen kan'
und 'Als ie diu liebe leide z'aller jungeste gît' (475). Diese imponierende Zusammenstellung
des mittelalterlichen Leitmotivs von 'Liebe und Leid' zeigt mit aller Deutlichkeit, welche allum-
fassende Bedeutung gewisse Sprichwörter im MA. hatten.

Im vierten Bd. sei der Artikel über 'Gefäss' (262–292) besonders hervorgehoben. Unter
dem Stichwort heißt es erläuternd «Hier auch BECHER, BEHÄLTER, BOTTICH, BÜCHSE, FASS,
GESCHIRR, HAFEN, KANNE, KESSEL, KRUG, NAPF, PFANNE, SCHALE, SCHÜSSEL, TELLER, TIE-
GEL, TONNE, TOPF» (262). Es gehört allerdings eine ziemliche Vorstellungskraft dazu, das
Sprichwort 'Der Krug geht so lange zum Brunnen, bis er bricht' unter dem Stichwort 'Gefäss'
zu suchen. Sicherlich werden die meisten Benutzer dieses Sprichwort und seine Varianten unter
'Krug' suchen. Ebenso gewiß ist jedoch, daß dort ein Verweis auf das Stichwort 'Gefäss' stehen
wird. Übrigens ist das Belegmaterial zu diesem Sprichwort ungemein reichhaltig (279–282),
und es ist zu beachten, daß Ricarda LIVER in ihrem eingangs erwähnten Aufsatz meint, daß
das Sprichwort auf einen französischen Ursprung zurückgeht und ins Mittellateinische und in
die anderen Volkssprachen lehnübersetzt wurde (vgl. LIVER, 194–195). Wahrscheinlich aber
wäre diese Behauptung noch eingehender zu untersuchen. Hier sei immerhin auf einen hoch
interessanten Aufsatz hingewiesen, worin die ikonographische Darstellung dieses Sprichwortes
vom Spät-MA. an dargestellt wird: Gisela ZICK, Der zerbrochene Krug als Bildmotiv des
18. Jahrhunderts, in: Wallraf-Richartz Jahrbuch 31 (1969) 149–204.

Das scheinbar nur im Deutschen belegte Sprichwort 'Die Gelehrten, die Verkehrten' (367–
368) mit Frühbelegen bei Thomas Murner und Martin Luther sei herausgegriffen, um nochmals aufzuzeigen, daß es zu gewissen Sprichwörtern eine erhebliche Sekundärliteratur gibt, die
man in den Anmerkungen zu einzelnen Artikeln hätte erwähnen können. Dieses Mal handelt es

sich um drei recht umfangreiche Monographien: Carlos GILLY, Das Sprichwort 'Die Gelehrten, die Verkehrten' in der Toleranzliteratur des 16. Jahrhunderts, in: Anabaptistes et dissidents au XVIe siècle. Actes du Colloque international d'histoire anabaptiste du XVIe siècle tenu à l'occasion del al XIe Conférence Mennonite mondiale à Strasbourg, hg. von Jean-Georges ROTT und Simon L. VERHEUS (Baden-Baden: Körner, 1987) 159–172; ders., Das Sprichwort 'Die Gelehrten, die Verkehrten' oder der Verrat der Intellektuellen im Zeitalter der Glaubensspaltung, in: Forme e destinazione del messaggio religioso. Aspetti della propaganda religiosa nel cinquecento, hg. von Antonio ROTONDO (Firenze: Leo S. Olschki, 1991) 229–375; und Heiko A. OBERMAN, 'Die Gelehrten, die Verkehrten': Popular Response to Learned Culture in the Renaissance, in: Religion and Culture in the Renaissance and Reformation, hg. von Steven OZMENT (Kirksville, Missouri: Sixteenth Century Journal Publishers, 1989) 43–63 (= Sixteenth Century Essays & Studies 11 [1989] 43–63).

Auch zu den vielen mit Tieren zusammenhängenden Redensarten gibt es eine beachtliche Sekundärliteratur, die noch manche weitere Belege enthalten und vor allem Aufschlüsse über ihre Bedeutung und Verwendung zu verschiedenen Zeitepochen geben. Zu der auf eine griechische Fabel zurückgehenden Redensart 'saure Trauben' (101–102) gibt es den interessanten Beitrag von Sandra STAHL, Sour Grapes: Fable, Proverb, Unripe Fruit, in: Folklore on Two Continents. Festschrift for Linda Dégh, hg. von Nikolai BURLAKOFF und Carl LINDAHL (Bloomington, Indiana: Trickster Press, 1980) 160–168. Betreffs der heute kaum noch gebrauchten Redensart 'Gänse beschlagen' (155) sei verwiesen auf Robert WILDHABER, Die Gänse beschlagen, in: Homenaje a Fritz Krüger, hg. von Toribio M. LUCERO und Alfredo DORNHEIM (Mendoza: Universidad Nacional de Cuyo, 1954) Bd. 2, 339–356; und Malcolm JONES, Folklore Motifs in Late Medieval Art I: Proverbial Follies and Impossibilities, in: Folklore (London) 100 (1989) 201–217. Zu beachten wäre noch der folgende Aufsatz zu der mittelalterlichen Redensart 'Den Gänsen predigen' (157): Malcolm JONES und Charles TRACY, A Medieval Choirstall Desk-End at Haddon Hall: The Fox-Bishop and the Geese-Hangmen, in: Journal of the British Archeological Association 144 (1991) 107–115.

Freilich gibt es auch in diesem Bd. wieder skatologische Belege, so zum Beispiel im Artikel zu 'Furz' (130–135). Zu guter Letzt sei noch die klassische Redensart «Die Gelegenheit beim Schopf fassen' (365) erwähnt, wozu es ebenfalls wichtige Studien gibt: George L. KITTREDGE, To Take Time by the Forelock, in: Modern Language Notes 8 (1893) 459–469 und 9 (1894) 189–190; John E. MATZKE, On the Source of the Italian and English Idioms Meaning 'To Take Time by the Forelock', with Special Reference to Bojardo's 'Orlando innamorato', Book II, Cantos VII–IX, in: Publications of the Modern Language Association 8 (1893) 303–334 und Karl PIETSCH, On the Source of the Italian and English Idioms Meaning 'To Take Time by the Forelock', in: Modern Language Notes 8 (1893) 469–475. All die hier erwähnten Beiträge zu einzelnen Sprichwörtern und Redensarten sind nicht unbedingt erforderlich für den TPMA, aber da die Herausgeber in den Anmerkungen gelegentlich Sekundärliteratur einschließen, hätten die hier zitierten und noch manche anderen Beiträge dieser Art beachtet werden sollen.

Damit ist der Punkt erreicht, wo einiges zu dem absolut notwendigen Bd. (ohne Bandzahl) mit dem Quellenverzeichnis gesagt werden muß, das von Werner ZILTENER und Christian HOSTETTLER zusammengestellt wurde. In meiner Rezension des ersten Bd.s hatte ich bemängelt, daß die Quellenangaben ohne dieses Verzeichnis nicht aufzuschlüsseln seien (139–140). Doch dann erschien dieser Spezialbd. kurz darauf, und es sei eingangs betont, daß es sich hier um ein Schriftenverzeichnis von 249 Seiten (!) handelt. Es ist kaum zu glauben, was Samuel SINGER in seinem Forscherleben alles gelesen und exzerpiert hat. All diese Quellenwerke werden alphabetisch nach Autoren oder Titeln (bei anonymen Schriften) angeordnet, wobei gleichzeitig eine Zeitangabe, die im TPMA verwendete Abkürzung und die volle bibliographische Angabe zitiert werden. Das ist von den beiden Herausgebern mustergültig durchgeführt worden, und man kann nun in aller Kürze feststellen, daß SINGER in der Tat ein enzyklopädisches Wissen über die Literatur des europäischen MA.s besaß.

Es überrascht allerdings kolossal, daß die beiden Herausgeber diesen Bd. ohne jegliche Einleitung dem Druck übergeben haben. Es fehlt unverständlicherweise der kürzeste Paragraph einer Einführung! Schaut man nun in das kurze Vorwort des ersten Bd.s, so lernt man auch da recht wenig über die Quellenlage zum TPMA. Immerhin wird dort darauf hingewiesen, daß SINGERS «Auswahl der Quellen weit von Vollständigkeit entfernt» (X) ist, und daß man sich dennoch dazu entschlossen hat, «das Werk im wesentlichen auf der Basis der von Singer gesammelten Materialien herauszugeben» (ibid.). Dieses Vorgehen ist in Anbetracht der Materialfülle vielleicht zu verstehen, obwohl man sich wohl doch gewünscht hätte, daß die Herausgeber die Forschung der letzten fünfzig Jahre noch verarbeitet hätten. Zum Teil scheinen sie das dann auch gemacht zu haben, aber mit welchen Kritierien? Darüber gibt es nirgends eine Antwort.

Nehmen wir einmal wissenschaftliche Sammlungen, die seit SINGERS Tod im Jahre 1948 erschienen sind. Im Quellenverzeichnis erscheinen als deutliches Positivum zum Beispiel Bartlett Jere WHITING, Proverbs, Sentences, and Proverbial Phrases from English Writings Mainly Before 1500 (Cambridge, Massachusetts: Harvard University Press, 1968) und James Woodrow HASSELL, Middle French Proverbs, Sentences, and Proverbial Phrases (Toronto: Pontifical Institute of Mediaeval Studies, 1982). Aber warum haben die Herausgeber dann nicht folgende ungemein wichtige und grundlegende Mammutsammlung französischer Redensarten des Mittelalters benutzt: Giuseppe DI STEFANO, Dictionnaire des locutions en moyen français (Montréal: Éditions CERES, 1991)? Dieses 930 Seiten (mit jeweils drei Spalten pro Seite!) umfassende Werk wird man trotz des TPMA konsultieren müssen. Auch könnte man feststellen, daß es von einem einzelnen Forscher wie SINGER nicht unbedingt zu erwarten war, daß er bei den vielen durchgesehenen Werken und Sammlungen alle Standardwerke beachten konnte. Aber hätten die Herausgeber der letzten fünfzig Jahre nicht wenigstens die beiden folgenden Bd.e berücksichtigen sollen? Es dreht sich um Pierre-Marie QUITARD, Dictionnaire étymologique, historique et anecdotique des proverbes et des locutions proverbiales de la language française (Paris: Bertrand, 1842. Nachdruck Genève: Slatkine Reprints, 1968) und Bartlett Jere WHITING, Proverbs in the Earlier English Drama with Illustrations from Contemporary French Plays (Cambridge, Massachusetts: Harvard University Press, 1938. Nachdruck New York: Octagon Books, 1969). Es überrascht eigentlich, daß der so belesene SINGER diese beiden Standardwerke nicht kannte. Hinsichtlich des letzten Bd.s könnte man heute noch folgende kommentierte Sammlung hinzufügen: Robert W. DENT, Proverbial Language in English Drama Exclusive of Shakespeare, 1495–1616 (Los Angeles: University of California Press, 1984).

Es ist hier nicht möglich, zu den vielen verzeichneten Primärtexten einzelne Kommentare abzugeben. Bemerkt sei lediglich, daß es sich oft um ältere Ausgaben handelt, wofür es heute bessere und zugänglichere Neueditionen gibt. Hier haben sich die Herausgeber verständlicherweise dazu entschlossen, die von SINGER exzerpierten Ausgaben beizubehalten, denn sonst hätten seine Seitenangaben alle geändert werden müssen. Was jedoch an diesem Quellenverzeichnis auffällt ist die Tatsache, daß viele Dissertationen, Monographien und Aufsätze, die Sprichwörter und sprichwörtliche Redensarten aus mittelalterlichen Quellen zusammengestellt haben, weder von SINGER noch von den Herausgebern des TPMA beachtet worden sind. Natürlich hat sich SINGER zum größten Teil auf seinen eigenen Sammeleifer verlassen, und doch hat er zum Beispiel etliche deutsche Dissertationen zum Sprichwortgut in der französischen Literatur des Mittelalters herangezogen (vgl. die Arbeiten von Alfred KADLER [127], Fritz

Schepp [209] und Oswin Wandelt [240]). Hier nun wäre es angebracht gewesen, wenn die Herausgeber wenigstens noch folgendes grundlegendes Werk registriert hätten: Elisabeth Schulze-Busacker, Proverbes et expressions proverbiales dans la littérature narrative du moyen âge français: Recueil et analyse (Paris: Honoré Champion, 1985).

Das Beste wird sein, hier nun eine Liste der wichtigsten Arbeiten zum mittelalterlichen Sprichwort folgen zu lassen, die weder von Singer noch seinen Herausgebern beachtet worden sind. Damit soll nicht unbedingt Kritik geübt werden, aber Benutzer des TPMA sollten darüber informiert sein, wo sie eventuell noch weitere Belege und Varianten in der mittelalterlichen Literatur zu gewissen Sprichwörtern finden können. Es ist ja nun einmal nicht so, daß der TPMA in einem wissenschaftlichen Vakuum steht. Die hier angeführten Titel sind die bedeutendsten, und es sei darauf hingewiesen, daß kürzere Beiträge in Mieders bereits erwähnter Sprichwörterbibliographie und auch in der von ihm zusammen mit George B. Bryan herausgegebenen Bibliographie 'Proverbs in World Literature' (New York: Peter Lang, 1996) zu finden sind. Die folgende Aufstellung ist wegen Platzmangels ohne Kommentare alphabetisch nach Autoren angeordnet:

Altieri, Marcelle Billaudaz. Les romans de Chrétien de Troyes vus dans la perspective de leur contenu proverbial et gnomique. Diss. New York University, 1972. 315 S. Als Buch mit dem Titel 'Les romans de Chrétien de Troyes: Leur perspective proverbiale et gnomique'. Paris: Editions A.-G. Nizet, 1976. 241 S.

Arias, Ricardo. Refranes y frases proverbiales en el teatro de Valdivielso, in: Revista de Archivos, Bibliotecas y Museos 81 (1978) 241–288.

Arochas, Maurice. Santob de Carrion's 'Proverbios Morales' in Light of the Humanistic Trends of the Era. Diss. New York University, 1972. 249 S.

Bambeck, Manfred. Das Sprichwort im Bild. 'Der Wald hat Ohren, das Feld hat Augen'. Zu einer Zeichnung von Hieronymus Bosch. Wiesbaden: Franz Steiner, 1987. 64 S.

Bouchet, Émile. Maximes et proverbes tirés des chansons de geste, in: Mémoires de la Société d'Agriculture, Sciences, Belles-lettres et Arts d'Orléans 31 (1892) 81–130.

Bregenzer, Josef Georg. Lateinische und deutschlateinische proverbia aus der St. Galler Handschrift 841. Text und Kommentar. Diss. Zürich, 1972. Zürich: Juris, 1972. 173 S.

Broek, Marinus A. van den. 'Ein gut wort eine gute stat findet'. Sprichwort und Redensart in Sigismund Suevus' Spiegel des menschlichen Lebens, in: Diutscher Diute. Festschrift für Anthony van der Lee, hg. von M. A. van den Broek und G. J. Jaspers. Amsterdam: Rodopi, 1983, 155–172 (= Amsterdamer Beiträge zur älteren Germanistik 20 [1983] 155–172).

Broek, Marinus A. van den. Sprichwort und Redensart in Veit Dietrichs 'Etliche Schrifften für den gemeinen man', in: 'Leuvense bijdragen 75 (1986) 307–334.

Broek, Marinus A. van den. Sprichwörtliche Redensart und sprichwörtlicher Vergleich in den Erbauungsschriften des Nürnberger Predigers Wenzeslaus Linck (1483–1547), in: Leuvense bijdragen 76 (1987) 475–499.

Broek, Marinus A. van den. Sprichwort und Redensart in den Werken des Leipziger Volkspredigers Marcus von Weida, in: Beiträge zur Erforschung der deutschen Sprache 7 (1987) 168–181.

Broek, Marinus A. van den. Sprichwörtliche Redensarten in Flugschriften der frühen Reformationsbewegung, in: Zeitschrift für Germanistik 10 (1989) 192–206.

Broek, Marinus A. van den. 'Lieb reden macht guot freund'. Zum Sprichwortgebrauch in der frühreformatorischen Flugschriftenliteratur, in: Wirkendes Wort 40 (1990) 164–178.

Broek, Marinus A. van den. Sprachliche Vergleiche in der frühreformatorischen Flugschriftenliteratur, in: Proverbium 8 (1991) 29–53.

Broek, Marinus A. van den. Das Sprichwort in den Schriften Johann Eberlins von Günzburg, in: Proverbium 10 (1993) 37–50.

BROSNAHAN, Leger. Wace's Use of Proverbs, in: Speculum 39 (1964) 444–473.

BURROW, John Anthony. 'Young Saint, Old Devil': Reflections on a Medieval Proverb, in: Review of English Studies 30 (1979) 385–396; jetzt auch in J. BURROW, Essays on Medieval Literature. Oxford: Oxford University Press, 1984, 177–191.

BURTON, T. L. Proverbs, Sentences and Proverbial Phrases from the English 'Sidrak', in: Mediaeval Studies 51 (1989) 329–354.

CARNES, Pack (Hg.). Proverbia in Fabula. Essays on the Relationship of the Fable and the Proverb. Bern: Peter Lang, 1988. 343 S.

CARIDDI, Caterina. Attualità di Dante attraverso massime, proverbi e sentenze della 'Divina Commedia'. Bari: Editoriale Universitaria, 1969. 82 S.

CHIECCHI, Giuseppe. Sentenze e Proverbi nel Decameron, in: Studi sul Boccaccio 9 (1975–1976) 119–168.

COLOMBI, Maria Cecilia. Los refranes en 'Don Quijote'. Diss. University of California at Santa Barbara, 1988. 236 S. Als Buch mit dem Titel 'Los refranes en el Quijote: texto y contexto'. Potomac, Maryland: Scripta Humanistica, 1989. 142 S.

COMBET, Louis. Recherches sur le 'refranero' castillan. Paris: Société d'édition 'Les Belles Lettres', 1971. 500 S.

CORNETTE, James C. Proverbs and Proverbial Expressions in the German Works of Luther. Diss. University of North Carolina, 1942. 225 S. Auch als Buch hg. von Wolfgang MIEDER und Dorothee RACETTE. Bern: Peter Lang, 1997. 251 S.

COWIE, Murray A. Proverbs and Proverbial Phrases in the German Works of Albrecht von Eyb. Diss. University of Chicago, 1942. 106 S.

CRANE, Mary Thomas. Proverbial and Aphoristic Sayings: Sources of Authority in the English Renaissance. Diss. Harvard University, 1986. 464 S.

DANNER, Berthilde. Dem Volk aufs Maul geschaut. Gleichnisse, Redensarten und Sprichwörter im Salomokommentar des Johannes Brenz, in: Festschrift für Gerd Wunder. (Ohne Hg.). Schwäbisch Hall: Historischer Verein für Württembergisch Franken, 1974. 167–199.

DESKIS, Susan Elizabeth. Proverbial Backgrounds to the 'Sententiae' of 'Beowulf'. Diss. Harvard University, 1991. 176 S.

DIAFÉRIA, Michèle G. Les Proverbes au conte de Bretaigne: A Critical Edition and Study. Diss. Florida State University, 1988. 80 S. Als Buch mit dem Titel 'Li Proverbes au conte de Bretaigne'. Critical Edition and Study. New York: Peter Lang, 1990. 166 S.

DIAZ ISAACS, Gloria. Los Refranes del Quijote, in: Loteria (Panama) Nr. 220 (1974) 20–38.

DOPHEIDE, Maria. Sprichwörter in der Rede des Isländers, dargestellt an ihrem Gebrauch in der Njáls saga. Diss. Freiburg, 1973. 328 S.

DUNDES, Alan and Claudia A. STIBBE. The Art of Mixing Metaphors. A Folkloristic Interpretation of the 'Netherlandish Proverbs' by Pieter Bruegel the Elder. Helsinki: Suomalainen Tiedeakatemia, 1981. 71 S.

DUSCHL, Joseph. Das Sprichwort bei Lydgate nebst Quellen und Parallelen. Diss. München, 1912. 99 S.

EBERTH, Hans Henrich [sic]. Die Sprichwörter in Sebastian Brants 'Narrenschiff': Ein Beitrag zur deutschen Sprichwortgeschichte. Greifswald: L. Bamberg, 1933. 110 S.

ERNOUF, Anita Bonilla. Proverbs and Proverbial Phrases in the 'Celestina'. Diss. Columbia University, 1970. 743 S.

FEHSE, Erich. Sprichwort und Sentenz bei Eustache Deschamps und Dichtern seiner Zeit. Diss. Berlin, 1905. Erlangen: Universitäts-Buchdruckerei, 1905. Auch in: Romanische Forschungen 19 (1906) 545–594.

FENSTER, Thelma S. Proverbs and Sententious Remarks in the Octosyllabic 'Lion de Bourges', in: Neuphilologische Mitteilungen 86 (1985) 272–279.

FLUTRE, L. F. Les proverbes du roman de 'Perceforêt', in: Revue de linguistique romane 31 (1967) 89–104.

FRIEND, A. C. The Proverbs of Serlo of Wilton, in: Mediaeval Studies 16 (1954) 179–218.

FRIESER, Walter. Das Sprichwort in den dramatischen Werken John Lylys: Zugleich ein Beitrag zur Geschichte des englischen Sprichworts. Diss. Leipzig, 1920. 205 S.

GALLACHER, Stuart A. The Proverb in Scheidt's 'Grobianus', in: Journal of English and Germanic Philology 40 (1941) 489–508.

GALLACHER, Stuart A. Frauenlob's Bits of Wisdom: Fruits of His Environment. In: Middle Ages–Reformation–Volkskunde: Festschrift for John G. Kunstmann. (Ohne Hg.). Chapel Hill, North Carolina: University of North Carolina Press, 1959. 45–58.

GELLA ITURRIAGA, José. 444 refranes de 'La Celestina', in: La Celestina y su contorno social, hg. von Manuel Criado de VAL. Barcelona: Borrás, 1977, 245–268.

GELLA ITURRIAGA, José. Los proverbios del Caballero Cifar, in: Homenaje a Julio Caro Baroja, hg. von Antonio CARREIRA, Jesús Antonio CID, Manuel Gutiérrez ESTEVE und Rogelio RUBIO. Madrid: Centro de Investigaciones Sociologicas, 1978, 449–469.

GERHARD, Hartwig. Der 'Liber Proverbiorum' des Godefrid von Winchester. Diss. Würzburg, 1971. Würzburg: Selbstverlag, 1974. 130 S.

GERKE-SIEFART, Hilde. Sprichwörter und Redensarten bei Johann Fischart. Diss. München, 1953. 319 S.

GIRVIN, William H. The Medical German Proverb as Reflected in the 'Gesammtabenteuer'. Diss. Michigan State University, 1972. 94 S.

GOLDBERG, Harriet. The Proverb in 'Cuaderna via' Poetry: A Procedure for Identification, in: Hispanic Studies in Honor of Alan D. Deyermond. A North American Tribute, hg. von John S. MILETICH. Madison, Wisconsin: Hispanic Seminary of Medieval Studies, 1986, 119–133.

HABENICHT, Rudolph E. (Hg.). John Heywood's 'A Dialogue of Proverbs'. Berkeley, California: University of California Press, 1963. 300 S.

HARRIS, Amelia Johnston. The Functions and Applications of the Proverb and Proverbial Expression in the German Poetry of Thomas Murner. Diss. University of North Carolina at Chapel Hill, 1991. 368 S.

HASENOHR, Geneviève. La locution verbale figurée dans l'oeuvre de Jean Le Fèvre, in: La locution. Actes du colloque international Université McGill, Montréal, 15–16 octobre 1984, hg. von Giuseppe DI STEFANO und Russell G. MCGILLIVRAY. Montréal: Editions CERES, 1984, 229–281.

HAYES, Francis Clement. The Use of Proverbs in the 'Siglo de Oro' Drama: An Introductory Study. Diss. University of North Carolina, 1936. 227 S.

HEFT, David. Proverbs and Sentences in Fifteenth Century French Poetry. Diss. New York University, 1941. 448 S.

HENDRICKSON, Rhoda Miller Martin. Chaucer's Proverbs: Of Medicyne and of Compleynte. Diss. Emory University, 1980. 281 S.

HEUSELER, J. A. Luthers Sprichwörter aus seinen Schriften gesammelt. Leipzig: Johann Ambrosius Barth, 1824. Nachdruck Walluf bei Wiesbaden: Sändig, 1973. 160 S.

HEUSLER, Andreas. Sprichwörter in den eddischen Sittengedichten, in: Zeitschrift des Vereins für Volkskunde 25 (1915) 108–115; 26 (1916) 42–57.

HOFMANN, Liselotte. Der volkskundliche Gehalt der mittelhochdeutschen Epen von 1100 bis gegen 1250. Zeulenroda: Bernhard Sporn, 1939. (Bes. S. 52–82).

HOFMEISTER, Wernfried. Sprichwortartige Mikrotexte. Analysen am Beispiel Oswalds von Wolkenstein. Göppingen: Kümmerle, 1990. 307 S.

IVES, D. Y. Proverbs in the 'Ancren Riwle', in: Modern Language Review 29 (1934) 257–266.

JÄGER, Dietrich. Der Gebrauch formelhafter zweigliedriger Ausdrücke in der vor-, früh- und hochhöfischen Epik. Diss. Kiel, 1960. 277 S.

JANZ, Brigitte. Rechtssprichwörter im 'Sachsenspiegel'. Eine Untersuchung zur Text-Bild-Relation in den Codices picturati. Frankfurt am Main: Peter Lang, 1989. 586 S.

JEEP, John M. Stabreimende Wortpaare bei Notker Labeo. Göttingen: Vandenhoeck & Ruprecht, 1987. 172 S.

JOINER, Virginia und Eunice JOINER. Proverbs in the Works of Gil Vicente, in: Publications of the Modern Language Association of America 57 (1942) 57–73.

JONES, Kirkland Charles. Proverbs, Proverbial Wisdom, and Medieval Topoi in the 'Paston Letters'. Diss. University of Wisconsin, 1971. 187 S.

KELLNER, Leon. Altenglische Spruchweisheit: Alt- und mittelenglischen Autoren entnommen. Wien: Verlag der Staatsrealschule, 1897. 26 S.

LARSEN, Judith Clark. Proverbial Material in the 'Roman de la Rose'. Diss. University of Georgia, 1978. 140 S.

LEITZMANN, Albert. Sprichwörter und Sprichwörtliches bei Ulrich von Türheim, in: Beiträge zur Geschichte der deutschen Sprache und Literatur 65 (1941–1942) 164–170.

LENK, Werner. Zur Sprichwort-Antithetik im Salomon-Markolf-Dialog, in: Forschungen und Fortschritte 39 (1965) 151–155.

LIERES UND WILKAU, Marianne von. Sprachformeln in der mittelhochdeutschen Lyrik bis zu Walther von der Vogelweide. München: C. H. Beck, 1965. (Bes. S. 1–29).

LIVER, Ricarda. Sprichwörter in der 'Divina Commedia', in: Deutsches Dante Jahrbuch 53–54 (1978–1979) 46–60.

LOTH, Johannes. Die Sprichwörter und Sentenzen der altfranzösischen Fabliaux, nach ihrem Inhalte zusammengestellt, in: Königliches Friedrich-Wilhelms-Gymnasium zu Greifenberg in Pommern. Greifenberg: Lempcke, 1895, 1–15.

MANN, Jill. Proverbial Wisdom in the 'Ysengrimus', in: New Literary History 16 (1984) 93–109.

MAUCH, Thomas Karl. The Role of the Proverb in Early Tudor Literature. Diss. University of California at Los Angeles, 1963. 361 S.

McENERNEY, John I. Proverbs in Hrotsvitha, in: Mittellateinisches Jahrbuch 21 (1986) 106–113.

McKENNA, Steven R. Orality, Literacy, and Chaucer: A Study of Performance, Textual Authority, and Proverbs in the Major Poetry. Diss. University of Rhode Island, 1988. 272 S.

McNEAL, Doris Schuckler. The Proverbs in the French Works of Henri Estienne. Diss. University of Georgia, 1972. 424 S.

MIEDER, Wolfgang. Streitgespräch und Sprichwort-Antithetik: Ein Beitrag zur 'Ackermann aus Böhmen'- und Sprichwortforschung, in: Daphnis 2 (1973) 1–32. Auch in W. MIEDER, Sprichwort–Wahrwort!? Studien zur Geschichte, Bedeutung und Funktion deutscher Sprichwörter. Frankfurt am Main: Peter Lang, 1992, 113–149.

MIEDER, Wolfgang. Sprichwort und Volkslied. Eine Untersuchung des Ambraser Liederbuches vom Jahre 1582, in: Jahrbuch für Volksliedforschung 22 (1977) 23–35. Auch in W. MIEDER, Sprichwort–Wahrwort!? Studien zur Geschichte, Bedeutung und Funktion deutscher Sprichwörter. Frankfurt am Main: Peter Lang, 1992, 87–102.

MIEDER, Wolfgang. 'Findet, so werdet ihr suchen!' Die Brüder Grimm und das Sprichwort. Bern: Peter Lang, 1986. 181 S.

MIEDER, Wolfgang. 'Eulenspiegel macht seine Mitbürger durch Schaden klug'. Sprichwörtliches im 'Dil Ulenspiegel' von 1515, in: Eulenspiegel-Jahrbuch 29 (1989) 27–50. Auch in W. MIEDER, Sprichwort–Wahrwort!? Studien zur Geschichte, Bedeutung und Funktion deutscher Sprichwörter. Frankfurt am Main: Peter Lang, 1992, 59–85.

MOELLEKEN, Wolfgang Wilfried. Gnomen im 'Nibelungenlied'. Diss. University of Washington, 1965. 194 S.

NELSON, Timothy C. 'O du armer Luther ...' Sprichwörtliches in der antilutherischen Polemik des Johannes Nas (1534–1590). Diss. Uppsala Universitet, 1990. 305 S. Bern: Peter Lang, 1992. 334 S.

O'KANE, Eleanor. A Dictionary of Medieval Spanish Proverbs and Proverbial Phrases. Diss. Bryn Mawr, 1947. 477 S.

PAIONI, Pino. I proverbi di Villon, in: Studi Urbinati di Storia, Filosofia e Letteratura 45 (1971) 1131–1136, 1136a–1136b.

PERETZ, Bernhard. Altprovenzalische Sprichwörter mit einem kurzen Hinblick auf den mittelhochdeutschen Freidank. Erlangen: Andreas Deichert, 1887. Auch in Romanische Forschungen 3 (1887) 415–457.

PERRY, Theodore A. (Hg.). Santob de Carrión. 'Proverbios Morales'. Madison, Wisconsin:
The Hispanic Seminary of Medieval Studies, 1986. 233 S.

PERRY, Theodore A. The 'Moral Proverbs' of Santob de Carrión. Jewish Wisdom in Christian
Spain. Princeton, New Jersey: Princeton University Press, 1987. 198 S.

PFEFFER, Wendy. Rotten Apples and Other Proverbs in 'The Song of the Albigensian Crusade',
in: Proverbium 8 (1991) 147–158.

PFEIFER, Wolfgang. Volkstümliche Metaphorik, in: Zur Literatursprache im Zeitalter der früh-
bürgerlichen Revolution. Untersuchungen zu ihrer Verwendung in der Agitationsliteratur,
hg. von Gerhard KETTMANN und Joachim SCHILDT. Berlin: Akademie-Verlag, 1978, 87–217.

PICCUS, Jules. Refranes y frases proverbiales en el Libro del Cavallero Zifar, in: Nueva Revista
de Filologia Hispánica 18 (1965–1966) 1–24.

PICHERIT, Jean-Louis G. Proverbial Material in 'Lion de Bourges', in: Olifant 4 (1977) 244–
258.

PILLET, Alfred. Die neuprovenzalischen Sprichwörter der jüngeren Cheltenhamer Liederhandschrift: Mit Einleitung und Übersetzung zum ersten Mal herausgegeben. Berlin: C. Vogt,
1897. 38 S.

QUILLET, Pierre. Les proverbes de Charles de Bovelles. Essai zur les assises populaires de
l'humanisime, in: Archives de Philosophie 38 (1975) 431–457.

RATTUNDE, Eckard. Li Proverbes au Vilain: Untersuchungen zur romanischen Spruchdichtung
des Mittelalters. Heidelberg: Carl Winter, 1966. 144 S.

REUTER, O. R. Proverbs, Proverbial Sentences and Phrases in Thomas Deloney's Works. Helsinki: The Finnish Society of Sciences and Letters, 1986. 146 S.

RICHTER, Roland. Georg Rollenhagens 'Froschmeuseler': Struktur, Rhetorik und die Funktion
von Sprichwort und Fabel. Diss. University of California at Los Angeles, 1970. 223 S. Als
Buch mit dem Titel Georg Rollenhagens 'Froschmeuseler': Ein rhetorisches Meisterstück.
Bern: Peter Lang, 1975. 139 S.

RISSE, Anna. Sprichwörter und Redensarten bei Thomas Murner, in: Zeitschrift für den deutschen Unterricht 31 (1917) 215–227, 289–303, 359–369, 450–458.

RÖLLEKE, Heinz (Hg.). 'Redensarten des Volks, auf die ich immer horche'. Das Sprichwort in
den 'Kinder- und Hausmärchen' der Brüder Grimm. Bern: Peter Lang, 1988. 227 S.

ROOS, Paolo. Sentenza e proverbio nell'antichità e i 'Distici di Catone': Il testo latino e i
volgarizzamenti italiani. Brescia: Morcelliana, 1984. 254 S.

ROSEN, Heinrich. Die sprichwörtlichen Redensarten in den Werken des Hans Sachs, nach
Entstehung, Bild, Bedeutung, Vorkommen untersucht und sachlich geordnet. Diss. Bonn,
1922. 105 S.

RUHE, Ernstpeter. Les proverbes Seneke le philosophe: Zur Wirkungsgeschichte des 'Speculum
historiale' von Vinzenz von Beauvais und der 'Chronique dite de Baudouin d'Avesnes'.
München: Max Hueber, 1969. 121 S.

SAINÉAN, L. Proverbes et dictons, in: L. SAINÉAN, La langue de Rabelais. Paris: E. de Boccard,
1922, 343–448.

SANDS, Donald B. The Uses of the Proverb in the Middle Dutch Poem 'Reinaerts Historie',
in: Mediaeval Studies 37 (1975) 459–468.

SANDVOSS, Franz. Sprichwörter aus Burkhart Waldis mit einem Anhange: Zur Kritik des Kur-
zischen B. Waldis und einem Verzeichnis von Melanchthon gebrauchter Sprichwörter.
Friedland: Richter, 1866. 159 S.

SCHMARJE, Susanne. Das sprichwörtliche Material in den Essais von Montaigne. Diss. Hamburg, 1970. 2 Bd.e Berlin: Walter de Gruyter, 1973. 242 S. und 161 S.

SCHULZE-BUSACKER, Elisabeth. Proverbes et expressions proverbiales dans la littérature narrative du moyen âge français. Recueil et analyse. Paris: Librairie Honoré Champion, 1985.
356 S.

SCHULZE-BUSACKER, Elisabeth. Les 'Disticha Catonis' en Espagne, Italie et France, in: Europhras 88. Phraséologie Contrastive. Actes du Colloque International Klingenthal-Strasbourg, 12–16 mai 1988, hg. von Gertrud GRÉCIANO. Strasbourg: Université des Sciences Humaines, 1989, 421–430.

SIEWERT, Gregg Hunter. Proverbs and Language in Rabelais: Towards a Poetics of the Proverb. Diss. University of Iowa, 1991. 266 S.

SINCLAIR, K. V. Proverbial Material in the Late French Epic of 'Tristan de Nanteuil', in: Speculum 38 (1963) 285–294.

SMITH, Charles G. Spenser's Proverb Lore. With Special Reference to His Use of the Sententiae of Leonard Culman and Publilius Syrus. Cambridge, Massachusetts: Harvard University Press, 1970. 365 S.

STECHOW, Walter. Sprichwörter, Redensarten und moralische Betrachtungen in den Werken Konrads von Würzburg. Diss. Greifswald, 1921. Greifswald: Hans Adler, 1921. 117 S.

STÖBER, August. 496 Sprichwörter und sprichwörtliche Redensarten aus den Schriften Geiler's [sic] von Kaisersberg, in: Alsatia (1862–1867) 131–162.

STÖBER, August. Sprichwörter und sprichwörtliche Redensarten aus Johann Pauli's [sic] 'Schimpf und Ernst', in: Alsatia (1873–1874) 83–96.

STURM, Harlan. The 'Libro de los buenos proverbios': A Critical Edition. Lexington, Kentucky: University Press of Kentucky, 1970. 148 S.

SUARD, François und Claude BURIDANT (Hg.). Richesse du proverbe. Lille: Université de Lille, 1984. I, 163 S.; II, 275 S.

TARBÉ, Louis Hardouin Prosper. Poètes de Champagne antérieurs au siècle de François 1er (Proverbes champenois avant le XVIe siècle). Reims: Régnier, 1851. (Bes. S. 3–48).

THIOLIER-MÉJEAN, Suzanne. Les proverbes et dictons dans la poésie morale des troubadours, in: Mélanges d'histoire, de linguistique et de philologie romanes offerts à Charles Rostaing. (Ohne Hg.). Liège: Association Intercommunale de Mécanographie, 1974, Bd. 2, 1117–1128.

TILLEY, Morris Palmer. Elizabethan Proverb Lore in Lyly's 'Euphues' and in Pettie's 'Petite Pallace' with Parallels from Shakespeare. New York: The Macmillan Company, 1927. 461 S.

WAGNER, Eva. Sprichwort und Sprichworthaftes als Gestaltungselemente im 'Renner' Hugos von Trimberg. Diss. Würzburg, 1962. 191 S.

WALSH, John K. 'El Libro de los doze sabios' o 'Tractado de la nobleza y lealtad'. Estudio y edicion. Madrid: Real Academia Española, 1975. 179 S.

WALZ, Gotthard. Das Sprichwort bei Gower, mit besonderem Hinweis auf Quelle und Parallelen. Nördlingen: C. H. Beck, 1907. 83 S.

WECKMANN, Berthold. Sprichwort und Redensart in der Lutherbibel, in: Archiv für das Studium der neueren Sprachen und Literaturen 221 (1984) 19–42.

WEIDENBRÜCK, Adolf W. Chaucers Sprichwortpraxis. Eine Form- und Funktionsanalyse. Diss. Bonn, 1970. 185 S.

WESSÉN, Elias. Ordspråk och lärodikt: Några stilformer: Hávamál, in: Vitterhets, historie och antikvitets akademien 91 (1959) 455–473.

WHITING, Bartlett Jere. Studies in the Middle English Proverb, 3 Bd.e. Diss. Harvard University, 1932. 1386 S.

WHITING, Bartlett Jere. Chaucer's Use of Proverbs. Cambridge, Massachusetts: Harvard University Press, 1934. Nachdruck New York: AMS Press, 1973. 297 S.

WHITING, Bartlett Jere. Proverbial Material in the Poems of Baudouin and Jean de Condé, in: Romanic Review 27 (1936) 204–223.

WILCKE, Karin und Lothar BLUHM. Wilhelm Grimms Sammlung mittelhochdeutscher Sprichwörter, in: Brüder Grimm Gedenken, hg. von Ludwig DENECKE. Marburg: N. G. Elwert, 1988, Bd. 8, 81–122.

WILLIAMS, Harry F. French Proverbs in Fifteenth-Century Literature: A Sampling, in: Fifteenth-Century Studies 5 (1982) 223–232.

WOODBURN, Roland Rickey. Proverbs in Health Books of the English Renaissance. Diss. Texas Tech University, 1975. 99 S.
ZAHLTEN, Emil. Sprichwort und Redensart in den Fastnachtspielen des Hans Sachs. Diss. Hamburg, 1921. 113 S.
ZEMKE, John Max. Critical Approaches to the 'Proverbios morales' of Shem Tov de Carrión. Diss. University of California at Davis, 1988. 408 S.

Zum Schluß sei nochmals ausdrücklich festgestellt, daß besonders die hier zusammengestellte Liste keineswegs den ungeheuren Wert des TPMA in Frage stellen soll. Die ersten vier Bd.e des TMPA sowie das Quellenverzeichnis stehen da als meisterhaftes Standardwerk, und ohne Zweifel werden die noch erwarteten vier oder fünf weiteren Bd.e ebenfalls das hohe wissenschaftliche Niveau dieses komparatistischen Lexikons widerspiegeln. Wenn dann alle Bd.e vorliegen, wird jegliche Kritik durch allgemeines Lob und dankende Anerkennung für Samuel SINGER und seine Herausgeber verblassen. Der TMPA ist ein parömiographisches Jahrhundertwerk!

"Sprichwörter des Mittelalters und kein Ende"

Weiterer Lobgesang auf den *Thesaurus proverbiorum medii aevi*

Sprichwörter des Mittelalters und kein Ende! – so möchte man erneut begeistert ausrufen. Mit erstaunlicher und bewundernswerter Schnelligkeit sind seit meinen beiden bisherigen Rezensionen im Mittellateinischen Jahrbuch (vgl. 31,2 [1996] 137–142; und 33,1 [1998] 185–197) vier weitere Bd.e des 'Thesaurus proverbiorum medii aevi' (TPMA) erschienen[1]. Bis zur Mitte etwa des Buchstabens «N» ist das Mammutwerk inzwischen gediehen, und so wird das ursprünglich auf acht Bd.e geplante Lexikon wohl doch erheblich länger ausfallen. Zehn wenn nicht gar elf Bd.e werden es gewiß werden, und mit jedem Bd. bietet das Herausgeberteam einen erneuten Beweis des unglaublichen Reichtums der romanisch-germanischen Sprichwörter und sprichwörtlichen Redensarten des MA.s. Bedenkt man, daß fast das gesamte Material auf den Vorarbeiten des Philologen und Volkskundlers Samuel SINGER (1860–1948) beruht, so kommt man aus dem Staunen gar nicht wieder heraus. Mit diesem gigantischen Werk wird diesem Komparatisten und Mediävisten postum ein Denkmal gesetzt, woran kein an der diachronen Sprach- und Sprichwörterforschung interessierter Wissenschaftler vorbeikommt. Jeder Bd. ist eine ungeheure Fundgrube, und die in Bern tätigen Herausgeber Ricarda LIVER und Werner ZILTENER sowie die Redaktion bestehend aus Mathilde BRACHNA, Eva DELZ, Christian HOSTETTLER, Vroni MUMPRECHT, Hans RUEF und Hans-Ulrich SEIFERT verdienen Anerkennung und Dank für ihre unermüdliche und süperbe Arbeit. Im Prinzip gibt es an diesen vier neuen Bd.en nichts auszusetzen, und wenn es auf den folgenden Seiten dennoch kritisch zugeht, so handelt es sich lediglich um Überlegungen und Ergänzungen, die den Wert der Bd.e nicht in Frage stellen sollen. Diese spannenden (!) Bd.e fordern zur wissenschaftlichen Auseinandersetzung heraus, und als Standardwerk werden sie ihren Platz neben den besten Lexika der gesamten Philologie einnehmen.

Der fünfte Bd. läßt erneut erkennen, daß es für gewisse Titelstichwörter wie etwa 'Glück' (62–110), 'Gott' (135–209), 'Gut' ([Adj.], 243–293), 'Hand' (370–392) und 'Haupt' (429–440) zu Textanhäufungen kommt, die nur durch lexikographische Akribie sinnvoll geordnet werden konnten. Bei solchen Artikeln sind die vorangestellten Inhaltsverzeichnisse unerläßlich. Dennoch ist es nicht immer leicht, ein bestimmtes Sprichwort zu finden. Aber 'Suchet, und ihr werdet finden' (Matthäus 7,7), und das Lesevergnügen während der Suche ist einmalig.

---

[1] Thesaurus proverbiorum medii aevi. Lexikon der Sprichwörter des romanisch-germanischen Mittelalters. Begründet von Samuel SINGER, hg. vom Kuratorium SINGER der Schweizerischen Akademie der Geistes- und Sozialwissenschaften. Bd. 5: Gewohnheit-heilen, Berlin/New York 1997 (de Gruyter), 476 S.; Bd. 6: heilig-Kerker, Berlin/New York 1998 (de Gruyter), 475 S.; Bd. 7: Kern-Linie, Berlin/New York 1998 (de Gruyter), 492 S.; und Bd. 8: Linke-Niere, Berlin/New York 1999 (de Gruyter), 484 S.

Dennoch sei hier erneut für einen ganzen Registerband plädiert, der den Wert des Lexikons zusätzlich erhöhen wird. Vor allem müßte man in diesem Bd. nachschlagen können, wo in den Bd.en die von einem Autor verwendeten Sprichwörter zu finden sind. Bisher ist es zum Beispiel nicht möglich, die Sprichwörter und Redensarten aus Wolfram v. Eschenbachs 'Parzival' zu finden, es sei denn, man liest alle Bd.e durch.

Die Materialfülle zu dem Sprichwort 'Gleich und gleich gesellt sich gern' (41–47) mit 133 Texten ist an sich schon überwältigend, aber es kommt noch eine Sektion von acht deutschen Wellerismen (Sagwörtern) hinzu, darunter auch Martin Luthers 'Gleich und gleich gesellet sich gerne [sprach der Teufel] zum koler' und 'Gleich und gleich gesellet sich gerne, sprach der Teufel, beschwor eine schwarze Saue' (46–47). Allerdings fehlt dann in den Anmerkungen ein Hinweis auf James C. CORNETTE, Luther's Attitude Toward Wellerisms, in: Southern Folklore Quarterly 9 (1945) 127–144. Überhaupt werden Luthers Werke und die Lutherbibel im TPMA zu Recht sehr oft zitiert, aber es genügt heute nicht mehr, in den Anmerkungen lediglich auf Ernst THIELES kommentierte Ausgabe von Luthers Sprichwörtersammlung (Weimar: Hermann Böhlau, 1900) zu verweisen. Wenigstens folgende Schriften hätte man gelegentlich zu Rate ziehen müssen: James C. CORNETTE, Proverbs and Proverbial Expressions in the German Works of Luther (Diss. University of North Carolina, 1942; auch als Buch hg. von Wolfgang MIEDER und Dorothee RACETTE. Bern: Peter Lang, 1997); Dietz-Rüdiger MOSER, 'Die wellt wil meister klueglin bleiben …': Martin Luther und das deutsche Sprichwort, in: Muttersprache 90 (1980) 151–166; und von Berthold WECKMANN, Sprichwort und Redensart in der Lutherbibel, in: Archiv für das Studium der neueren Sprachen und Literaturen 221 (1984) 19–42.

Erwartungsgemäß gibt es auch für das Sprichwort 'Es ist nicht alles Gold, was glänzt' (130–132) wieder zahlreiche Belege, und in Anm. 12 (134) gibt es zusätzlich einen Hinweis auf Archer TAYLORs kurzen Beitrag in Romance Philology 11 (1958) 370–371. Es sei aber hinzugefügt, daß dieser bekannte Parömiologe in einem weiteren Aufsatz die englische Entlehnung des lateinischen Sprichwortes untersucht hat: 'All Is not Gold that Glitters' and Hypothetical Reconstructions, in: Saga och Sed, ohne Bandnummer (1959) 129–132. Die internationale Verbreitung dieses Sprichwortes über 33 Sprachen hat Gyula PACZOLAY untersucht in seinem Beitrag 'Magyar proverbiumok europai rokonsaga: A 'Nem minden arany, ami fénylik' példajan', in: Ethnographia 97 (1986) 334–360.

Von Interesse ist natürlich ein stereotypes und misogynes Sprichwort wie 'Langes Haar, kurzer Sinn' (316), dessen Herkunft der Parömiologe Richard JENTE in seinem Beitrag 'German Proverbs from the Orient', in: Publications of the Modern Language Association 48 (1933) 17–37 (bes. S. 18–26) zu erklären versucht hat. Doch unter dem Stichwort 'Haar' (315–321) sind darüber hinaus zahlreiche Redensarten verzeichnet, wie etwa 'Haare lassen', 'Ein Haar krümmen', 'Haare spalten', 'An einem Haar hängen', 'An den Haaren herbeiziehen', 'Die Haare stehen zu Berg' und 'In die Haare geraten (In den Haaren liegen)'. Natürlich sind diese Redensarten ebenfalls in Lutz RÖHRICHs 'Das große Lexikon der sprichwörtlichen Redensarten' (Freiburg: Herder, 1991/1992) verzeichnet, aber der TPMA bringt halt oft frühere Belege und dies auf kontrastiver Basis mehrerer europäischer Sprachen.

Erstaunlich ist wiederum, welche große Rolle somatische Ausdrücke im MA. gespielt haben. So findet sich unter 'Hand' (370–392) nicht nur das aus dem klassischen Griechisch über das Lateinische in viele Sprachen lehnübersetzte Sprichwort 'Eine Hand wäscht die andere' (377) mit seinen Varianten 'Eine Hand kratzt (reibt) die andere' (378), sondern es gibt vor allem viele Frühbelege für Redensarten wie 'In Gottes Hand sein', 'Auf den Händen tragen', 'Mit ausgestreckten Händen empfangen', 'Mit ungewaschenen Händen', 'Die Hände in Unschuld waschen', 'Mit Händen und Füssen', 'Hand und Fuss haben', 'Im Handumdrehen' usw. (383–390). Unter 'Haupt' (429–440) geht es ähnlich zu, doch werden hier gleichzeitig die

Ausdrücke mit dem Schlüsselbegriff 'Kopf' verzeichnet: 'Den Kopf zerbrechen', 'Auf dem Haupt gehen (tanzen)', 'Mit dem Kopf hindurch', 'Den Kopf aus der Schlinge ziehen', 'Vor den Kopf stossen', 'Auf das Haupt scheissen' usw. (436–438). Im siebten Bd. gibt es dann selbstverständlich den Verweis 'Kopf' s. 'Haupt' (154), so daß sich die 'Kopf'-Ausdrücke mühelos auffinden lassen.

Immer wieder sind auch Namen enthaltene Sprichwörter und Redensarten in den TPMA aufgenommen worden. Unter 'Hans' (403–404) findet man zum Beispiel 'Was Hänschen nicht lernt, lernt Hans nimmermehr' und 'Hans in allen Gassen' mit Belegen aus Murner, Luther, Agricola, Franck und Egenolff. Zu dem ersten Sprichwort sei auf meinen Aufsatz 'Was Hänschen nicht lernt, lernt Hans nimmermehr': Zur Überlieferung eines Luther-Sprichwortes, in: Sprachspiegel 39 (1983) 131–138 verwiesen. Zu Namen in Phraseologismen ganz allgemein bietet Otto Paul STRAUBINGERS leider ungedruckte Arbeit 'Given Names in German Proverbs' (Diss. University of California at Los Angeles, 1946) zahlreiche etymologische und historische Erklärungen. Vgl. zusätzlich Wolfgang MIEDER, International Bibliography of Explanatory Essays on Proverbs and Proverbial Expressions Containing Names, in: Names 24 (1976) 253–304.

Wie zuverlässig und inklusiv der TPMA ist, läßt sich zum Beispiel an der Aufnahme des Sprichwortes 'Ein hase zwackte einen wolf: noch heute ist er zagellos darvmb' (420) aus Johanns v. Tepl 'Ackermann aus Böhmen' erkennen. Karl Friedrich Wilhelm WANDER bringt in seinem fünfbändigen Deutschen Sprichwörter-Lexikon (Leipzig: F. A. Brockhaus, 1867–1880) lediglich den Beleg 'Wann ein Haass den Wolff will wecken, so muss er sein Balck dran stecken' (Bd. 2, Sp. 372, Nr. 120) aus dem frühen 17. Jh. Vgl. hierzu meinen Aufsatz 'Streitgespräch und Sprichwort-Antithetik: Ein Beitrag zur Ackermann aus Böhmen- und Sprichwortforschung', in: Daphnis 2 (1973) 1–32; jetzt auch in: Wolfgang MIEDER, Sprichwort – Wahrwort!? Studien zur Geschichte, Bedeutung und Funktion deutscher Sprichwörter (Frankfurt am Main: Peter Lang, 1992) 113–149. Der Beitrag enthält eine Aufstellung der 78 im 'Ackermann' enthaltenen Sprichwörter mit Belegen aus WANDER.

Schließlich sei aus dem fünften Bd. noch das Schlüsselwort 'Haut' (458–478) herausgegriffen. Da findet man eingangs das heute nicht mehr gebräuchliche misogyne Sprichwort 'Die Frau hat neun (drei) Häute' (460). Auch das Sprichwort 'Aus fremder Haut schneidet man breite (lange) Riemen' (461–463) mit seinen vielen Belegen dürfte im modernen Sprachgebrauch kaum noch volksläufig sein. Doch umso bekannter sind Redensarten wie 'Mit der Haut bezahlen', 'Die Haut teuer verkaufen', 'Die Haut über die Ohren ziehen', 'Aus der Haut fahren', 'Eine zähe Haut haben', 'Haut und Knochen' usw. (466–468). Auch die Zwillingsformel 'Mit Haut und Haar' (468) fehlt nicht mit Belegen aus Luther und Sachs. Hier hätte es sich jedoch gelohnt, Ulrike SCHOWES Buch 'Mit Haut und Haar': Idiomatisierungsprozesse bei sprichwörtlichen Redensarten aus dem mittelalterlichen Strafrecht' (Frankfurt am Main: Peter Lang, 1994) einzusehen. Das Kapitel über 'Mit Haut und Haar' (143–155) enthält zahlreiche frühere Belege aus der Rechtsliteratur. Überhaupt werden sich in der gesamten mittelalterlichen Fachliteratur sicherlich noch manche sprichwörtliche Belege finden lassen. SINGER war schließlich hauptsächlich Philologe und Literaturwissenschaftler, und das neuere Interesse an der Fachliteratur gehört wohl doch eher in die zweite Hälfte des 20. Jh.s Man könnte sich aber vorstellen, daß ein Forscherteam sich auf die sprichwörtliche Sprache solcher Texte konzentrierte. Was die Rechtssprache betrifft, so hat man diese allerdings schon seit Jacob GRIMM beackert, und zu den neuen Untersuchungen gehören zum Beispiel Brigitte JANZ, Rechtssprichwörter im Sachsenspiegel: Eine Untersuchung zur Text-Bild-Relation in den Codices picturati (Frankfurt am Main: Peter Lang, 1989) und Ruth SCHMIDT-WIEGAND/Ulrike SCHOWE, Deutsche Rechtsregeln und Rechtssprichwörter: Ein Lexikon (München: C. H. Beck, 1996). Freilich enthält auch das von Adalbert ERLER / Ekkehard KAUFMANN herausgegebene 'Handwörterbuch zur deutschen Rechtsgeschichte' (Berlin: Erich Schmidt, 1971ff.) etliche Artikel zu sprichwörtlichen Formeln.

Am Anfang des 6. Bd.s fällt unbedingt auf, daß es für das Schlüsselwort 'Held' lediglich einen Beleg gibt, und zwar die Zeile 'Von zweier helde handen dâ gênt wol tûsent rigel für' (Strophe 1979,4) aus dem 'Nibelungenlied' (7). Man hätte über Helden eigentlich mehr Sprichwörter erwartet. Außerdem fragt man sich bei diesem einen Beleg, ob es sich tatsächlich um ein volksläufiges Sprichwort handelt. In meinem Aufsatz 'Swaz sich sol gefüegen': Sprichwort und Schicksal im Nibelungenlied, in: Kleine Beiträge zur Germanistik. Festschrift für John Evert Härd, hg. von Bo ANDERSSON / Gernot MÜLLER (Uppsala: Acta Universitatis Upsaliensis, 1997) 165–177 ist dieser Text nicht verzeichnet. Dennoch ist SINGER und seinem Team zuzustimmen, daß sie diese scheinbar sprichwörtliche Formulierung aufgenommen haben. Die diachronische Sprichwörterforschung kommt nicht weiter, wenn nicht ab und zu Zweifelsfälle registriert werden, und vielleicht finden sich eines Tages exakte oder ähnliche Formulierungen, die die Sprichwörtlichkeit dieser Aussage unter Beweis stellen. Zu diesem Problem der Identifikation von Sprichwörtern in mittelhochdeutschen Texten vgl. Wernfried HOFMEISTER, Sprichwortartige Mikrotexte als literarische Medien, dargestellt an der hochdeutschen politischen Lyrik des Mittelalters (Bochum: Norbert Brockmeyer, 1995).

Fehlen also Texte über Helden, so gibt es umso mehr über 'Herr' (28–65), darunter viele Belege zu dem heute weiterhin populären Sprichwort 'Mit großen Herren ist nicht gut Kirschen essen' (52–53; vgl. dazu Edward SCHRÖDER, Aus der Geschichte einer sprichwörtlichen Redensart, in: Hessische Blätter für Volkskunde 33 [1934–1935] 94–97 und 35 [1936] 133). Daraus geht hervor, daß dies ein Lieblingssprichwort von Luther war, doch das ist ebenso der Fall mit der deutschen Formulierung des Bibelsprichwortes 'Wes das Herz voll ist, des geht der Mund über' (Matthäus 12,34; S. 71–73). Hier nun ist jedoch zu fragen, warum Ricarda LIVER und Eva DELZ, die den Artikel über 'Herz' (65–79) bearbeitet haben, in den Anmerkungen nicht auf die reichhaltige Sekundärliteratur zu diesem Sprichwort hingewiesen haben. Es ist halt doch immer wieder festzustellen, daß die Sprichwörterforschung nicht genug beachtet worden ist, denn natürlich lassen sich in detaillierten Einzeluntersuchungen meistens zusätzliche historische Belege finden. In der folgenden Aufzählung der Schriften zu diesem Sprichwort ist es besonders bedauerlich, daß nicht einmal der Aufsatz von John G. KUNSTMANN registriert wurde, zumal dieser ein Kollege und Freund von SINGER und an der University of North Carolina (Chapel Hill) war: William KURRELMEYER, 'Wes das Herz voll ist, des gehet der Mund über', in: Modern Language Notes 50 (1935) 380–382; John G. KUNSTMANN, And yet Again: 'Wes das Herz voll ist, des gehet der Mund über', in: Concordia Theological Monthly 23 (1952) 509–527; Wolfgang MIEDER, Martin Luther und die Geschichte des Sprichwortes 'Wes das Herz voll ist, des geht der Mund über', in: Sprachspiegel 39 (1983) 66–74; und Timothy C. NELSON, 'Ex abundantia cordis os loquitur': Ein Beitrag zur Rezeptionsgeschichte eines umstrittenen Sprichworts, in: Proverbium 3 (1986) 101–123.

Um bei der Bibel zu bleiben, sei zusätzlich auf die Belege zu dem Sprichwort 'Alles Menschliche (Fleisch) ist wie Heu' (Psalm 36,2; 80–81) hingewiesen. Diese Weisheit über menschliche Vergänglichkeit hat auch in der Kunst ihren Niederschlag gefunden, und zwar vor allem in Hieronymus Boschs Ölgemälde 'Der Heuwagen' (1485). Der TPMA schließt natürlich die Ikonographie und schon gar nicht Abbildungen ein, doch sei ausdrücklich erwähnt, daß die frühen Verbildlichungen von Sprichwörtern und Redensarten von großer Bedeutung für das Verständnis dieser metaphorischen Sprache ist. Zu dieser Heumetapher vgl. allein schon L. de FOURCAUD, Le réalisme populaire dans l'art des Pays-Bas. Hieronymus van Aken, dit Jérôme Bosch, in: La revue de l'art ancien et moderne 31 (1912) 161–176 und 269–284 (bes. S. 269–

276); Louis Lebeer, Het hooi en de hooiwagen in de beeldende kunsten, in: Gentsche Bijdragen tot de Kunstgeschiedenis 5 (1938) 141–155; Jan Grauls, Taalkundige toelichting bij het hooi en den hooiwagen, in: Gentsche Bijdragen tot de Kunstgeschiedenis 5 (1938) 156–177; ders., Tet verklaring van Bosch en Bruegel, in: Gentsche Bijdragen tot de Kunstgeschiedenis 6 (1939–1940) 139–160; P. de Keyser, Rhetoricale toelichting bij het hooi en den hooiwagen, in: Gentsche Bijdragen tot de Kunstgeschiedenis 6 (1939–1940) 128–138; und Anna Birgitta Rooth, Exploring the Garden of Delights. Essays in Bosch's Paintings and the Medieval Mental Culture (Helsinki: Helsinki: Suomalainen Tiedeakatemia, 1992). Vgl. noch die Variante 'Das Leben ist wie Gras' in Bd. 7, 301 mit Verweis auf 'Heu' natürlich.

Interessant sind in diesem Bd. erneut die vielen veralteten Redensarten, wie etwa 'In den Himmel kommen wie ein Rind in ein Mäuseloch' (101), 'Holz auf sich hauen lassen' (169–170), 'Unter dem Hut spielen', 'Unter dem Hütlein zugehen (geschehen)', 'Eine Kappe schneiden', 'Auf die Haube greifen' usw. (322–324). Dabei fällt immer wieder auf, daß Luther als Gewährsperson angegeben wird. Hier zeigt sich demnach, wie sehr Luther der mittelalterlichen Volkssprache verpflichtet war. Das bereits zitierte Buch von James C. Cornette über Luthers Sprichwörter ist aber auf jeden Fall zusätzlich einzusehen, denn dort sind sage und schreibe 4987 sprichwörtliche Texte verzeichnet.

Mehr oder weniger veraltet sind auch das mittellateinische Sprichwort *'Audi, vide, tace, si tu vis vivere in pace'* (185–187) und seine Lehnübersetzungen. Übrigens gibt es dazu aus dem Jahre 1678 eine interessante Zeichnung des italienischen Künstlers Giuseppe Maria Mitelli (1634–1718); vgl. Lorenzo Marinese/Alberto Manfredi (Hgg.), Proverbi Figurati di Giuseppe Maria Mitelli (Milano: Casa Editrice Cerastico, 1963; Nachdruck Milano: Edizione Meneghello, 1985), Abb. 4. Noch interessanter ist sicherlich, daß dieses alte Sprichwort der Passivität seit dem späten 19. Jh. auf internationaler Ebene durch das aus dem Fernen Osten kommende drei-Affen-Sprichwort 'Nichts hören, nichts sehen, nichts sagen' (die Anordnung der Verben ist unterschiedlich) fast vollends verdrängt worden ist. Vgl. dazu meinen Aufsatz 'Die drei weisen Affen und das Sprichwort 'Nichts sehen, nichts hören, nichts sagen'', in: Muttersprache 90 (1980) 167–178; jetzt auch in: Wolfgang Mieder, Deutsche Sprichwörter in Literatur, Politik, Presse und Werbung (Hamburg: Helmut Buske, 1983) 132–143 (mit zahlreichen Abb.).

Und wie steht es nun mit den Redensarten 'Ein Hahnrei sein' bzw. 'Jemandem Hörner aufsetzen' (197–198)? In vielen Sprachen hört man diese Ausdrücke über den betrogenen Ehemann noch, aber Eva Delz tat gut daran, in einer Anmerkung (199) auf die Erklärungen in Lutz Röhrichs bereits erwähntem Lexikon hinzuweisen. Dort ist eine beachtliche Sekundärliteratur zu diesem sprichwörtlichen Motiv verzeichnet, die sich auf die deutschen Ausdrücke bezieht. Vgl. zusätzlich Robert Bates Graber/Gregory C. Richter, The Capon Theory of the Cuckold's Horns: Confirmation or Conjecture?, in: Journal of American Folklore 100 (1987) 58–63; Douglas Bruster, The Horn of Plenty – Cuckoldry and Capital in the Drama of the Age of Shakespeare, in: Studies in English Literature 1500–1900 30 (1990) 195–215; Malcolm Jones, Folklore Motifs in Late Medieval Art II: Sexist Satire and Popular Punishment, in: Folklore (London) 101 (1990) 69–87; und ders., Folklore Motifs in Late Medieval Art III: Erotic Animal Imagery, in: Folklore (London) 102 (1991) 192–219. Hinzu kommt noch der von Wolfgang Spiewok/Danielle Buschinger herausgegebene Sammelband 'Der Hahnrei im Mittelalter' (Greifswald: Reineke-Verlag, 1994). Jones verweist besonders auf die reichhaltige Ikonographie zu diesen Redensarten, und natürlich sind in diesen Schriften noch viele frühe Belege verzeichnet. So hätte man die recht wenigen Texte im TPMA zu diesem populären Motiv erheblich ergänzen können. Das Bild, das jetzt auf diesen zwei Seiten vermittelt wird, entspricht nicht den belegbaren Tatsachen.

Ein ähnliches Bild ergibt sich für die beliebten Redensarten 'Die Hosen tragen' und 'Die Frau trägt die Hosen' (202–203), die den Geschlechterkampf auf den kulturgeschichtlich so interessanten Kampf um die Hose reduzieren. Vroni MUMPRECHT als Bearbeiterin des Artikels über Hose (200–205) verweist zwar auf RÖHRICHS Lexikon, doch liegt nun Sigrid METKENS wertvolle Studie 'Der Kampf um die Hose: Geschlechterstreit und die Macht im Haus. Die Geschichte eines Symbols' (Frankfurt am Main: Campus Verlag, 1996) vor, die zusätzlich zu vielen literarischen Belegen aus der europäischen Literatur über achtzig Abbildungen enthält. So fragt man sich in der Tat, warum bei diesen beiden Redensarten zum Beispiel die frühen englischen Texte fehlen? Im 16. Jh. wenigstens, zum Beispiel in Shakespeare, gab es sie längst im Englischen!

Doch nicht immer verweisen die Herausgeber des TPMA auf das so zuverlässige Lexikon von RÖHRICH. Zu der Redensart 'Er ist ein rechter Hennengreifer' (214) gibt es nur einen Hinweis auf GRIMMS Wörterbuch, während RÖHRICH immerhin einen kurzen Artikel dazu bietet (Bd. 1, 412), um zu erklären, daß es sich dabei um einen Schürzenjäger handelt. Auch zu dieser Metapher gibt es wieder eine ikonographische Tradition; vgl. dazu und zum 'Hahnrei' Johannes BOLTE, Bilderbogen des 16. Jahrhunderts, in: Tijdschrift voor Nederlandsche Taal- en Letterkunde 45 (1895) 119–152 (mit Abb.).

Eine große Leistung stellt der umfangreiche von Vroni MUMPRECHT bearbeitete Artikel zu 'Hund' (216–292) mit seinen 1179 Texten aus romanischen und germanischen Sprachen dar. Die Materialfülle allein in eine sinnvolle Gliederung zu bringen, muß ungemein viel Zeit und Mühe gekostet haben! Jeder Hundeliebhaber wird sich an diesen Texten erfreuen, und natürlich findet man darunter alte bekannte wie 'Hunde, die bellen, beißen nicht' (244) und 'Zwei Hunde über einem Bein (Knochen) kommen selten überein' (255–256). Zu dem zweiten Sprichwort gibt es eine reiche ikonographische Tradition in Holzschnitten und Miserikordien, und auch Pieter Brueghel hat dieses Sprichwort in seinem Ölgemälde 'Die Niederländischen Sprichwörter' (1559) verbildlicht. Es ist nicht möglich, hier die vielen Studien allein zu diesem Bild aufzuzählen. Erwähnt sei besonders die neuere Studie von Alan DUNDES / Claudia A. STIBBE, The Art of Mixing Metaphors: A Folkloristic Interpretation of the 'Netherlandish Proverbs' by Pieter Bruegel the Elder (Helsinki: Suomalainen Tiedeakatemia, 1981). Alle weitere Literatur, auch zu Miserikordien, Emblemen, Stichen, Bildern usw., steht jetzt mit kritischen Kommentaren verzeichnet in Wolfgang MIEDER / Janet SOBIESKI, Proverb Iconography: An International Bibliography (New York: Peter Lang, 1999).

Eine Anmerkung hätte allerdings das altgriechische Sprichwort 'Eine Hündin in Eile wirft blinde Hündlein' (269) verdient. Gewiß, es wurde ins Lateinische entlehnt und dann in die Vulgärsprachen übernommen. Im Deutschen heißt es z. B. in den Sprichwörtersammlungen von Franck und Egenolff im 16. Jh. 'Eilt der hund nit, so gebüre er nit blinde jungen'. Doch gerade zu diesem Sprichwort gibt es wichtige Forschungsergebnisse, die es als eines der ältesten Sprichwörter erweisen, denn es ist bis ins Sumerische zurückverfolgt worden; vgl. William L. MORAN, Puppies in Proverbs: From Samsi-Adad I to Archilochus?, in: Eretz-Israel 14 (1978) 32–37; Bendt ALSTER, An Akkadian and a Greek Proverb [The bitch, in its being in a hurry, gave birth to blind (puppies)]: A Comparative Study, in: Die Welt des Orients 10 (1979) 1–5; und Y. AVIS-HUR, Additional Parallels of an Akkadian Proverb Found in the Iraqi Vernacular Arabic, in: Die Welt des Orients 12 (1981) 37–38. Das Sprichwort ist demnach älter als der griechische Text im TPMA, doch dürfte es im Deutschen heute kaum noch gebräuchlich sein. WANDERS Sprichwörter-Lexikon verzeichnet jedoch noch 'Wenn der Hund nicht eilete, so gebiert er nicht blinde Jungen' (Bd. 2, Sp. 866, Nr. 1114) mit Belegen aus dem 17. und 19. Jh.

Zu der alten Redensart 'Einen schlafenden Hund wecken' (282–284) gibt es eine besonders reichhaltige Belegsammlung. In Anm. 88 (291) wird auf wichtige Sekundärliteratur verwiesen, wozu hier noch folgender Aufsatz hinzugefügt werden kann, der frühe englische und französische Texte enthält: Heiner GILLMEISTER, Chaucer's 'Kan ke dort' (Troilus, II, 1752), and the 'Sleeping Dogs' of the Trouvères, in: English Studies 59 (1978) 310–323. Auch für die auf eine Fabel zurückgehende Redensart 'Der Hund in der Krippe' (286) enthält Anm. 94 (S. 292) einen Hinweis auf weiterführende Sekundärliteratur, der noch folgender Beitrag zur Seite gestellt werden kann: John F. PRIEST, 'The Dog in the Manger': In Quest of a Fable, in: Classical Journal 81 (1985) 49–58.

Kulturgeschichtlich sind die Texte unter 'Hure' (306–318), 'Italiener' (337), 'Judas' (367–368) und 'Jude' (368–371) von besonderem Interesse, da hier stereotypische Ausdrücke registriert werden. Zu antisemitischen Sprichwörtern und Redensarten gibt es sehr viele Arbeiten, die in meinem dreibändigen Werk 'International Proverb Scholarship: An Annotated Bibliography' (New York: Garland Publishing, 1982, 1990 und 1993) verzeichnet sind. Erwähnt seien hier lediglich die zwei Bd.e von Ad. JEDLICKA, Der jüdische Stamm in nichtjüdischen Sprichwörtern (Wien: Waizner, 1881–1882), die bewußt gegen den Antisemitismus ausgerichtet sind. Bedeutend ist ebenfalls Wayland D. HANDS 'A Dictionary of Words and Idioms Associated with Judas Iscariot', in: University of California Publications in Modern Philology 24 (1942) 289–356. Leider gibt es zu antisemitischen Ausdrücken auch etliche gemeingefährliche Aufsätze und Bücher, die mit objektiver Wissenschaftlichkeit nichts zu tun haben und den stereotypischen Haß schüren wollten; vgl. dazu meinen Aufsatz 'Sprichwörter unterm Hakenkreuz', in: Muttersprache 93 (1983) 1–30; jetzt auch in: Wolfgang MIEDER, Deutsche Sprichwörter in Literatur, Politik, Presse und Werbung (Hamburg: Helmut Buske, 1983) 181–210.

Viel Literatur gibt es freilich auch zu gewissen Bibelsprichwörtern. Das ist besonders der Fall für das Sprichwort 'Gebt dem Kaiser, was des Kaisers ist, und Gott, was Gottes ist' (Matthäus 22,21; Markus 12,17; Lukas 20,25; 401–402), das zum Beispiel von Walther v. d. Vogelweide folgendermaßen formuliert wurde: 'Dô riet er den unwîsen Daz si den keiser liezen haben Sîn kuneges reht, und got swaz gotes waere' (402). Hier hätte man wohl doch auf einige der formkritischen Arbeiten hinweisen können, denn die Übersetzung der verschiedenen Belege in den Evangelien haben in den europäischen Sprachen zu Variantenformulierungen geführt: J. DENNEY, Caesar and God, in: The Expositor, 5. Reihe, 3 (1896) 61–69; Martin RIST, Caesar or God (Mark 12:13–17)? A Study in 'Formgeschichte', in: Journal of Religion 16 (1936) 317–331; Ivar BENUM, Gud og keiseren. Mark 12,13–17, in: Norsk teologisk tidsskrift 42 (1941) 65–96; Terence Gervais WHITE, 'Render unto Caesar the Things that Are Caesar's, and to God the Things that Are God's' (Mark 12,17), in: The Hibbert Journal 44 (1945–1946) 263–270; und Michael BÜNKER, 'Gebt dem Kaiser, was des Kaisers ist!' – Aber was ist des Kaisers? Überlegungen zur Perikope von der Kaisersteuer, in: Kairos. Zeitschrift für Religionswissenschaft und Theologie 29 (1987) 85–98.

Ein Höhepunkt des 6. Bd.s ist der von Eva DELZ zusammengestellte Artikel über 'Katze' (441–465). Allerdings überrascht es, daß für die Redensarten 'Die Katze im Sack kaufen' und 'Eine Katze für ein Stück Vieh (einen Hasen) verkaufen' (460) keine deutschen Belege verzeichnet sind. Es gibt doch den 1515 aufgezeichneten Eulenspiegel-Schwank 'Wie Ulenspiegel zu Leipzigk den Kürßnern ein lebendige Katz nägt in ein Hasenfel in einem Sack für einen lebendigen Hasen verkaufft', wobei allerdings noch nicht absolut sicher ist, ob dieser Streich die Ursache dieser Redensart ist, oder ob es sich bei dem Schwank um eine ätiologische Volkserzählung zum Ursprung der Redensart handelt; vgl. dazu meinen Beitrag 'Eulenspiegel macht seine Mitbürger durch Schaden klug': Sprichwörtliches im 'Dil Ulenspiegel' von 1515, in: Eulenspiegel-Jahrbuch 29 (1989) 27–50; jetzt auch in: Wolfgang MIEDER, Sprichwort – Wahrwort!? Studien zur Geschichte, Bedeutung und Funktion deutscher Sprichwörter (Frankfurt am Main: Peter Lang, 1992) 59–85.

Mit Bezug auf die leider immer weniger gebräuchliche Redensart 'Der Katze eine Glocke (Schelle) anhängen' (461) wird in Anm. 20 (464) zwar die weit verbreitete Fabel von den Mäusen erwähnt, die der Katze eine Schelle umhängen wollen, doch fehlt ein Hinweis auf Paul Franklin BAUMS bedeutenden Aufsatz 'The Fable of Belling the Cat', in: Modern Language Notes 34 (1919) 462–470; jetzt auch in: Pack CARNES (Hg.), Proverbia in Fabula: Essays on the Relationship of the Fable and the Proverb (Bern: Peter Lang, 1988) 37–46. Zu beachten wäre hier zusätzlich wieder die ikonographische Tradition, die sich von Holzschnitten (auch in Brants 'Narrenschiff' von 1494) und Miserikordien über Pieter Brueghel und Francisco de Goya hinzieht bis zu modernen Karikaturen und Witzzeichnungen; vgl. Blamire YOUNG, The Proverbs of Goya. Being an Account of 'Los Proverbios', Examined and Now for the First Time Explained (New York: Houghton Mifflin, 1923) 38–44; Ella S. SIPLE, A 'Flemish Proverb' Tapestry in Boston, in: Burlington Magazine 63 (1933) 29–35; Jan GRAULS, Een vijftiendeeuws spreekwoordentapijt, in: Artes Textile, 3 (1956) 14–26; George LEVITINE, The Elephant of Goya, in: Art Journal 20 (1961) 145–147; und Elaine C. BLOCK, Bell the Cat and Gnaw the Bone: Animals and Proverbs on Misericords [sic], in: Reinardus: Yearbook of the International Reynard 4 (1991) 41–50. Schließlich sind die 182 Holzschnitte nicht zu vergessen, die abgebildet sind in Grace FRANK/Dorothy MINER, Proverbes ein Rimes: Text and Illustrations of the Fifteenth Century from a French Manuscript in the Walters Art Gallery, Baltimore (Baltimore, Maryland: The Johns Hopkins Press, 1937). Erwähnt sei noch, daß es am Ende der TPMA-Belege zu dieser Redensart einen Verweis auf 'Glocke' gibt, und tatsächlich finden sich in Bd. 5 (vgl. S. 59–60; da nun mit einem Verweis auf 'Katze') etliche deutschsprachige Texte zu allgemeineren Varianten (ohne Nennung eines Tieres) der Redensart 'Jemandem (Dem Hund, Der Katze) eine Glocke (Schelle) anhängen'. Trotzdem fragt man sich, warum man diese Belege nicht alle zusammen gruppiert hat.

Die Redensart steht übrigens auch in der 'Historia von D. Johann Fausten' (1587), doch wurde dieser Beleg nicht im TPMA aufgenommen. Das gilt ebenfalls für ein letztes Beispiel aus diesem 6. Bd., nämlich dem Sprichwort 'Wer kegeln will, muss seinen Einsatz machen' (472). Zwar werden zehn Texte aus dem 16. Jh. zitiert, doch der 'Faust'-Beleg 'Darnach einer kegelt, darnach muss er auffsetzen' fehlt. Dieser jedoch wurde von Thomas Mann in seinem Roman 'Doktor Faustus' (1947) in bewußter Anlehnung an das Volksbuch wieder aufgegriffen, wenn er Leverkühn seinen Pakt mit dem Teufel folgendermaßen erklären läßt: 'Ich dachte wohl; Wer da kegeln will, muß aufsetzen, und muß heute einer den Teufel zur Huld nehmen, weil man zu großem Fürnehmen und Werk niemand sonsten kann brauchen und haben denn Ihn'. Vgl. hierzu Ludwig FRÄMKEL/A. BAUER, Entlehnungen im ältesten Faustbuch: Das Sprichwörter-Kapitel, in: Vierteljahrschrift für Litteraturgeschichte 4 (1888) 361–381; und meinen Aufsatz 'Das Sprichwort als volkstümliches Zitat bei Thomas Mann', in: Germanic Notes 3 (1972) 50–53; jetzt auch in: Wolfgang MIEDER, Sprichwort, Redensart, Zitat: Tradierte Formelsprache in der Moderne (Bern: Peter Lang, 1985) 11–14.

Im siebenten Bd. nimmt der Artikel über 'Kind' (10–48) mit 621 Belegen eine bedeutende Stellung ein. Für mich persönlich ist von Interesse, daß auch der TPMA für die Redensart 'Das Kind mit dem Bade ausschütten' (46) als ersten Beleg Thomas Murners 'Narrenbeschwörung' (1512) angibt. In meiner detaillierten Studie dazu konnte ich ebenfalls keinen früheren Nachweis erbringen, obwohl ich dann aus dem 16. Jh. bedeutend mehr Belege verzeichnen konnte; vgl. 'Das Kind mit dem Bade ausschütten': Ursprung, Überlieferung und Verwendung einer deutschen Redensart, in: Muttersprache 102 (1992) 319–340; jetzt auch in: Wolfgang MIEDER, Deutsche Redensarten, Sprichwörter und Zitate: Studien zu ihrer Herkunft, Überlieferung und Verwendung (Wien: Edition Praesens, 1995) 161–182.

Auch zu anderen Sprichwörtern und Redensarten läßt sich unterlassene Sekundärliteratur zitieren, die durchaus weitere Texte für den TPMA enthalten. Hier möchte man erneut darauf aufmerksam machen, daß die parömiologische Forschung zu einzelnen Ausdrücken von dem Herausgeberteam nicht genug beachtet worden ist. Überhaupt hat man das Gefühl, daß an der SINGER-Arbeitsstelle in Bern zwar sehr gewissenhaft, aber dennoch irgendwie isoliert gearbeitet wird. Ich bin mir wenigstens nicht bewußt, irgendwann einmal gehört zu haben, daß man andere historisch und kontrastiv interessierte Parömiologen um Auskunft oder Hilfe gebeten hat. Das ist meiner Meinung nach ein Manko dieses Projekts, denn manche von uns hätten gerne geholfen. Doch hier nun wenigstens einige Ergänzungen, und zwar ganz allgemein meine beiden Bibliographien 'International Bibliography of Explanatory Essays on Individual Proverbs and Proverbial Expressions' (Bern: Herbert Lang, 1977) und 'Investigations of Proverbs, Proverbial Expressions, Quotations and Clichés: A Bibliography of Explanatory Essays which Appeared in 'Notes and Queries' (1849–1983)' (Bern: Peter Lang, 1984). Zu 'Kleider machen Leute' (65) vgl. Hans-Jörg UTHER, Machen Kleider Leute? Zur Wertigkeit von Kleidung in populären Erzählungen, in: Jahrbuch für Volkskunde, ohne Bandangabe (1991) 24–44 (bes. S. 42–44); zu 'Kohlen auf das Haupt des Feindes (auf den Leib) häufen' (Prov. 25,21; 117–118) vgl. Paul WÜST, Zu der Redensart 'feurige Kohlen auf jemandes Haupt häufen' oder 'sammeln', in: Germanisch-Romanische Monatsschrift 2 (1910) 679–681; Alfons SCHULZ, 'Feurige Kohlen', in: Zeitschrift des deutschen Sprachvereins 34 (1919) Sp. 172–174; S. BARTSTRA, Kolen vuurs hoopen op iemands hoofd, in: Nieuw Theologisch Tijdschrift 23 (1934) 61–68; Siegfried MORENZ, 'Feurige Kohlen auf dem Haupt', in: Theologische Literaturzeitung 78 (1953) Sp. 187–192; William KLASSEN, Coals of Fire: Sign of Repentance or Revenge?, in: New Testament Studies 9 (1963) 337–350; und Leonard RAMAROSON, 'Charbons ardents': 'sur la tête' ou 'pour le feu'?, in: Biblica 51 (1970) 230–234; zu 'Die Kunst ist lang, Leben und Glück kurz' (151–152) vgl. Dickinson W. RICHARDS, The First Aphorism of Hippocrates, in: Perspectives in Biology and Medicine 5 (1961) 61–64; und Ariel BAR-SELA/ Hebbel E. HOFF, Maimonides' Interpretation of the First Aphorism of Hippocrates, in: Bulletin of the History of Medicine 37 (1963) 347–354; und zu 'Krokodilstränen' (207) vgl. Alfons de COCK, Krokodillentranen, in: Volkskunde 8 (1895–1896) 9–13 und 22 (1911) 233–234; und DMITRIJ DOBROVOL'SKIJ, Zu Klassifikation und Beschreibungsprinzipien der Phraseologismen mit phraseologisch gebundenen Wörtern unter dem genetischen Aspekt, in: Linguistische Studien. Akademie der Wissenschaften der DDR. Zentralinstitut für Sprachwissenschaft, Reihe A, 56 (1979) 42–73 (mit dieser Redensart als Beispiel).

Bedeutende Artikel sind selbstverständlich zu den Schlüsselwörtern 'Leid' (345–366) und 'Liebe' (398–486) von Vroni MUMPRECHT mit 235 bzw. 1630 Texten zusammengestellt worden, die kein Mediävist vermissen möchte und zweifelsohne oft einsehen wird. Hier nur ein Beispiel aus eigener Erfahrung: Im Jahre 1995 machte ich mich an eine Untersuchung über 'liebe und leide': Sprichwörtliche Liebesmetaphorik in Gottfrieds 'Tristan', die inzwischen in: Das Mittelalter 2 (1997) 7–20 erschienen ist. Doch wie oft ging mir damals der Gedanke durch den Kopf, wenn doch bloß der 7. Bd. des TPMA schon erschienen wäre! Jetzt sind natürlich Sprichwörter wie 'Swem nie von liebe leid geschach, Dem geschach ouch liep von liebe nie' (424), 'Diu blintheit der minne Diu blendet ûze und inne' (426), 'Dem wîbe enmac ir minne Nieman ûz ertwingen ... Man leschet minne wol dermite' (447), 'Swâ liep in liebes ouge siht, Daz ist der minnen viure Ein wahsendiu stiure' (448), 'Wan alse in zorn vil wê getuot, Sô süenet sî diu triuwe, So ist aber diu liebe niuwe Und aber der triuwen mê dan ê (453) und 'Diu manegem minne sinnet, Diu ist manegem ungeminnet' (458) verzeichnet, wobei Varianten gleichzeitig die Sprichwörtlichkeit unter Beweis stellen. All diese Texte hatte ich in meine Diskussion eingeschlossen, doch der TPMA enthält in diesem Artikel über 'Liebe' drei zusätzliche Belege aus Gottfrieds 'Tristan', die ich nicht als Sprichwörter identifiziert hatte: 'Minne, al der werlde unsaelekeit, Sô kurziu vröude als an dir ist, Sô rehte unstaete sô du bist, Waz minnet al diu werlt an dir? Ich sihe doch wol, du lônest ir, Als der vil valschafte tuot: Dîn ende daz ist niht so guot, Als dû der werlde geheizest, Sô dû sî von êrste reizest Mit kurzem liebe ûf langez leit' (439), 'Swer ze sînem vromen Mit sînes vriundes schaden wil komen, Der treit im cleine minne' (472) und 'Minne ist getrieben unde gejaget In den endelesten ort' (484). Den ersten Text hatte ich in meiner 'Tristan'-Ausgabe als mögliches Sprichwort angestrichen, doch schien er mir zu lang, um sprichwörtlich zu sein. Allerdings zeigen die nun zitierten kürzeren Varianten im TPMA, daß es sich wohl doch um eine Anspielung auf die Sprichwortweisheit handelt, daß Liebe zu Leid führt. Die beiden kürzeren Texte sind nur bei Gottfried belegt, aber auch sie scheinen eine gewisse Sprichwörtlichkeit auszustrahlen. Im Nachhinein muß ich gestehen, daß ich sie wohl doch in meinem Aufsatz hätte erwähnen sollen. Den dritten Text hatte ich immerhin ebenfalls mit einem Fragezeichen versehen, d.h. ich hatte an eine mögliche Sprichwörtlichkeit gedacht. Hier sieht man erneut, wie schwierig es ist, mittelalterliche Texte definitiv als Sprichwörter zu erkennen. Auf jeden Fall ist dem Herausgeberteam des TPMA darin zuzustimmen, daß man in Zweifelsfällen für die Aufnahme der 'sprichwortverdächtigen' Texte entschieden hat. Nur so kommt die ältere Parömiographie voran, und zwar besonders, wenn sich dann doch noch exakte Texte oder sehr ähnliche Belege finden lassen.

Enttäuschend sind im achten Bd. die spärlichen Belege für die in der mittelalterlichen Literatur so beliebte Redensart '(Ein Schloss) in die Luft bauen (Luftschlösser)' (54), und doch gibt es gerade dazu eine erhebliche Sekundärliteratur mit zahlreichen Texten aus verschiedenen Sprachen: Alfred MOREL-FATIO, 'Châteaux en Espagne' in: Henri OMONT (Hg.), Mélanges offerts à Emile Picot (Paris: Damascène Morgand, 1913; Nachdruck Genève: Slatkine Reprints, 1969), Bd. 1, 335–342; Arthur LANGFORS, Châteaux en Brie et – en Espagne, in: Neuphilologische Mitteilungen 16 (1914) 107–110; Roland M. SMITH, Chaucer's 'Castle in Spain' (HF 1117), in: Modern Language Notes 60 (1945) 39–40; Axel NELSON, 'Châteaux en Espagne' dans le latin médiéval, in: Eranos 49 (1951) 159–169; und zuletzt mein verehrter Doktorvater Stuart A. GALLACHER, 'Castles in Spain', in: Journal of American Folklore 76 (1963) 324–329. Der TPMA enthält hier lediglich 7 Belege aus dem Lateinischen, Mittellateinischen, Italienischen und Deutschen, doch wo sind die offensichtlich existierenden Texte aus dem Französischen, Englischen usw.? Es ist kaum vorstellbar, daß SINGER nicht auf diese Redensarten gestoßen ist. Vielleicht sind hier doch einmal irgendwie einige Belege verlorengegangen. Bei der ungeheuren Materialfülle wäre das durchaus verständlich. Oder gibt es in einem der nächsten Bd.e unter dem Schlüsselwort 'Spanien' weitere Texte? Doch dann vermißt man hier unter 'Luft' einen Verweis. Wie dem auch sei, man könnte diese fehlenden Belege aus den hier zitierten Aufsätzen unter 'Spanien' nachtragen.

Es wurde schon darauf hingewiesen, daß es immer wieder Texte gibt, deren Sprichwörtlichkeit man bezweifeln könnte. So findet man unter 'Lügen' (55–79) zum Beispiel die Formulierung 'Dâ tuont si niht mê Wan daz siz umbe werfent an ein triegen: Daz lêrent si die fürsten, unde liegen' (58) von Walther v. d. Vogelweide. Ist das nun wirklich ein Sprichwort? Ich hätte es beim Lesen dieses Gedichts kaum als sprichwörtlich empfunden, doch Hans-Ulrich SEIFERT als Bearbeiter dieses Artikels gruppiert es unter der Überschrift 'Die Lüge dringt bis zu den Grossen und Mächtigen'. Liest man dann die zwölf angegebenen Belege, so erscheint einem Walthers Aussage immer 'sprichwörtlicher'. Nur gut, daß es jetzt den TPMA gibt, so daß man in vielen Zweifelsfällen Texte entdeckt, die die mögliche Sprichwörtlichkeit eines Textes beglaubigen. Interessant ist unter 'Lügen' auch, daß für das Sprichwort 'Lügen haben kurze (keine) Beine (sind lahm)' (66) nur sechs Belege aus dem Mittellateinischen, Italienischen und

Spanischen verzeichnet sind. Im Deutschen scheint das heute so beliebte Sprichwort tatsächlich laut WANDERS Lexikon erst seit dem 17. Jh. belegbar zu sein. Vgl. dazu noch das auf neueren politischen Texten beruhende Pamphlet von Hans Jürgen HERINGER, Über die Mannigfaltigkeit der Lügenbeine (Mannheim: Dudenverlag, 1990).

Von besonderem Interesse ist das heute noch sehr geläufige und aus dem Mittellateinischen in viele Sprachen übersetzte Rechtssprichwort *'Qui capit ante molam, merito molit ante farinam'* (87–88). Während jedoch in anderen Sprachen das Mahlen bzw. die Mühle im modernen Sprachgebrauch weiterleben, ist die von Geoffrey Chaucer verwendete englische Variante 'Who so first cometh to the mille first grynt' (88) seit dem späten 16. Jh. längst zu 'First come, first served' reduziert worden. Im heutigen Sprachgebrauch wissen die wenigsten englischen Muttersprachler, daß es sich um ein mittelalterliches Rechtssprichwort handelt. Vgl. hierzu besonders die schwedische Monographie von Sven B. EK, Den som kommer först till kvarns – ett ordspråk och dess bakgrund (Lund: Gleerup, 1964) sowie A. WACKE, 'Wer zuerst kommt, mahlt zuerst' – Prior tempore potior iure, in: Juristische Arbeitsblätter, ohne Bandnummer (1981) 94–98; und Brigitte JANZ, Rechtssprichwörter im 'Sachsenspiegel': Eine Untersuchung zur Text-Bild-Relation in den Codices picturati (Frankfurt am Main: Peter Lang, 1989) 89–93.

Zu dem interessanten Beleg 'Homo bulla' – Es ist bald umb ain menschen [geschehen]' 198) aus dem Jahre 1515 sei jetzt zusätzlich verwiesen auf Yoko MORI, The Iconography of 'homo bulla' in Northern Art from the Sixteenth to the Nineteenth Centuries, in: Homo Ludens: Der spielende Mensch 6 (1996) 149–176. Die in diesem Aufsatz enthaltenen Abbildungen zeigen deutlich, wie die kulturgeschichtlich ausgerichtete Parömiologie unbedingt die ikonographische Tradition zu einzelnen Sprichwörtern und Redensarten einschließen muß. Das gilt ebenfalls für das Bibelsprichwort 'Kann auch ein Mohr seine Haut wandeln oder ein Parder (Leopard) seine Flecken?' (Jeremia 13,23; 222–223); vgl. dazu Carolyn PRAGER, 'If I Be Devil': English Renaissance Response to the Proverbial and Ecumenical Ethiopian, in: Journal of Medieval and Renaissance Studies 17 (1987) 257–279; und Jean Michel MASSING, From Greek Proverb to Soap Advert [*sic*]: Washing the Ethiopian, in: Journal of the Wartburg and Courtauld Institutes 58 (1995) 180–201.

Die Belege unter 'Morgen' ([Subst.], 245–249) sind aus zwei Gründen von Interesse. Einmal sind hier Wettersprichwörter zu solchen meteorologischen Phänomenen wie 'Morgenröte', 'Morgenregen' und 'trüber Morgen' verzeichnet. Zum anderen aber findet man hier das mittellateinische Sprichwort *'Aurora consurgens, quae dicitur aurea hora'* (246) aus dem 13. Jh. mit zwei französichen und provenzalischen Varianten. Hier liegt zweifelsohne ein Vorläufer des deutschen Sprichwortes 'Morgenstunde hat Gold im Munde' vor, das in diesem Wortlaut erst 1585, in der Variante 'Die Morgenstunde hat die Arbeit im Munde' jedoch bereits 1570, auftritt. Seit langem wird angenommen, daß das deutsche Sprichwort eine entstellte Übersetzung aus dem lateinischen Sprichwort 'Aurora musis amica' aus dem Jahre 1497 darstellt. Doch der im TPMA verzeichnete mittellateinische Text *'Aurora consurgens, quae dicitur aurea hora'* scheint mir nun eine direktere und um gut hundert Jahre frühere Quelle für das deutsche Sprichwort zu sein, denn schon hier werden Morgenröte, Gold und Stunde erwähnt. Aus der aufsteigenden Morgenröte, welche die goldene Stunde genannt wurde, ließ sich relativ leicht das gereimte deutsche Sprichwort 'erfinden', d. h. Stunde – Munde statt *aurora – hora*. Dieser lateinische Frühbeleg treibt die Erforschung des deutschen Sprichwortes um einen weiteren Schritt voran; vgl. dazu Wolfgang MIEDER, 'Morgenstunde hat Gold im Munde': Studien und Belege zum populärsten deutschsprachigen Sprichwort (Wien: Edition Praesens, 1997). Wie schade, daß ich diesen phantastischen Beleg aus dem TPMA noch nicht kannte, als ich dieses Buch zusammenstellte. Alle Achtung vor Vroni MUMPRECHT, die diesen Artikel wie so viele andere meisterhaft ausgearbeitet hat.

Ein zu erwartender Höhepunkt des 8. Bd.s ist selbstverständlich der von Ricarda LIVER und Eva DELZ mit beachtlicher lexikographischer Kunstfertigkeit ausgearbeitete Artikel über 'Narr' (348–411) mit seinen 1124 Belegen. Allein schon die detaillierte Inhaltsübersicht (348–353) mit ihren 28 Unterteilungen, die wiederum in viele Untergruppen aufgeteilt sind, läßt auf einen Blick die Komplexität des reichhaltigen Sprichwortmaterials aus der Narrenliteratur erkennen. Von großem komparatistischem und kulturhistorischem Wert sind zum Beispiel die Varianten zu Sprichwörtern wie 'Wer als Narr weggeht, kommt als Narr zurück (ist auch anderswo ein Narr)' (358), 'Narren (, Kinder und Betrunkene) können nichts für sich behalten (sagen die Wahrheit)' (371–372), 'Narren fragen viel' (374), 'Narren geben sich mit schönen Worten und leeren Versprechungen zufrieden' (376–378), 'Narren muss man schlagen (mit Kolben lausen)' (391–393), 'Narrenseil' (400–401), 'Gauch(s)berg, Lappenhausen, Narrenberg' (406). Hinzu kommen freilich noch zahlreiche Redensarten und hilfreiche Anmerkungen (408–411). Wer sich mit der breiten Narrenliteratur auseinandersetzt, wird gerade diesen 'Narr'-Artikel immer wieder zu Rate ziehen, wenn es gilt, literarische Texte und ikonographische Belege zu interpretieren. Sprichwörtliches findet sich vor allem in den Buchillustrationen des 15. und 16. Jh.s, und es sei noch auf bemalte Narrenteller und Narrenschüsseln mit Sprichwörtertexten hingewiesen; vgl. Friedrich ZARNCKE, Bemalte Holzschüssel vom 15. Jahrhundert, in: Anzeiger für Kunde der deutschen Vorzeit, Neue Reihe 6 (1859) 413–416; Hellmut ROSENFELD, Sebastian Brants 'Narrenschiff' und die Tradition der Ständesatire, Narrenbilderbogen und Flugblätter des 15. Jahrhunderts, in: Gutenberg-Jahrbuch, ohne Bandangabe (1965), 242–248; und Werner MEZGER, Der Ambraser Narrenteller von 1528: Ein Beitrag zur Ikonographie der spätmittelalterlichen Narrenidee, in: Zeitschrift für Volkskunde 75 (1979) 161–180.

Zu guter Letzt seien noch die aus dem Griechischen ins Lateinische und in andere europäische Sprachen übersetzten Sprichwörtervarianten über 'Die Natur gewinnt die Oberhand über Erziehung, Gewohnheit und Kunst' erwähnt (430–431). Hier fällt allerdings auf, daß die seit dem 15. Jh. belegten englischen Belege des Sprichwortes 'Nature (sur)passes nurture (art)' nicht registriert worden sind. Es fehlen ebenso Hinweise auf zwei aufschlußreiche Aufsätze, die sich besonders mit englischen, französischen und deutschen Texten sowie Volkserzählungen beschäftigen, die das Sprichwort exemplifizieren. Bei den Erzählungen dreht es sich um eine Katze, die es gelernt hat, eine Kerze in ihren Pfoten zu halten. In dem Augenblick aber, wo sie eine Maus vorbeihuschen sieht, läßt sie die Kerze fallen und jagt der Katze nach, d.h., 'Natur geht vor Lehre': vgl. Willy L. BRAEKMAN/Peter S. MACAULAY, The Story of the Cat and the Candle in Middle English Literature, in: Neuphilologische Mitteilungen 70 (1969) 690–702; und Silvester MAZZARELLA, Proverbs and Phrases in English Connected with Holding Candles, or Linking Cats with Candles, in: Neuphilologische Mitteilungen 71 (1970) 683–689.

Am Ende dieses Bd.s bietet das unermüdliche Herausgeberteam noch zahlreiche romanisch-germanische Belege für die mittellateinische Redensart 'Ins eigene Netz scheissen (Das eigene Netz beschmutzen)' (466–468), womit nochmals auf das skatologische Element der Volkssprache verwiesen wird. Noch drastischer hieß es unter dem Schlüsselwort 'Mund' bereits 'Ins Maul scheissen' (281), und es ließen sich im gesamten TPMA noch andere solche Belege aus der Analsphäre zitieren. Auch stereotypische Sprichwörter und Redensarten hat man in den gewaltigen TPMA aufgenommen, und zwar in diesem Bd. zum Beispiel unter 'Lombarde' (41–42) und 'Mohr' (222–224). Doch fast das letzte in diesem achten Bd. registrierte Sprichwort ist der bekannte Bibelspruch 'Es gibt nichts Neues unter der Sonne' (Prediger 1,9; 476–477). Das mag schon stimmen, doch in dem TPMA gibt es regelrecht auf jeder Seite etwas Neues, das allerdings aus älteren Quellen stammt. Der gesamte 'Thesaurus proverbiorum medii aevi' ist eine wissenschaftliche Superleistung, und das gesamte Herausgeberteam verdient uneingeschränkte Anerkennung und großen Dank. Das gilt auch für den de Gruyter Verlag, der die ersten acht Bd.e in rascher Folge hat erscheinen lassen. Nun ist die Vorfreude riesengroß auf die noch verbleibenden Bd.e dieser unübertroffenen Standardsammlung der älteren europäischen Sprichwörter und Redensarten – ein herrliches Geschenk im Jahre 2000!

"Perfectum opus suum laudet auctorem"

Endgültiger Lobgesang auf den *Thesaurus proverbiorum medii aevi*

Das vorangestellte mittellateinische Sprichwort (vgl. Bd. 13, 79) beschreibt genau, worum es sich in meiner vierten Rezension zu fünf weiteren Bd.en des 'Thesaurus proverbiorum medii aevi' (TPMA) handeln wird. Meine drei früheren im Mlat. Jb. (vgl. 31,2 [1996] 137–142; 33,1 [1998] 185–197 und 35,2 [2000] 323–335) erschienenen Berichte waren trotz kritischer Bemerkungen immer durchaus positive Reaktionen auf dieses beeindruckende Forschungsunternehmen. Im gleichen Sinne sind auch die folgenden Kommentare zu verstehen, die sich mit den Bd.en 9–13 befassen.[1] Damit ist dieses große 'Lexikon der Sprichwörter des romanisch-germanischen Mittelalters' mit seinen dreizehn Bd.en (und einem Bd. 'Quellenverzeichnis') und 6446 Seiten abgeschlossen. Die Drucklegung dieses massiven Projekts hat sich in etwa sieben Jahren vollzogen. Das ist zweifelsohne eine großartige Leistung des gesamten Herausgeberteams, darunter Mitarbeiterinnen von Samuel SINGER: Marga NOEGGERATH-BAUER†, Gertrud STRICH-SATTLER†; Kuratorium Singer: Marian BINDSCHEDLER, Rolf EBERENZ, Peter GLATTHARD, Siegfried HEINIMANN†, Ricarda LIVER, Eckart Conrad LUTZ, Christoph SCHÄUBLIN, Cécile VILAS; wissenschaftliche Leitung: Ricarda LIVER, Gertrud STRICH-SATTLER, Werner ZILTENER†; Redaktion: Mathilde BRACHNA, Eva DELZ, Christian HOSTETTLER, Ricarda LIVER, Vroni MUMPRECHT, Hans RUEF, Hans-Ulrich SEIFERT. Ihnen allen sei im Namen der internationalen Parömiographie und Parömiologie gedankt für die jahrelange Arbeit. Zu erwähnen ist aber auch die erhebliche Unterstützung des Schweizerischen Nationalfonds sowie die vorzügliche Arbeit, die im Walter de Gruyter Verlag (Berlin) durchgeführt wurde. Das Resultat ist ein einmaliges Sprichwörterlexikon für das europäische MA. Samuel SINGER (1860–1948), auf dessen komparatistisch ausgerichtete Vorarbeiten die vielen in diesem Lexikon verzeichneten Sprichwörter und Redensarten zurückgehen, hätte guten Grund, mit Stolz auf diesen voluminösen Thesaurus zu blicken. So lobt das vollendete Werk seinen Urheber und alle anderen Wissenschaftler(innen), die mit unermüdlichem Fleiß und Engagement daran mitgearbeitet haben.

Die hier zu besprechenden fünf Bd.e repräsentieren eine wahre Goldgrube an europäischen Sprichwörtern des MA.s. Auf jeder Seite entdeckt man faszinierende Frühbelege zu Sprichwör-

---

[1] Thesaurus proverbiorum medii aevi. Lexikon der Sprichwörter des romanisch-germanischen Mittelalters. Begründet von Samuel SINGER, hg. vom Kuratorium Singer der Schweizerischen Akademie der Geistes- und Sozialwissenschaften. Bd. 9: niesen-Schädlichkeit, Berlin/New York 1999 (de Gruyter), 475 S.; Bd. 10: Schaf-sollen, Berlin/New York 2000 (de Gruyter), 443 S.; Bd. 11: Sommer-Tröster, Berlin/New York 2001 (de Gruyter), 460 S.; Bd. 12: trüb-weinen, Berlin/New York 2001 (de Gruyter), 452 S. und Bd. 13: Weinlese-zwölf. Mit Korrigenda und Addenda zu den Bänden 1–11. Berlin/New York 2002 (de Gruyter), 476 S.

tern und Redensarten, die zum Teil heute nicht mehr gebräuchlich sind. Das ist im neunten Bd. zum Beispiel der Fall mit den Redensarten 'Gegen den Ofen gähnen' (28, d. h. gegen etwas Unmögliches ankämpfen) und 'Ein Ohrenbläser sein' (38, d. h. ein Schmeichler oder Einflüsterer sein). Bei dem heute noch bekannten Sprichwort 'Der Wald hat Ohren, das Feld hat Augen' (37–38) hätte man jedoch in den Anmerkungen einen Hinweis auf das bekannte Sprichwortbild von Hieronymus Bosch (1450–1516) erwartet. Auch liegt Manfred BAMBECKS Monographie Das Sprichwort im Bild. 'Der Wald hat Ohren, das Feld hat Augen'. Zu einer Zeichnung von Hieronymus Bosch (Wiesbaden: Franz Steiner, 1987) vor. Weitere Studien zu diesem Sprichwort- und Bildmotiv sind verzeichnet in Wolfgang MIEDER/Janet SOBIESKI, Proverb Iconography: An International Bibliography (New York: Peter Lang, 1999). Der Wert von Holzschnitten, Miserikordien, Emblemen usw. ist gerade für das Verständnis älterer sprichwörtlichen Sprachgutes sehr hoch anzusetzen.

Unter dem Stichwort 'Paris' (56–58) steht das stereotypische und misogyne mittellateinische Sprichwort 'Femina casta, securis acuta cliensque fidelis – Hec tria Parisius numquam uel raro uidebis' (57). Frauenfeindliche Sprichwörter lassen sich immer wieder finden, so etwa unter 'Rat' (198), wo Sprichwörter besagen, daß der Rat einer Frau wertlos ist. Allerdings folgen darauf sogleich weitere Texte, die dann behaupten, daß der spontane Rat einer Frau gut ist. All dies zeugt von der bekannten Widersprüchlichkeit der Sprichwörter. Ein anderes Beispiel wäre noch 'Nachreue ist Weibertreue' (280–281). Natürlich werden auch andere Gruppen negativ und positiv im Sprichwort beurteilt; so sind zahlreiche stereotypische und antiklerikale Texte unter 'Pfaffe' (68–81) verzeichnet, und es gibt nur wenige positive Belege. Offensichtlich enthalten gerade solche Sprichwörter bedeutende kulturgeschichtliche Aussagen der Volksmeinung über die Pfaffenmoral. Schlimm steht es ebenfalls um die negativen Meinungen über rothaarige Menschen, wie sie unter 'Rot' (365–368) verzeichnet sind. Mit Recht verweist eine Anmerkung (368) auf Hans NIEDERMEIER, Die Rothaarigen in volkskundlicher Sicht, in: Bayrisches Jahrbuch für Volkskunde, ohne Bandangabe (1963) 76–106. Aufschlußreich sind noch Wayland D. HAND, A Dictionary of Words and Idioms Associated with Judas Iscariot, in: University of California Publications in Modern Philology 24,3 (1942) 289–356 und Gerda GROBER-GLÜCK, Motive und Motivationen in Redensarten und Meinungen, 2 Bd.e (Marburg: N. G. Elwert, 1974).

Immer wieder entdeckt man im TPMA mittelalterliche Frühbelege für sprichwörtliche Texte, wie etwa für die Redensart 'Über den grünen Klee loben' (148), 'Das fünfte Rad am Wagen sein' (180), 'Die Rechnung ohne den Wirt machen' (215–216), 'Aus dem Regen in die Traufe kommen' (236) und '(Die Katze) im Sack kaufen' (409–410). Mit solchen mittelalterlichen Texten kommt die diachronisch ausgerichtete Sprichwörterforschung viele Schritte weiter. Allerdings überrascht es dann oft, daß die Sekundärliteratur fast nicht beachtet worden ist. So gibt es zu der italienischen Redensart 'Maria in Ravenna suchen' (211–212) eine interessante Studie von Anna Paola MULINACCI, 'Cercar Maria per Ravenna': Da un proverbio, a un cantare, alla 'Fantesca' di G. B. Della Porta, in: Italianistica: Revista di letteratura italiane 19 (1990) 69–77; zu dem Rechtssprichwort 'Das größte Recht ist das größte Unrecht' (221–222) vgl. Hildegard KORNHARDT, Summum ius, in: Hermes 81 (1953) 77–85; und Karl BÜCHNER, Humanitas Romana: Studien über Werke und Wesen der Römer (Heidelberg: Carl Winter, 1957) 80–105; zu der Redensart 'Auf keine Kuhhaut gehen' (336) vgl. Robert WILDHABER, Das Sündenregister auf der Kuhhaut (Helsinki: Suomalainen Tiedeakatemia, 1955); zu dem Bibelsprichwort 'Eher geht ein Kamel durch ein Nadelöhr, als daß ein Reicher in den Himmel kommt' (250–252) vgl. vor allem Georg AICHER, Kamel und Nadelöhr: Eine kritisch-exegetische Studie über Mt. 19,24 und Parallelen (Münster: Aschendorff, 1908); und zu dem Sprichwort 'An dem Riemen lernt der Hund Leder fressen' (308) vgl. Friedrich SEILER,

Der Leder fressende Hund, in: Neue Jahrbücher für das klassische Altertum 22 (1919) 435–440. Unter den vielen Belegen zu 'Pferd' (93–123) findet sich auch die kaum noch bekannte Redensart 'Das falbe (fahle, faule) Pferd reiten' (117). Hier wird in einer Anmerkung (122) darauf hingewiesen, daß sich die Redensart auf das Betrügen bezieht. Allerdings hätte man dabei erneut auf eine eingehende sprachliche Untersuchung von Manfred BAMBECK hinweisen müssen: 'Auf einem fahlen Pferde reiten': Ursprung und Sinn einer alten Redensart, in: Archiv für das Studium der neueren Sprachen und Literaturen 217 (1980) 241–258. Natürlich ist eines der ältesten deutschen Sprichwörter aus Notker im TPMA verzeichnet, das heute ebenfalls nicht mehr im Umlauf ist: 'Sô diz rêhpochchilî fliet, sô plechet imo ter ars' (239). Auch unter 'Penis' (63–64) und 'pissen' (139–142) stehen etliche Texte, was deutlich zeigt, daß die Herausgeber vor erotischen und skatologischen Belegen nicht Halt gemacht haben. Diesbezüglich hat der TPMA sehr wichtige frühe Texte verzeichnet, und dies hat großen Wert, da spätere Sammler (vor allem im 19. Jh.) solche 'anstößigen' Ausdrücke der Volkssprache oft unterdrückt haben.

Von Interesse ist, daß es unter 'Reiher' folgendes mittelniederdeutsches Sagwort gibt: 'Id is quad water, sprack de reyger: Dat was öme alto depe to waden' (267). Dieser Wellerismus taucht übrigens in Goethes 'Dichtung und Wahrheit' auf; vgl. dazu den aufschlußreichen Aufsatz des deutschen Parömiologen Friedrich SEILER (1851–1927), Ein alter Reim bei Goethe, in: Zeitschrift für den deutschen Unterricht 33 (1919) 383–386. Natürlich fehlen auch Wettersprichwörter ('Regen', 227–237) und Rechtssprichwörter ('Richten', 289–304) nicht. Immer enthalten die Abschnitte zahlreiche Varianten in vielen Sprachen, so zum bekannten Sprichwort 'Wenn eine Krähe (Gans) über den Rhein fliegt, kommt sie als Krähe (Gans) wieder' (287–288). Hier gibt es dann erwartungsgemäß Verweise auf ähnliche Texte unter 'Gans', 'Affe', 'Bock', 'Esel', 'Fuchs', 'Hund', 'Katze', 'Narr', 'Paris', 'Pilger', 'Rom' usw. Solche Querverweise sind ungemein wichtig für den TPMA, denn so lassen sich strukturgleiche und sinnverwandte Sprichwörter auffinden. Mit Bezug auf Rom sei noch folgende kulturgeschichtliche Studie erwähnt, die eine Fülle von Sprichwörtern und Redensarten aus den europäischen Sprachen enthält: Marco BESSO, Roma e il Papa nei proverbi e nei modi di dire (Firenze: Leo Olschki, 1971). Viele dieser Texte sind aus dem Lateinischen in die Vulgärsprachen lehnübersetzt worden. Das ist selbstverständlich ebenso der Fall für die lateinische Redensart 'sub rosa dicere' (362–363). Dazu heißt es in einer Anmerkung, daß der Ursprung dieses Ausdrucks nicht sicher ist (364, Anm. 6); vgl. aber Nicoletta DE CARLI, 'Sub rosa dicere' und 'avere il marchese': Euphemismus und Symbolik in zwei Redensarten, in: Schweizerisches Archiv für Volkskunde 86 (1990) 35–43.

Hin und wieder leuchtet die Wahl des Schlüsselwortes nicht ganz ein. Dafür hier nur ein Beispiel: Das Sprichwort 'Wer (den Wagen) schmiert, fährt gut' (430) hätte man wohl kaum unter dem Stichwort 'Salbe' gesucht. Allerdings gibt es hier einen Verweis auf 'Wagen (Subst.)' und dort wieder einen Verweis auf 'Salbe'. So findet man die verschiedenen Belege durch dieses konsequent durchgeführte Aufschlüsselungssystem. Wer sich je mit der Lemmatisierung sprichwörtlicher Sprache beschäftigt hat, weiß nur zu genau, wie schwierig es sein kann, Texte logisch und sinngemäß einzuordnen. Manchmal wirkt auch die Gliederung am Anfang der Texte zu einem bestimmten Stichwort überwältigend; so etwa unter 'Schaden' (458–475), wo die sorgfältige und übersichtliche Gliederung allein drei kompakte Seiten (458–461) umfaßt. Dennoch sei bemerkt, daß es in der Praxis manchmal recht mühselig ist, einen bestimmten Beleg in diesem dreizehnbändigen Lexikon zu entdecken. Und so wünscht man sich eben doch, daß es wenigstens noch einen Bd. geben würde, der ein Namenregister enthält, wo man zum Beispiel nachschlagen könnte, in welchem Bd. und auf welcher Seite man die Sprichwörter und Redensarten findet, die von Wolfram von Eschenbach in seinem 'Parzival' verwendet worden sind. Natürlich würde eine CD-ROM Fassung des gesamten TPMA solche Belege in Sekundenschnelle zusammenstellen! Vielleicht erscheint eines Tages in der Tat so eine elektronische Version dieses fabelhaften Lexikons. Auf jeden Fall möchte ich an dieser Stelle im Namen aller Sprichwortforscher dafür plädieren.

Da ich hier nun Wolframs 'Parzival' erwähnt habe, sei mir ein kleiner Exkurs in die praktische Arbeit mit dem TPMA gestattet. In einer gerade abgeschlossenen Arbeit zum sprichwörtlichen Sprachgebrauch in diesem langen Epos habe ich 285 Texte (122 Sprichwörter, 75 Redensarten, 42 sprichwörtliche Vergleiche, 44 Paarformeln und 2 Drillingsformeln) darin identifiziert. Im TPMA habe ich jedoch davon lediglich 49 Belege vorgefunden. Wie kommt es zu dieser erheblichen Diskrepanz? Auf der einen Seite muß es an Samuel SINGERs eigener Arbeitsweise liegen. Möglicherweise hat er den 'Parzival' gleich am Anfang seiner Sprichwort-Studien nach sprichwörtlichen Belegen durchgelesen und einfach gewisse Texte nicht als 'sprichwörtlich' erkannt. Je mehr man sich mit der Identifizierung von Sprichwörtern in schriftlichen Texten beschäftigt, desto mehr bekommt man ein gewisses intuitives 'Gefühl' für solche Belege. Notiert man dann immer mehr Texte, so entdeckt man durch Parallelbelege immer wieder neue Sprichwörter und Redensarten, oft natürlich in Varianten. An Hand des TPMA konnte ich also mir sprichwörtlich erscheinende Zeilen aus dem 'Parzival' nach ihrer tatsächlichen Sprichwörtlichkeit überprüfen und in mein Verzeichnis aufnehmen. Dafür hier nur einige überzeugende Beispiele: Im 'Parzival' heißt es 'waz minne wunders vüegen kan' (365,7), und im TPMA gibt es eine Sektion von Sprichwörtern unter der Rubrik 'Liebe vollbringt große Wunder' (7,413); zu Parz. 'wan swer durch wîp hât arbeit,/daz gît in vröude, etswenne ouch leit/ an dem orte vürbaz wigt:/sus dicke minne ir lônes pfligt' (334,27–30) und zu Parz. 'den ouch von minne ist worden wê' (586,15) vgl. TPMA 'Liebe bringt Übel und Leid, Schmerzen und Qualen (Mühen)' (7,437–441); zu Parz. 'ez was ir bêder ougen dorn' (365,22) vgl. TPMA 'Ein Dorn im Auge sein' (2,281); zu Parz. 'diu naht tet nâch ir alten site:/am orte ein tac ir zogte mite' (378,5–6) und zu Parz. 'Ez ist selten worden naht,/wan deiz der sunnen ist geslaht' (776,1–2) vgl. TPMA 'Nach der Nacht kommt der Tag' (8,315); zu Parz. 'sich vüeget baz ob weint ein kint/denne ein bartohter man' (525,6–7) vgl. TPMA 'Es ist besser, Kinder weinen als Erwachsene' (7,25–26); zu Parz. 'swâ haz die minne undervert,/dem staeten herzen vröude er wert' (726,21–22) vgl. TPMA 'Hass verzehrt das Herz (mit Sorgen)' (5,423); zu Parz. 'dâ wart durch liebe leit verkorn' (728,24) vgl. TPMA 'Freude lässt das Leid bald vergessen' (3,488); zu Parz. 'dâ saz dienst unde lôn' (766,15) vgl. TPMA 'Guter Dienst wird (soll) mit gutem Lohn bezahlt (werden)' (2,233–234); zu Parz. 'got vil tougen hat' (797,23) vgl. TPMA 'Gottes Gerichte (Werke, Geheimnisse, Wege) sind unerforschlich' (5,156); usw. Die Sprichwörtlichkeit dieser Zeilen aus 'Parzival' läßt sich also bestens aus den zahlreichen anderen Belegen im TPMA beweisen. Irgendwie aber hat SINGER diese Texte übersehen, und man kann wohl kaum von dem Herausgeberteam des TPMA erwarten, daß sie alle im 'Quellenverzeichnis'-Bd. angegebenen Primärquellen noch einmal nach sprichwörtlichem Material untersucht haben sollten. Ihre Edition fußt ja prinzipiell auf den Vorarbeiten von Samuel SINGER.

Dennoch hätte man jedoch wenigstens SINGERs vier separate Publikationen zum 'Parzival' einsehen müssen (sie werden nicht im 'Quellenverzeichnis' zitiert), worin dieser viele sprichwörtliche Stellen in diesem Epos identifiziert hat. Dabei dreht es sich um folgende Arbeiten, deren Resultat interessanterweise von SINGER nicht in sein großes dreibändiges Werk 'Sprichwörter des Mittelalters' (Bern: Herbert Lang, 1944/47) aufgenommen worden sind:

Singer 1898a = SINGER, Samuel, Zu Wolframs 'Parzival', in: F. DETTER et al. (Hgg.), Abhandlungen zur Germanischen Philologie. Festgabe für Richard Heinzel (Halle 1898/Hildesheim 1985) 353–436.

Singer 1898b = SINGER, Samuel, Bemerkungen zu Wolframs 'Parzival' (Halle 1898). Identisch mit Singer 1898a, aber mit anderer Seitenzählung.

Singer 1916 = SINGER, Samuel, Wolframs Stil und der Stoff des Parzival (Wien 1916).

Singer 1937 = SINGER, Samuel, Neue Parzival-Studien (Zürich 1937).

Singer 1939 = SINGER, Samuel, Wolfram und der Gral/Neue Parzival-Studien (Bern 1939).

Schon die beiden ersten Zeilen des 'Parzival' sind bereits 1898 von SINGER als sprichwörtlich identifiziert worden, nachdem Franz MONE dies bereits in seiner Schrift 'Zur Literatur und Geschichte der Sprüchwörter', in: Quellen und Forschungen zur Geschichte der teutschen Literatur und Sprache 1 (1830) 186–214 (hier 202) knapp siebzig Jahre vorher ebenfalls getan hatte; zu Parz. 'Ist zwîfel herzen nâchgebur,/daz muoz der sêle werden sûr' (1,1–2) vgl. SINGER (1898a 353–354, 1898b 1–2). Hier noch einige weitere Beispiele: zu Parz. '(daz ist ein wârheit sunder wân)/daz der altest bruoder solde hân/sîns vater ganzen erbeteil' (5,3–5) vgl. SINGER (1939 26–27); zu Parz. 'vor dem [Gott] der gît unde nimt' (7,9) vgl. SINGER (1898a 414, 1898b 62; es dreht sich um das Bibelsprichwort 'Der Herr hat's gegeben, der Herr hat's genommen' [Hiob 1,21]); zu Parz. 'dô gieng ez ûz der kinde spil' (79,20) vgl. SINGER (1916 35); zu Parz. 'ir sît ein gans' (247,27) vgl. SINGER (1916 41); zu 'Swerz niht geloubt, der sündet' (435,1) vgl. SINGER (1898a 423, 1898b 71); zu Parz. 'der die sterne hât gezalt' (659,20) vgl. SINGER (1898a 428, 1898b 76); usw. Hier hätte man wohl doch noch etwas mehr auf SINGERS Schriften eingehen können. Das gilt allerdings für die gesamte Sprichwörterforschung der zweiten Hälfte des 20. Jh.s, die für den TPMA leider nicht ausgewertet worden ist. So gibt es trotz des TPMA noch viel zu tun auf dem Gebiete der Sprichwörter des MA.s. Es ist also durchaus zu begrüßen, daß es momentan ein Bochumer/Münsteraner Projekt über 'Literarische Kleinstformen pragmatischer Schriftlichkeit: Sentenzverwendung im mittelhochdeutschen höfischen Roman des 12. und 13. Jahrhunderts' gibt.

Der zehnte Bd. beginnt mit einer beeindruckenden Zusammenstellung zu der biblischen Redensart 'Ein Wolf im Schafskleid sein' (Matth. 7,15), wobei die deutschsprachigen Belege zeigen, daß sie schon lange vor Martin Luther geläufig war. Zu beachten ist hier, daß der Erstbeleg eben bereits in der althochdeutschen Evangelienübersetzung des Tatian steht (4). Überhaupt müßte man mit Bezug auf biblische Sprichwörter und Redensarten viel mehr auf die vorlutherischen Bibelübersetzungen achten. Luther, der im TPMA immer wieder zusammen mit zeitgenössischen Schriftstellern wie etwa Sebastian Brant und Hans Sachs zitiert wird, ist sozusagen der Höhepunkt der Integration biblischer Weisheit in die deutsche Volkssprache. In ihrem gebräuchlichen Wortlaut gehen viele Ausdrücke in der Tat direkt auf Luther zurück, aber es gibt bedeutend frühere Varianten, die mehr beachtet werden müßten. Zu Luthers Interesse am Sprichwort vgl. vor allem Ernst THIELE, Luthers Sprichwörtersammlung (Weimar: Hermann Böhlau, 1900/ND Leipzig: Reprint-Verlag, 1996); und James C. CORNETTE, Proverbs and Proverbial Expressions in the German Works of Martin Luther (Diss. University of North Carolina at Chapel Hill, 1942, hgg. von Wolfgang MIEDER/Dorothee RACETTE. Bern: Peter Lang, 1997). Weitere Literatur zu Luther und überhaupt zur Sprichwörtlichkeit anderer für den Zeitraum des TPMA in Frage kommender Autoren vgl. Wolfgang MIEDER/George B. BRYAN, Proverbs in World Literature: A Bibliography (New York: Peter Lang, 1996).

Unter 'Scheiden' (43–46) fällt auf, daß für das bekannte Sprichwort 'Scheiden tut weh (fällt schwer)' nur zwölf deutsche Belege von Hartmann von Aue bis zu den Sprichwörtersammlungen von Johannes Agricola und Christian Egenloff verzeichnet sind. Hier hätte man vor allem aus der frühen Volksliedtradition noch etliche Belege finden können, so etwa aus dem 'Ambraser Liederbuch' von 1582, das Samuel SINGER laut dem 'Quellenverzeichnis'-Bd. nicht exzerpiert hat; vgl. dazu Wolfgang MIEDER, Sprichwort und Volkslied: Eine Untersuchung des 'Ambraser Liederbuches' vom Jahre 1582, in: ders., Sprichwort–Wahrwort!? Studien zur Geschichte, Bedeutung und Funktion deutscher Sprichwörter (Frankfurt am Main: Peter Lang, 1992) 87–102 (hier 89–90). Es gibt regelrechte Volkslieder, die sich um dieses Sprichwort drehen und es als Leitmotiv in allen Strophen enthalten; vgl. dazu ebenfalls Wolfgang MIEDER, Das Sprichwort im Volkslied: Eine Untersuchung des 'Deutschen Liederhortes' von Erk/Böhme, in: Jahrbuch des Österreichischen Volksliedwerkes 27 (1978) 44–71 (hier 47–48).

Ins Skatologische geht es selbstverständlich unter dem Stichwort 'Scheißen' (48–52), wobei wohl doch deutlich wird, daß da noch viele Belege fehlen. Natürlich ist Martin Luther, dessen Vorliebe für den sprachlichen Analbereich bekannt ist, mit gleich vier Belegen für die Redensart 'Sich bescheißen' (51) belegt, doch wäre da noch manches hinzuzufügen; vgl. etwa Paul ENGLISCH, Das skatologische Element in Literatur, Kunst und Volksleben (Stuttgart: Julius Büttmann, 1928) bes. 129–137 und Alan DUNDES, Sie mich auch! Das Hinter-Gründige in der deutschen Psyche (Weinheim: Beltz, 1985). Besonders zu beachten wäre hier noch die ikonographische Darstellung der Redensart 'Auf die Welt scheißen', wozu es mittelalterliche Miserikordien sowie Holzschnitte, Embleme und Flugblätter gibt. Vor allem ist die Redensart natürlich auch auf dem berühmten Bild 'Die niederländischen Sprichwörter' (1559) von Pieter Brueghel dem Älteren (c. 1520–1569) abgebildet; vgl. zur Skatologie auf diesem Bild vor allem Alan DUNDES/Claudia A. STIBBE, The Art of Mixing Metaphors. A Folkloristic Interpretation of the 'Netherlandic Proverbs' by Pieter Brueghel the Elder (Helsinki: Suomalainen Tiedeakatemia, 1981).

Unter 'Schiff' (81–87) gab es für mich persönlich eine interessante Überraschung in Bezug auf die Redensart 'Im gleichen Schiff sein' (85–86). Aus den lateinischen Belegen geht hervor, daß der Ausdruck auf Ciceros 'in eadem es navi' zurückgeht. Das hatte Dietmar PEIL in seinem gewichtigen Beitrag 'Im selben Boot': Variationen über ein metaphorisches Argument, in: Archiv für Kulturgeschichte 68 (1986) 269–293, bereits erwähnt, und auch ich habe in meinem Aufsatz eingehend darauf hingewiesen, vgl. 'Wir sitzen alle in einem Boot': Herkunft, Geschichte und Verwendung einer neueren deutschen Redensart, in: W. MIEDER, Deutsche Redensarten, Sprichwörter und Zitate: Studien zu ihrer Herkunft, Überlieferung und Verwendung (Wien: Edition Praesens, 1995) 140–159. PEIL und ich sind derselben Meinung, daß die Redensart 'Im gleichen Schiff sein' wohl kaum der Ausgangspunkt für die Variante 'Im gleichen (selben) Boot sitzen (sein)' ist, obwohl es wenigstens einen Beleg zu der 'Schiff'-Metapher (ohne Quellenangabe!) aus dem 19. Jh. in Karl Friedrich Wilhelm WANDERs Deutschem Sprichwörter-Lexikon gibt (vgl. MIEDER, 147–148). Es gibt aber doch einen bedeutend früheren Beleg dazu bei Martin Luther, den PEIL und ich übersehen haben. Die oben erwähnte Studie von James CORNETTE zu Luthers Sprichwörtern hat diesen Beleg bereits 1942 aufgenommen (ich weiß nicht, wie ich diesen Text darin übersehen konnte!). Wie dem auch sei, nun steht im TPMA ein für allemal, und zwar aus Luthers eigener Sprichwörtersammlung von etwa 1530 zitiert: 'Sind wir doch auch mit ym schiff'(86). Es kommt sogar noch ein Beleg aus einem Brief Luthers vom Jahre 1537 dazu: 'Darumb wir's nicht besser haben können denn unser Vorfahren, und alle Mitbrüder in der ganzen Welt alle mit uns in dem Schiffe fahren und den Teufel mit seinen Sturmwinden leiden mussen' (86). Dieser Text wiederum steht nicht bei CORNETTE, doch hat dieser dafür zwei zusätzliche Belege in LUTHERs Werken entdeckt, die nicht im TPMA stehen. Somit hat der Reformator die 'Schiff'-Redensart mindestens viermal verwendet. Aber wo sind die zusätzlichen Belege von LUTHER bis zum 19. Jh., um eine gewisse Traditionalität dieser Variante zu etablieren? Nun gut, hier sieht man erneut, wie kompliziert die Erforschung allein eines volkssprachlichen Ausdrucks sein kann! Es ist immer alles im Fluß, weil im Prinzip durchaus neue Texte entdeckt werden können und müssen.

Mit Bezug auf die heute noch sehr beliebte (z.B. als Schlagzeile in den Massenmedien) und auf die mittelalterlichen Streitkämpfe zurückgehende Redensart 'Etwas im Schilde führen' (89) ist zu bemerken, daß diese eine eigene Rubrik verdient hätte und nicht unter 'Verschiedenes' hätte eingereiht und versteckt werden sollen. Zu der heute kaum noch bekannten Redensart 'Den Hund vor dem Löwen schlagen' (115–117) haben die Herausgeber auf zwei wichtige Arbeiten aus der Sekundärliteratur (124, Anm. 10) hingewiesen. Dazu gibt es übrigens einen interessanten Holzschnitt in Grace FRANK/Dorothy MINER (Hgg.), Proverbes en Rimes. Text and Illustrations of the Fifteenth Century from a French Manuscript in the Walters Art Gallery, Baltimore (Baltimore, Maryland: Johns Hopkins Press, 1937) Abb. 157.

Lexikographisch gesehen sind die vielen Texte unter dem Adjektiv 'Schlecht' (134–175) trotz detaillierter Gliederung (134–137) zuweilen doch etwas problematisch. Manche hätte man besser unter 'Böse (das)' oder 'Übel (das)' klassifiziert, so daß hier die Texte nicht ins fast Uferlose gehen. Gewöhnlicherweise schaut man in einem Lexikon nicht unter einem Adjektiv nach, wenn ein sinngebendes Substantiv im Text erscheint. Problematisch ist es vielleicht auch, auf Grund nur eines Beleges einen Text zu einem Sprichwort zu erklären. Das ist bei dem einen mittelniederdeutschen Text unter 'Schleppe' (181) der Fall: 'Up er vruwen langhen swansen Plecht de düvel gern to draven/Auf den langen Schleppen der Frauen pflegt der Teufel gerne zu reiten'. Dieser Beleg mutet mich jedoch ebenfalls sprichwörtlich an, und es ist schon besser, man nimmt solche Einzelfälle auf, da die historische sowie zeitgenössische Parömiographie ohne solches 'Risiko' nicht vorankommt. Hinweisen möchte ich auf jeden Fall noch auf ein weiteres 'Schleppe'-Sprichwort, das von den Künstlern Hans Sebald Beham (1500–1550) und Albrecht Altdorfer (1480–1538) im Jahre 1531 gleich zweimal bildlich dargestellt wurde; vgl. Campbell DODGSON, Two Illustrations of a German Proverb, in: Burlington Magazine 26 (1914) 144–146.

Kulturgeschichtlich von großem Wert sind u. a. die zahlreichen Belege unter 'Schön' (218–233), wo es sich auch um Schönheitsideale aus verschiedenen Ländern dreht, und zwar besonders in der Form sprichwörtlicher Priameln, wie etwa: 'Ein weib nach hübschheit als ich sag, Müsst haben eins weib haupt von prag, Ein büschlein [Schamhaar] von einer von frankreich, Und zwei brüstlein von oesterreich, Ein' kehl und rücken von brabant, Von Kölln weiber ihr' weisse hand. Zwey weisse füsslein dort her vom rhein, Von bayern soll der sitten seyn, Vnd die red' dort her von swaben, So thäten sie die frauen begaben' (230–231). Zu solchen gestreckten Sprichwörtern wäre noch mehr Forschung nötig, die sich auch mit stereotypischen Vorstellungen zu beschäftigen hätte. Betreffs Vorurteile sei unter 'Schule' (255–256) die leider noch umlaufende Redensart 'wie eine Sau in einer Judenschule' (256) erwähnt, wozu der TPMA Belege aus einem Fastnachtspiel, aus Luthers Werken und Sebastian Francks bedeutender Sprichwörtersammlung von 1541 liefert. Hier hätte wohl in einer Anmerkung auf den damit verbundenen Antisemitismus hingewiesen werden sollen, der sich ebenso bei Sprichwörtern in der gemeinen Verbindung von Schwein und Juden (vgl. 327) bemerkbar macht; vgl. dazu noch die aufklärende Studie von Isaiah SHACHAR, The 'Judensau': A Medieval Anti-Jewish Motif and Its History (London: The Warburg Institute, 1974) mit 62 beunruhigenden Abbildungen.

Unter 'Schwein' (314–334) steht dann auch die sprichwörtliche Redensart 'Perlen vor die Schweine werfen' (317–319), die auf die Bibel zurückgeht (Matth. 7,6). Hier haben die Herausgeber in einer wichtigen Anmerkung (333, Anm. 1) darauf aufmerksam gemacht, daß es in manchen Varianten, besonders in holländischen Texten, durch eine Fehlübersetzung von 'margarita' (Perle) zur Nennung von Blumen (Gänseblümchen, Rosen usw.) gekommen ist. Hier sei hinzugefügt, daß sich das wieder ganz deutlich ebenso auf dem ikonographischen Gebiet zeigt, und zwar in Misorikordien, Holzschnitten, Emblemen und natürlich ebenfalls auf dem bereits erwähnten Sprichwörterbild von Pieter Brueghel; hier nur ein Titel aus der Sekundärliteratur: Elaine C. BLOCK, Proverbes flamands et miséricordes médiévales, in: (ohne Hgg.), Le miroir des miséricordes: XIIIe-XVIIe siècle. Actes du colloque Conques (Conques:

Centre européen d'art et de civilisation médiévale, 1996) 121–136 (mit 5 Abb.). Schließlich seien aus diesem Bd. noch die Belege zu 'Schwiegermutter' (344–347) erwähnt, die aufzeigen, daß es diese negativen und meist unfairen Vorurteile schon seit Jh.en gibt. Stereotypische Meinungen sind nur sehr schwer zu unterbinden, und es ist gut, daß man durch die Belege im TPMA die sozialgeschichtlichen Zusammenhänge nun besser verstehen kann. Durch kritisches und menschliches Verständnis können stereotypische Ausdrücke möglicherweise abgebaut werden; vgl. dazu Wolfgang MIEDER, The Politics of Proverbs: From Traditional Wisdom to Proverbial Stereotypes (Madison, Wisconsin: University of Wisconsin Press, 1997).

Bei den Belegen zu dem durch viele Varianten geprägten Sprichwort 'Ein Sperling in der Hand ist besser als vier (ein Geier, Kranich, Storch, Rebhuhn, eine Gans) in der Luft (auf dem Dach, auf dem Zaun)' (43) fällt am Anfang des 11. Bd.s auf, daß es scheinbar im MA. die heute geläufige Variante 'Ein Sperling (Spatz) in der Hand ist besser als eine Taube auf dem Dach' noch nicht gab. Sie ist auch unter 'Spatz' (das Stichwort existiert nicht einmal) und 'Taube' nicht zu finden. Dagegen gibt es ungemein viele Texte unter 'Spiel' (48–63), die erneut kulturgeschichtlich bedeutende Aussagen über den menschlichen Spieltrieb zulassen, wobei man sich unwillkürlich an das bekannte Buch 'Homo ludens': Versuch einer Bestimmung des Spielelementes der Kultur (Amsterdam: Pantheon, 1939) von Johan HUIZINGA erinnert. Bedeutend schwieriger wird es dann bei der biblischen Redensart 'Gegen den Stachel löcken' (93–95), wofür die Herausgeber eine willkommene Erklärung hinzugefügt haben (96, Anm. 2); vgl. jetzt Werner BESCH, 'Wider den Stachel löcken (lecken)', in: Gerald F. CARR et al. (Hgg.), Interdigitations: Essays for Irmengard Rauch (New York: Peter Lang, 1999) 247–256.

Von besonderem Interesse sind unter 'Stein' (128–140) die verschiedenen Belege zu dem Sprichwort 'Rollender Stein setzt kein Moos an' (137), woraus hervorgeht, daß es bereits im Mittelgriechischen und Mittellateinischen gängig war. Im Deutschen zitiert nun das TPMA mehrere Varianten aus den bekannten Sammlungen des 16. Jh.s. Auch englische Texte werden angeführt, und heute gehört dieses Sprichwort in der Standardform von 'A rolling stone gathers no moss' zu einem der bekanntesten Sprichwörter überhaupt; vgl. zu den verschiedenen Bedeutungsmöglichkeiten Barbara KIRSHENBLATT-GIMBLETT, Toward a Theory of Proverb Meaning, in: Wolfgang MIEDER/Alan DUNDES (Hgg.), The Wisdom of Many: Essays on the Proverb (New York: Garland Publishing, 1981) 111–121. Im Deutschen dagegen war dieses Sprichwort mehr oder weniger ausgestorben, doch erscheint es in neuerer Zeit hin und wieder in den Massenmedien. Da dürfte es dann aber eher eine moderne Lehnübersetzung aus dem Amerikanischen sein, sozusagen ein zweiter 'Ursprung' nach rund vierhundert Jahren.

Auch zur 'Stiefmutter' (144–147) gibt es selbstverständlich negative Vorurteile. Als Wilhelm GRIMM in den späteren Auflagen der 'Kinder-und Hausmärchen' dann zum Beispiel die 'Mutter' im 'Hänsel und Gretel' Märchen durch 'die böse Stiefmutter' ersetzte, griff er dabei auf eine längst volkstümliche Sprachformel zurück; vgl. Wolfgang MIEDER, 'Findet, so werdet ihr suchen!' Die Brüder Grimm und das Sprichwort (Bern: Peter Lang, 1986) 138–140. Solche Stereotypen sind immer noch nicht aus dem Sprachgebrauch verschwunden. Dagegen sind Redensarten wie 'Den Stiel der Axt nachwerfen' (148), 'Die gelbe Suppe (essen)' (239) und 'Die Taube hat keine Galle' (275–276) längst nicht mehr im Umlauf, und es ist gut, daß kurze Erläuterungen hinzugefügt wurden. Bei der in den Massenmedien gern verwendeten Redensart 'Zwischen zwei Stühlen sitzen' (198–199) hätte man allerdings auf die beachtliche ikonographische Tradition dieses Motifs hinweisen können, besonders da sich heutige Karikaturen weiterhin dieses Bildes bedienen.

Überraschen muß es, daß unter 'Suchen' (205–211) zwar deutschsprachige Belege für 'Wer sucht, findet' (208) zitiert werden, daß jedoch jeglicher Hinweis auf die Bibel oder Luther fehlen. Offensichtlich handelt es sich hier doch um das Bibelsprichwort 'Suchet, so werdet ihr finden (Matth. 7,7), das als 'Wer sucht, der findet' volksläufig geworden ist. Wenn es nun im 'Parzival' heißt, 'der wil suochens niht ervinden,/ouch sol sîn suochen vinden' (593,25–26), so dürfte es sich um eine Anspielung auf dieses Sprichwort handeln. Es ist von Samuel SINGER in seinen bereits erwähnten Schriften zu diesem Epos nicht als Sprichwort identifiziert worden, und so fehlt dieser Beleg folgerichtig im TPMA. Doch da gerade die Rede von der Bibel ist, sei noch erwähnt, daß es für das Stichwort 'Sünde' (211–238) eine reichhaltige Textesammlung gibt, was für das MA. wohl zu erwarten war. Ähnlich sieht es für 'Teufel' aus (288–305), wo sich Frühbelege für heute noch beliebte Redensarten finden lassen, wie etwa 'Den Teufel an die Wand malen' (302) und 'Den Teufel mit dem Teufel (Beelzebub) vertreiben' (303). Natürlich fehlen hier die Hinweise auf Luther nicht, der bekanntlich mit besonderer Vorliebe vom Teufel sprach. Der Reformator mochte aber auch Sagwörter, die den Teufel zum Sprecher haben, wie etwa 'Es ist viehe vnd stal [d.h. es ist sittlich], sprach der teufel, vnd treib seiner mutter eine fliegen in den hindern' (310). Noch deutlicher ist diese Variante von Luther: 'Es ist das vihe im stalle wie der wirth, sagt [sagte] der Teufel und jagte seiner mutter eine fliege in arsch' (310). Zu Luthers Sagwörtern, die in der internationalen Parömiologie als 'Wellerismen' bezeichnet werden, vgl. noch James C. CORNETTE, Luther's Attitude Toward Wellerisms, in: Southern Folklore Quarterly 9 (1945) 127–144.

Schwierig wird es bei dem Lemma 'Tod' (319–396), wofür die Herausgeber sage und schreibe 1392 Belege katalogisiert haben. Kein Wunder, daß die Übersichtsgliederung (319–324) über fünf eng bedruckte Seiten umfaßt. Hier einen bestimmten Text zu finden, kann schon eine geraume Zeit dauern. Wenn man dann aber fündig wird, gibt es keine Enttäuschung. Das zeigen zum Beispiel die vielen Belege zu dem immer noch sehr gebräuchlichen Sprichwort 'Gegen den Tod gibt es kein Kraut' (339–340). Auch skatologische Texte gibt es hier, wie etwa 'Der Tote scheisst nicht mehr' (372–373). Hat es etwas mit der angeblichen Analfixation zu tun, daß dafür lediglich deutschsprachige Belege zu existieren scheinen? Wie erwartet, ist auch Martin Luther wieder einer der zuverlässigsten Gewährpersonen. Unter der Rubrik 'Wir wissen nicht, wann, wo und wie wir sterben' (346–353) sind gar 109 Belege verzeichnet, davon 32 deutsche Texte. Man sieht, der Tod hat die Menschen im MA. ungemein beschäftigt, und das hat sich wohl bis heute kaum geändert.

Für die diachronische Erforschung englischer Redensarten ist der sprichwörtliche Vergleich 'As ded as [a] dornayl' (394) von besonderem Interesse, denn an dessen Bedeutung wird bis zum heutigen Tage herumgerätselt; vgl. Mac E. BARRICK, As Dead as a Doornail, in: John L. CUTLER/Lawrence S. THOMPSON (Hgg.), Studies in English and American Literature (Troy, New York: Whitston, 1978) 332–335.

Nachdem der 11. Bd. im Jahre 2001 erschienen war, traf tatsächlich der 12. Bd. noch im selben Jahr ein. Ich muß gestehen, daß ich mich seit 1995 auf jeden Bd. gefreut habe, und daß ich sie alle mit großem Gewinn durchgelesen habe. Es ist erstaunlich, daß die dreizehn Bd.e so schnell nacheinander herausgekommen sind. Man könnte so viel zu fast jedem Stichwort sagen, aber dafür ist hier nicht der Platz. So muß ich mich auch mit Bezug auf den 12. Bd. wieder nur mit einigen Bemerkungen begnügen. Aufgefallen ist mir gleich am Anfang die Redensart 'In die lange Truhe legen' (12), die laut einer Anmerkung etwa dieselbe Bedeutung hat wie die verbreitete Redensart 'Auf die lange Bank schieben'. Ich hatte zuerst gedacht, daß mit der 'Truhe' ein Sarg gemeint sein könnte. Hier sieht man erneut, wie schwierig es manchmal ist, veraltete Ausdrücke zu verstehen. Und wie schnell kommt dann eine vereinfachende Volksetymologie hinzu, die allzu leicht auf den Holzweg führen kann.

Unter 'Tun' (25–56) enthält dieser Bd. wieder einmal eine sehr lange Gliederungsliste (25–32!) und 450 Belege. Hätte man da nicht doch ein separates Stichwort für 'Tat' verwenden können, um das Auffinden der Texte etwas zu vereinfachen und zu beschleunigen? Natürlich findet man hier auch die sogenannte 'goldene Regel' aus der Bibel (Matth. 7,12): 'Was einer will, dass man ihm tue, das tue er einem auch' (42–47) mit vielen Belegen aus den europäischen Sprachen. Allerdings hätte eine Anmerkung auf die dazu gehörende Sekundärliteratur aufmerksam machen können; vgl. Joyce O. HERTZLER, On Golden Rules, in: International Journal of Ethics 44 (1933–1934) 418–436; Hans REINER, Die 'Goldene Regel': Die Bedeutung einer sittlichen Grundformel der Menschheit, in: Zeitschrift für philosophische Forschung 3 (1948) 74–105; und Claudio SOLIVA, Ein Bibelwort [die 'Goldene Regel'] in Geschichte und Recht, in: Unser Weg: Werkblatt der Schweizerischen Weggefährtinnen, ohne Bd.angabe, H. 6–7 (1964) 51–57.

Der bedauerliche Umstand, daß die Herausgeber sich fast nur auf Samuel SINGERS große Belegsammlung berufen, macht sich immer wieder bemerkbar. Die vielen Jahre, die man in Bern an dem TPMA gearbeitet hat, hätten vielleicht doch dazu führen sollen, auch die Arbeiten von anderen Sprichwörterforschern heranzuziehen. Es gibt eine beachtliche Anzahl an literarischen Sprichwortuntersuchungen, die am Ende vollständige Register der Sprichwörter und Redensarten enthalten. Das gilt zum Beispiel für Hans Sachs, für den es gleich mehrere sorgfältige Studien dieser Art gibt. Interessanterweise haben die Herausgeber in diesem Fall tatsächlich einmal eine dieser Untersuchungen verwendet, denn im 'Quellenverzeichnis' ist die folgende Arbeit registriert (207): Charles H. HANDSCHIN, Das Sprichwort bei Hans Sachs, in: Bulletin of the University of Wisconsin Philology and Literature Series 3 (1907 und nicht 1904, wie fehlerhaft angegeben wird) 1–153. Vielleicht gibt es deshalb so oft Belege aus den Werken von Sachs, wie zum Beispiel zwanzig Belege allein für das Sprichwort 'Ein Unglück kommt selten allein' (88). Doch hätte es sowieso noch einige weitere Studien gegeben, die über HANDSCHIN hinausführen; vgl. etwa Emil ZAHLTEN, Sprichwort und Redensart in den Fastnachtspielen des Hans Sachs (Diss. Hamburg 1921) und Heinrich ROSEN, Die sprichwörtlichen Redensarten in den Werken des Hans Sachs, nach Entstehung, Bild, Bedeutung, Vorkommen untersucht und sachlich geordnet (Diss. Bonn 1922). Belege aus Sebastian Brants 'Narrenschiff' werden ebenfalls des öfteren angegeben. Hier allerdings scheinen sich die Herausgeber lediglich auf SINGERS Vorarbeiten bezogen zu haben. Komischerweise fehlt Brant sogar im 'Quellenverzeichnis', und natürlich wird auch nicht Hans Henrich [sic] EBERTHS wichtige Arbeit über Die Sprichwörter in Sebastian Brants 'Narrenschiff': Ein Beitrag zur deutschen Sprichwortgeschichte (Greifswald: Bamberg 1933) angegeben. So hat man teilweise sehr unkonsequent gearbeitet, und so wäre es sicherlich lohnenswert, eine mehrbändige Sprichwörtersammlung auszuarbeiten, die alle Belege aus der Sekundärliteratur zur sprichwörtlichen Sprache vom Anfang des MA.s bis ins 16. Jh. registrieren würde. Das wären einige wichtige Pendantbd.e (trotz vieler Wiederholungen) zum TPMA.

Gestutzt bin ich über das Stichwort 'Utz' (114), wofür es auch nur einen deutschen Beleg gibt: 'Da tratt dort fürher ainr, hies Uotz. Der nam sich an vil narrenwis'. In der dazugehörenden Anmerkung wird erklärt, daß es sich 'bei Utz um einen seit Neithart literarisch traditionellen Namen für einen Tölpel [handelt]' (114). Müßten sich dann aber nicht doch mehr Belege finden lassen? Wie dem auch sei, die Namenkunde ist durchaus von Bedeutung für die Parömiologie, denn es gibt bekanntlich viele volkssprachliche Ausdrücke, die sich auf Vornamen beziehen; vgl. dazu Otto Paul STRAUBINGER, Given German Names in German Proverbs (Diss. University of California at Los Angeles, 1946) und Wolfgang MIEDER, International Bibliography of Explanatory Essays on Proverbs and Proverbial Expressions Containing Names, in: Names 24 (1976) 253–304.

Für das Sprichwort 'Wie der Vater, so der Sohn' (116–118) gibt es wieder eine beachtliche Anzahl an Belegen. Es ist übrigens bis zum heutigen Tage im Angloamerikanischen besonders beliebt, wie viele Belege aus den Massenmedien bezeugen. Doch der TPMA gibt lediglich drei englische Texte an. Dabei hätten die Herausgeber noch etliche Zitate aus der englischen Literatur des Mittelalters, inklusive aus Geoffrey Chaucer, in Bartlett Jere Whitings Standardwerk, das sie zuweilen in den Anmerkungen heranziehen (vgl. 'Quellenverzeichnis' 242), finden können; vgl. Proverbs, Sentences, and Proverbial Phrases from English Writings Mainly Before 1500 (Cambridge, Massachusetts: Harvard University Press, 1968) 174. Hier wollte man offensichtlich von vornherein nicht über die von Singer selbst entdeckten Texte hinausgehen. Ein ähnliches Problem ergibt sich auch unter 'Vogel', wo der TPMA für das Sprichwort 'Vögel von derselben Feder fliegen zusammen' (265–266) lediglich vier deutsche Belege registriert, zwei davon aus den bekannten Sprichwörtersammlungen von Sebastian Franck (1541) und Christian Egenloff (1548). Aus der Zeit ist das Sprichwort aber auch im Englischen als 'Birds of a feather flock together' überliefert. Man könnte nun nach dem TPMA meinen, daß es diese englische Tradition gar nicht gibt, wobei noch dazukommt, daß das englische Sprichwort heutzutage bedeutend geläufiger ist als das kaum noch umlaufende deutsche Pendant. Bei aller berechtigten Hochachtung für Samuel Singers unermüdliche Arbeit muß wiederum festgehalten werden, daß der TPMA trotz seiner dreizehn Bd.e nur ein Werk unter anderen wichtigen Sprichwörtersammlungen zur europäischen Tradition darstellt. Der TPMA hat andere bedeutende Sammlungen, vor allem der englischen Sprache, keineswegs deplaziert. Ein gewissenhafter Forscher wird sich weiterhin so viele Sammlungen wie möglich besorgen wollen, um diachronisch und komparatistisch zu arbeiten. Unerläßlich ist dabei selbstverständlich der TPMA auf jeden Fall!

Mit großem Interesse habe ich die Belege zu dem Sprichwort 'Die Stimme des Volkes ist die Stimme Gottes' (278–279) gelesen, das als 'Vox populi, vox dei' seinen mittellateinischen Ursprung hat. Während einige Sprachen wie Englisch und Französisch schon Belege dafür im TPMA haben, findet man hier nichts für die deutsche Sprache. Es wäre interessant, einmal die deutsche Geschichte dieser Weisheit zu erforschen. Sie spielt heutzutage in der Literatur und den Massenmedien entweder auf Latein oder Deutsch eine erhebliche Rolle. Ich verweise hier nur auf die leitmotivische Verwendung, die beide Fassungen in den Tagebüchern von Victor Klemperer gefunden haben: vgl. Wolfgang Mieder, 'In lingua veritas': Sprichwörtliche Rhetorik in Victor Klemperers 'Tagebüchern 1933–1945' (Wien: Edition Praesens, 2000) 67–76. Zur Geschichte des Sprichwortes an sich vgl. George Boas, Vox Populi: Essays in the History of an Idea (Baltimore, Maryland: Johns Hopkins University Press, 1969) 3–38.

Erwartungsgemäß gibt es in diesem 12. Bd. eine Menge Belege unter 'Wasser' (365–389), 'Weg' (394–416) und 'Wein' (421–445). Siebzehn großartige Texte allein für die frequente Redensart 'Einen Holzweg gehen (betreten)' (413–414), mit zwei Ausnahmen alle von Luther! Doch auch das verbreitete Sprichwort 'Wo Wein eingeht, da geht Witz aus' (432–433) ist in mehreren Sprachen vertreten. Übrigens hat der Altmeister der Sprichwörterforschung Archer Taylor (1890–1973) darüber einen Aufsatz verfaßt: vgl. When Wine is in, Wit is out, in: Allan H. Orrick (Hg.), Nordica et Anglica. Studies in Honor of Stefán Einarsson (The Hague: Mouton, 1968) 53–56; auch in A. Taylor, Comparative Studies in Folklore. Asia–Europe–America (Taipei: The Orient Cultural Service, 1972) 275–278. Ich bin nicht sicher, ob Samuel Singer und Archer Taylor sich persönlich kennengelernt haben, entweder in Europa oder in Amerika, aber ich nehme es an und hoffe es. Bezüge auf die parömiologische Tätigkeit des anderen gibt es jedenfalls bei beiden Parömiologen.

Damit ist der letzte und 13. Bd. erreicht, dem wie bei allen Bd.en wiederum großes Lob gebührt! Ich kann es immer noch kaum glauben, daß nach nur sieben Jahren der Produktion alle Bd.e vorliegen – ein großartiges und massives Standardwerk. Auch diesem Bd. fehlen jedoch jegliche einleitende Worte oder wenigstens ein Nachwort der Herausgeber. Hätte man im letzten

Bd. nicht doch einmal irgendwie Stellung nehmen können auf die doch so positive internationale
Reaktion auf den TPMA? Stattdessen schließt der Bd. mit vier Seiten banaler 'Korrigenda und
Addenda' (473–476). Das ist meiner Meinung nach kein beeindruckender Abschluß eines großen Werkes, woran einige Mitarbeiter ihr ganzes berufliches Leben verbracht haben. Sind nun
auch die Geisteswissenschaften da angelangt, daß ein paar menschliche Worte nicht mehr formuliert werden können? Hätte man nicht in diesem Bd. noch einmal den Dank aussprechen können
gegenüber allen Mitarbeitern und Unterstützern dieses imposanten Werkes? Auch den Geldgebern und dem Verlag hätte man nochmals danken können. Hier wurde eine wichtige und notwendige Gelegenheit verpaßt.

Dabei beginnt der Schlußbd. mit dem Stichwort 'Weise' (1–34), worunter 554 Texte zur
Weisheit aufgelistet sind. Da hätte man sich einige der Weisheitslehren vielleicht zu Herzen
nehmen sollen, um ein entsprechendes Schlußwort zu verfassen. Nicht klar ist übrigens, wie
das bekannte lateinische Sprichwort 'Mens sana in corpore sano' (8–9) unter diese Rubrik
paßt. Am Anfang der Gliederung zu diesem Artikel steht zwar 'Hier auch EINSICHT, GEIST
(intellektuelle Fähigkeit des Menschen), GESCHEIT, (KLUG)HEIT, PHILOSOPH(IE), VERNUNFT,
VERNÜNFTIG, VERSTAND, VERSTÄNDIG, WEISHEIT' (1), aber hier hätte man meiner Meinung
nach mehrere separate Artikel zusammenstellen können. Das hätte das Auffinden mancher
Texte, wo das Hauptstichwort nichts mit 'weise' oder 'Weisheit' zu tun hat, bedeutend einfacher gemacht. Ähnlich verhält es sich unter dem Stichwort 'Wort' (224–310) mit seinen 76
Seiten und 1468 Texten. Allein das Gliederungsverzeichnis umfaßt zehn Seiten (224–233),
und zu dem Begriff 'Wort' kommen noch sage und schreibe 37 Unterbegriffe, wie etwa BERED-
SAMKEIT, ERZÄHLUNG, KLATSCHEREI, SPRACHE, VORREDE, WEITSCHWEIFIGKEIT usw. Ich würde
erneut wenigstens für einige separate Stichwortartikel plädieren. Denn es dauert einfach zu
lange, um in dieser Masse von Texten mit so unterschiedlichen Stichwörtern einen bestimmten
Text zu finden.

Unter 'Welt' scheint mir der Titel für die Sektion 1.4.1.4. 'Die Welt ist (wie der Teufel
und das Fleisch) der hinterhältigste Feind des Menschen' (46) nicht gut getroffen zu sein, weil
er nicht verrät, daß es sich bei den 175 Texten (46–52) um sogenannte Triaden handelt, wobei
die meisten Belege die Formel 'drei Dinge' enthalten, wie etwa 'Tag und Nacht hängen sich
drei Dinge an deine Seiten: die unreine Welt, das hinfällige Fleisch und der schlimme Widersa-
cher'(47). Gut gelungen ist dagegen die Bearbeitung für das allgemeine Sprichwort 'Das Wild-
bret verkaufen (teilen), bevor es gefangen ist' (101), weil auf die drei zitierten Belege Verweise
auf BÄR, FISCH, GANS, HASE, HIRSCH usw. folgen, wo dann spezifischere Tiere in den Sprichwörtern genannt werden.

Für die Redensart 'Den Mantel (Hut) nach dem Wind hängen, kehren' (113–114) bietet der
TPMA wieder zahlreiche Beispiele, aber hier hätte eine Anmerkung zur ikonographischen Tradition betreffs dieses Sprachbildes hinzugefügt werden können; vgl. etwa Jan GRAULS, De huik
naar de wind hangen, in: DE BELLEMAN, Orgaan van het Davidsfonds 26 (1957) 12–14. Auch
für das in Europa stark verbreitete Sprichwort 'Lupus (est) in fabula' (172) mit seinen längeren
volkssprachlichen Varianten wie 'Wenn man vom Wolf spricht, dann kommt er' (172–173) hätte
man in der beigefügten Anmerkung (vgl. 194, Anm. 8) auf folgende Sekundärliteratur verweisen
können: R. CORNETTE, Quand on parle du loup on voit sa queue, in: Le Folklore Brabançcon 11
(1931–1932) 171–178; Elena P. C. de LOZANO BAUDÓN, Lupus in fabula, in: Cuadernos del
Idioma 2 (1967) 99–105; und Albert FORCADAS, Els refranys 'Lupus in fabula' i indagacions
paleologiques sobre l'origin de la idea basica, in: Joseph GULSOY/Josep M. SOLA-SOLÉ (Hgg.),
Catalan Studies/Estudis sobre el Català. Volume in Memory of Josephine de Boer (Barcelona:
Borràs, 1977) 279–291. Aber wie hat man für das Sprichwort 'Viel Geschrei und wenig Wolle'
(203) den wichtigen Aufsatz von Annemarie MEYER und Samuel SINGERS kurzen Nachtrag

dazu auslassen können? Es ist doch anzunehmen, daß man in Bern sämtliche Schriften SINGERS vorliegen hat; vgl. Annemarie MEYER, Rund um das Sprichwort: Viel Geschrei und wenig Wolle, in: Schweizerisches Archiv für Volkskunde 41 (1944) 37–42; und Samuel SINGER, Viel Geschrei und wenig Wolle. Nachtrag, in: Schweizerisches Archiv für Volkskunde 41 (1944) 159–160. Hier ist ein Frühbeleg für das bekannte Sagwort 'Vil geschrey vnnd wenig woll, sprach jhener schäffer, da schar (schor) ein Saw' (203) aus Christian Egenloffs Sprichwörtersammlung (1548) verzeichnet, das dann mit dem 'Teufel' als Sprecher allgemeine Verbreitung gefunden hat.

Unter dem Stichwort 'Zaun' war das mittellateinische Sprichwort 'Bonum est erigere dumos cum vicinis' (355) und dessen deutschsprachige Variante 'Mit den nachpawern hebet man den zaun auff [d.h.] Mit den Nachbarn hält man den Zaun aufrecht' (355) für mich von besonderem Interesse, da ich gerade an einer historischen Untersuchung des angloamerikanischen Sprichwortes 'Good fences make good neighbors' arbeite. Frühbelege dazu gehen auf ähnliche englische Sprichwörter des 16. Jh.s zurück, und so ist ein gemeinsamer mittellateinischer Ursprung nicht auszuschließen. Das englischsprachige Sprichwort in dem hier zitierten Wortlaut ist jedoch erst seit dem 19. Jh. überliefert. Doch man sieht, wie der TPMA gerade für die diachronische Forschung von allerhöchstem Wert ist!

Mit dieser subjektiven Bemerkung bringe ich meine vierte eingehende Rezension der dreizehn TPMA-Bd.e zum Abschluß. Betont sei nochmals, daß es sich hauptsächlich um äußerst positive Bemerkungen handelt, wobei die kritischen Aussagen den Wert des TPMA nicht schmälern wollen. Das wäre auch gar nicht möglich, da hier in der Tat ein großes parömiographisches Standardwerk vorliegt. Ich habe alle Bände mit Bewunderung und Gewinn gelesen, und auf vielen Seiten habe ich mir Anmerkungen gemacht, wovon ich in meinen Besprechungen eine Auswahl gegeben habe. Vor allem aber habe ich während der vergangenen sieben Jahre viel mit den Bd.en gearbeitet. So kann ich aus der Praxis sagen, daß der TPMA ein wissenschaftliches Prachtwerk ist, dessen Wert nicht hoch genug gelobt werden kann. Dem Herausgeberteam, dem Walter de Gruyter Verlag und dem Schweizerischen Nationalfonds sei nochmals im Namen aller Sprichwortforscher dafür gedankt, daß sie den 'Thesaurus proverbiorum medii aevi' möglich gemacht haben. Sie haben mit diesem Werk den Traum von Samuel SINGER in die Realität umgesetzt, wofür dieser große Wissenschaftler schon vor über fünfzig Jahren die Grundlage geschaffen hatte. Sein Lebenswerk ist nun Dank einer gewaltigen Arbeitsleistung abgeschlossen – lang lebe SINGERs TPMA!

"Exkurs: Streitgespräch und Sprichwort-Antithetik"

Ein Beitrag zur *Ackermann aus Böhmen-* und Sprichwortforschung

Der Zweig der Sprichwortforschung, der sich speziell auf die Untersuchung schriftstellerischer Werke bezieht, hat mit Recht besonders in der Literatur des sechzehnten Jahrhunderts eine reichhaltige Fundgrube entdeckt. Dieses Zeitalter wurde von Friedrich Seiler zur „eigentlichen Blütezeit des Sprichworts"[1] erklärt, und literarisch-volkskundliche Beiträge über den Sprichwörtergebrauch bei Brant, Fischart, Kaisersberg, Gryse, Luther, Murner, Rollenhagen, Sachs, Scheidt, Waldis sowie in den Volksbüchern von Lindener, Montanus und Schumann scheinen dies zu bewahrheiten.[2] Für Seiler ließ sich in diesem Zeitraum des auf moralische Absichten bedachten Schrifttums des heranwachsenden Bürgertums gleichzeitig eines der von ihm geforderten Hauptmerkmale des Sprichwortes erweisen, das der „lehrhaften Tendenz".[3] Vordergründige Didaktik, die bis zur satirisch-kämpferischen Moralpredigt immer wieder die Werte des jungen Bürgertums gegen das „Narrentum" der restlichen Welt heraufbeschwor, führte ohne Zweifel zu dieser eindeutigen Verbrüderung von Sprichwort und Lehrhaftigkeit.[4]

Inzwischen hat sich jedoch die Sprichwortforschung besonders durch die Bemühungen von André Jolles von Seilers begrenzter Auffassung der lehrhaften Tendenz des Sprichwortes gelöst.[5] Man hat erkannt, daß dem Sprichwort *a*

[1] Friedrich Seiler, *Deutsche Sprichwörterkunde* (München 1922), S. 51. Vgl. auch Mathilde Hain, *Sprichwort und Rätsel,* in *Deutsche Philologie im Aufriß,* 2. überarbeitete Auflage, hrsg. von Wolfgang Stammler, *Bd. III* (Berlin 1962), Sp. 2737: „Eine historische und funktionale Betrachtung des Sprichworts wird immer wieder auf das 16. Jh. verweisen."
[2] Vollständige Bibliographie aller bisher veröffentlichten Arbeiten über Sprichwortuntersuchungen gewisser Autoren in meinem demnächst in der *Fabula* (Zeitschrift für Erzählforschung) erscheinenden Forschungsbericht über *Das Sprichwort und die deutsche Literatur.*
[3] Seiler (wie Anm. 1), S. 2. Seiler versteht unter Sprichwörtern „im Volksmund umlaufende, in sich geschlossene Sprüche von lehrhafter Tendenz und gehobener Form."
[4] Vgl. Stuart A. Gallacher, *The Proverb in Scheidt's 'Grobianus',* JEGPh, XL (1941), 489. "In harmony with the didactic spirit of the time many works of the sixteenth century are replete with proverbs."
[5] Vgl. André Jolles, *Einfache Formen,* 2. Auflage (Tübingen 1958), *Spruch,* S. 150—159.

priori keine Tendenz zugeschrieben werden darf, sondern daß es in immer wieder neuen Funktionsmöglichkeiten auftritt, wobei die der Lehrhaftigkeit nur eine von vielen ist. Daher kann sich eine volkskundlich-literarische Sprichwortforschung auch nicht mehr auf eine historisch-philologische Sammeltätigkeit begrenzen, sondern muß in Übereinstimmung mit der modernen funktionellen Arbeitsweise der Volkskunde sowie der Literaturwissenschaft[6] vor allem nach Sinn und Funktion des im literarischen Text integrierten Sprichwortes fragen, denn erst diese zentrale Fragestellung „führt an den Wesenskern des Sprichwortes heran".[7]

Diesen Überlegungen folgend sind gerade in letzter Zeit auf dem Gebiet der deutschen Literatur Sprichwortuntersuchungen hervorgegangen, die sich durch eine funktionelle Methodik auszeichnen. Zu nennen wären hier besonders Beiträge über Barockautoren wie Grimmelshausen, Gryphius, Abraham a Santa Clara, Herberger, Harsdörfer, Moscherosch und Weise, über Realisten wie Auerbach, Fontane, Gotthelf, Hebel, Immermann und Keller sowie über den modernen Dichter Bertolt Brecht.[8]

Dagegen hatte die Sprichwortforschung der deutschen mittelalterlichen Literatur vor allem durch zwei grundlegende Werke einen vielversprechenden lexikographischen Beginn: Ignaz von Zingerle, *Die deutschen Sprichwörter im Mittelalter* (Wien 1864) und Samuel Singer, *Sprichwörter des Mittelalters*, 3 Bde. (Bern 1944—47). Individuelle Beiträge sind jedoch nur über wenige deutsche Autoren des Mittelalters geliefert worden, nämlich über den Salomon und Markolf Dialog, Freidank, Konrad von Würzburg, Hugo von Trimberg, Frauenlob und Albrecht von Eyb.[9] Angesichts dieser Lücke in der Sprichwortforschung verlangte Stuart A. Gallacher noch 1959 nach "more studies covering individual authors of the Middle Ages."[10] Diese bisher kaum beachtete Forderung möchte die vorliegende Arbeit über den *Ackermann aus Böhmen* wenigstens teilweise erfüllen, in der Hofnung, daß andere Arbeiten über das große Schrifttum des deutschen Mittelalters folgen mögen. Der Sprichwortforschung gilt daher hauptsächlich das am Ende beigefügte Sprichwörter-Verzeichnis.

---

[6] Vgl. Max Lüthi, *Volkskunde und Literaturwissenschaft,* Rheinisches Jahrbuch für Volkskunde, 9 (1958), 257—258. „Wenn der Volkskundler heute Sprichwortforschung treibt, so tut er es nicht als Sammler. Sein Ziel ist nicht das Sprichwort-Lexikon. Er fragt vielmehr nach der Rolle des Sprichworts im menschlichen Miteinander ... Auch der Literaturwissenschaftler begnügt sich nicht damit, die Sprichwörter ... listenmäßig zusammenzustellen. Sondern er sieht sehr genau zu, wie der Dichter sie verwendet, was er mit ihnen erreicht oder zu erreichen sucht im Zusammenhange des Ganzen."

[7] Hain (wie Anm. 1), Sp. 2729.

[8] (wie Anm. 2).

[9] (wie Anm. 2).

[10] Stuart A. Gallacher, *Frauenlob's Bits of Wisdom: Fruits of his Environment, Middle Ages — Reformation — Volkskunde,* Festschrift für John G. Kunstmann (Chapel Hill 1959), S. 56 (Anm. vii). Gallacher fährt fort: "A great deal more proverbial material would then turn up. Currency then could be better attested."

Gleichzeitig soll jedoch auch einer Forderung des *Ackermann*-Forschers Arthur Hübner gedient sein, der vor geraumer Zeit zu einer Sprichwortuntersuchung dieser Dichtung aufrief. Bekanntlich versuchte Hübner nach seiner eigenen Fragestellung über „was ist deutsch an seinen [des Ackermanndichters] künstlerischen Ausdrucksmitteln und -formen?"[11] zu zeigen, daß Konrad Burdach in seinen ebenfalls wertvollen Ackermannstudien die den Humanismus bezeugenden Elemente überschätzt hatte. Für Hübner bildete das Deutsche „die Grundsubstanz, aber auch manche stilistische Form aus höherer Dichtung und volkstümlicherer Didaxe."[12] An Hand seiner großen Kenntnisse der deutschen mittelalterlichen Literatur, vor allem des Meistergesangs, konnte er folgendes feststellen: „wie die anspruchsvolle meistersingerische Kunstdichtung, so ist auch die anspruchslosere meistersingerische Lehrdichtung dem Ackermanndichter eine geläufige literarische Größe gewesen, der er nicht wenig verdankt."[13] Um die Bindungen des Ackermanndichters an seine Zeit und Umgebung nachzuweisen, wandte sich Hübner dem „Gebiet der landläufigen und gemeingültigen Zeitanschauungen und Bewußtseinsinhalten [zu], wie sie ihren Niederschlag in der ungelehrten bürgerlichen Lehr-, Schelt- und Unterhaltungsdichtung fanden, wie z. T. sie aber aus literarischen Quellen gar nicht mehr zu fassen sind."[14] Dabei ist Hübner natürlich auch nicht entgangen, daß die große *Ackermann*-Ausgabe von Burdach-Bernt im Anhang auch allerlei Redensartliches und Sprichwörtliches aus dem *Ackermann* zusammengestellt hat.[15] Doch kritisiert Hübner sogleich, „so eine mehr äußerliche, auch nicht in allem stichhaltige Sammlung wird der Sache doch nicht gerecht,"[16] und meint, „es käme darauf an, zu erkennen, wie stark die geistige Substanz des Dichters bestimmt ist durch solche ‚volkstümlichen', man muß den Kreis weiterziehen und sagen: aus dem allgemeinen Zeitbewußtsein ihm als einem gebildeten Bürger zufließenden Gehalte."[17] Auch weist er darauf hin, daß „unter der abstrakten Schicht latinisierender Stilmittel und -floskeln und unter der andern lyrisch-liedhafter und meistersingerisch angespannter Ausdrucksformen ein derberes und handfesteres Stilmittel fühlbar [wird],"[18] und führt uns dann mit der Bemerkung über die Sprichwörter zu unserem Aufgabenkreis: „Auch ihnen [den Sprich-

[11] Arthur Hübner, *Deutsches Mittelalter und italienische Renaissance*, wieder abgedruckt in *Der Ackermann aus Böhmen des Johannes von Tepl und seine Zeit*, hrsg. von Ernst Schwarz (Darmstadt 1968), S. 377.
[12] (wie Anm. 11), S. 377.
[13] Arthur Hübner, *Das Deutsche im Ackermann aus Böhmen*, wieder abgedruckt in *Der Ackermann aus Böhmen des Johannes von Tepl und seine Zeit*, hrsg. von Ernst Schwarz (Darmstadt 1968), S. 340.
[14] (wie Anm. 13), S. 337.
[15] Konrad Burdach und Alois Bernt, Hrsg., *Der Ackermann aus Böhmen* (Einleitung, Kritischer Text, Vollständiger Lesartenapparat, Glossar, Kommentar) in Konrad Burdachs *Vom Mittelalter zur Reformation*, Bd. *III*, Teil *1* (Berlin 1917), S. 202—203. Ein Nachweis des überlieferten Gutes wird von Burdach-Bernt nicht geliefert.
[16] (wie Anm. 13), S. 337.
[17] (wie Anm. 13), S. 337.
[18] (wie Anm. 13), S. 338.

wörtern] wird man erst gerecht, wenn man sie in ihrer s t i l i s t i s c h e n
F u n k t i o n [meine Betonung] erkennt und sie dem weiteren Stilbereich zu-
weist, in den sie gehören."[19] Anstatt also das Werk geistesgeschichtlich zu interpretieren, soll hier eine formgeschichtliche Analyse mit Bezug auf die Funktionswerte der Sprichwörter gegeben werden, denn „hat man einmal erkannt, daß im
Ackermann ein formales Spezimen vor uns liegt, dann darf man das Werk
nicht lesen wie einen philosophischen Traktat, sondern eben als ein Stilkunstwerk; alle Äußerungen sind zunächst nur als Füllsel einer Form zu denken; das
schränkt ihre weltanschauliche Gültigkeit ein. Nur ihrer allgemeinen Haltung
und Stimmung nach sind weltanschauliche Züge aus dem Ackermann heraus-
zulesen.[20]

Diese Überzeugungen Hübners werden durch das von Johann von Tepl abge-
faßte Begleitschreiben verstärkt, worin der Dichter seinem Freunde Petrus
Rothers das Werk als ausgesprochenes Stilkunstwerk ankündigt. Speziell schreibt
er sogar: *ideo hoc incomptum et agreste ex Teutunico ligwagio consertum
agregamen, quod iam uadit ab incode, vobis dono*.[21] Tepl versichert also selbst,
daß sein Werk trotz vieler Beispiele aus der erbaulichen Redekunst (s. Kommentar von Burdach-Bernt) zum großen Teil ein ungepflegtes und bäuerliches, aus
deutschem Geschwätz zusammengestoppeltes Machwerk darstellt. Trotz seiner
offensichtlichen humanistischen Kenntnisse vereint er doch dieses gelehrte Bil-
dungsgut mit dem volkstümlichen Gut seiner Zeit und erweist sich als ein Mann
des Spätmittelalters, der mit seinem Werk an einer geschichtlichen Zeitwende
steht. Diese Verbindung kannte der gehobene und oft überspitzte Meistergesang
jedoch auch, so daß sich das Werk nicht allein als das frühe Paradestück des
deutschen Humanismus betrachten läßt. Das eigentlich Neue liegt doch vielmehr

---

[19] (wie Anm. 13), S. 339. Hübner selbst erwähnt hauptsächlich, daß die Sprichwörter
„öfter die Kapitel einleiten oder pointierend abschließen." Sonst geht auch er nicht
weiter auf dieses volkstümliche Stilmittel ein. Vgl. hierzu Lutz Röhrich, *Bildlichkeit
und Gebrauchsfunktion der Sprichwörter*, in Lutz Röhrich, *Gebärde, Metapher,
Parodie* (Düsseldorf 1967), S. 62—63. „Der Wortlaut eines Sprichworts allein besagt
noch gar nichts über den Aussagewert eines Sprichworts. Es kommt vielmehr auf die
typische Sprichwortfunktion an, wie sie sich nur aus dem engsten Miterleben aller
Gesprächssituationen beobachten läßt." Vgl. auch Mathilde Hain, *Das Sprichwort*,
Deutschunterricht, 15 (1963), 45. „Die Volkskunde bleibt bei der Formbetrachtung
des Sprichworts nicht stehen, sondern geht weit über die philologische Anschauungs-
weise ... hinaus. Sie fragt vor allem nach der Funktion des Sprichworts im Sprach-
leben, nach dem tieferen Sinn des Gebrauches dieser volkstümlichen Kleinform."
[20] (wie Anm. 11), S. 379. Vgl. ebenfalls auf S. 379: „Es ist ein Unding, eine Dichtung
(wer weiß, ob der Ackermannverfasser diese Bezeichnung hätte gelten lassen) geistesgeschichtlich, also weltanschaulich, zu analysieren, wenn man sie nicht formgeschicht-
lich analysiert hat, zumal wenn der Autor mit solchem Nachdruck, wie Johann von
Tepl es tut, dem Formalen den Vorrang gibt." Das letztere bezieht sich auf das
Begleitschreiben, mit dem Johann von Tepl eine Abschrift seiner Dichtung an seinen
Freund Petrus Rothers in Prag geschickt hat. Da der Brief erst 1933 aufgefunden
wurde, war er Burdach unbekannt.
[21] Der kurze lateinische Brief ist abgedruckt in Johannes von Tepl, *Der ackerman*, hrsg.
von Willy Krogmann, 2. Auflage (Wiesbaden 1964), S. 9—10.

in der Form der Darstellung, denn ein d e u t s c h e r P r o s a s t i l [meine Betonung], „der bisher für Urkunden und Andachtsbücher versucht war, ist hier in den Dienst der Dichtung getreten."[22] Eine für die deutsche Dichtung neue Prosa verschmilzt hier in ihrem Gehalt deutsche sowie humanistische Stilelemente.

Gerade durch den häufigen Sprichwörtergebrauch zeigt sich Johannes von Tepl als ein mit beiden Beinen im Leben stehender Mensch, war doch die Sprichwortfreudigkeit im ausgehenden Mittelalter bereits ausgebreiteter als im hohen Mittelalter, denn „the German court epic, which is a relatively artificial and cultured product, shows a disinclination for them."[23] Dagegen zeigen frühe Spruchdichter wie Spervogel bereits vor der höfischen Dichtung eine große Vorliebe für Sprichwörter, wie es später auch die lehrhafte Richtung des Meistergesangs aufweist.[24] Erwartungsgemäß haben die Didaktiker Freidank, Thomasin von Zirklaere und vor allem auch Frauenlob und Hugo von Trimberg viele Volkssprichwörter in ihren Spruchschatz aufgenommen. So war das Interesse am Sprichwort zu Johannes von Tepls Zeit weitverbreitet, und besonders „war die mittelalterliche Schule ein wichtiger Überlieferungsträger antiken und deutschen Spruchgutes."[25] Denn die Hauptquellen des deutschsprachigen Sprichwortes waren nun einmal die griechisch-römische Antike und die Bibel, deren Spruchweisheit zuerst durch Übersetzungen in Schulen vermittelt wurde. Das große Interesse an diesen Sprichwörtern zeigen besonders die frühen lateinischen Sentenzensammlungen — wie der deutsche Cato — sowie die deutschen Sprich-

---

[22] Erich Trunz, *Der Ackermann aus Böhmen*, Zeitschrift für deutsche Geistesgeschichte, II (1939/40), 25.

[23] Archer Taylor, *The Proverb* (Cambridge, Massachusetts 1931), S. 172.

[24] All dies ist noch nicht wissenschaftlich untersucht worden. Nicht einmal die Sprüche von Walther von der Vogelweide haben eine Sprichwortuntersuchung erfahren, was auch für die Meistersänger gilt. Vgl. Archer Taylor, *The Literary History of Meistergesang* (New York 1937), S. 108. "The stylistic and rhetorical values of proverbs in the hands of the Meistersinger have not been considered."
Dazu schreibt auch Grace Frank, *Proverbs in Medieval Literature*, MLN, 58 (1943), 508. "From the twelfth century on authors of books on rhetoric recommend the use of proverbs as a stylistic device of merit, and in the sixteenth century Henri Estienne can still say 'les beaux proverbes, bien appliquez, ornent le language de ceux qui d'ailleurs sont bien emparlez'."

[25] Hain (wie Anm. 19), S. 37. Vgl. auch Friedrich Seiler, *Das deutsche Lehnsprichwort*, Bd. V seines achtbändigen Werkes über *Die Entwicklung der deutschen Kultur im Spiegel des deutschen Lehnwortes* (Halle 1921—1924), S. 6—7. „Im Mittelalter beruhte ja jegliche Kunstübung auf Autorität und Überlieferung. Eigene Gedanken zu haben hatte keinen Wert, man traute sich auch einen selbständigen, gehaltvollen Gedanken kaum zu. Dies spricht z. B. Hugo von Trimberg offen aus, Renner 22459: Waz konde wir toren nu getihten, heten ez die alten niht erdaht und mit tiefem sinne volbraht... Wo also ein Sprichwort mit einem Bibelwort oder einem antiken Spruch nach Gehalt und Form übereinstimmt, da ist Entlehnung ohne weiteres anzunehmen."

wörtersammlungen der vorreformatorischen Zeit.[26] Gelehrtheit und Volkstümlichkeit gehen auch in dieser Sammeltätigkeit Hand in Hand, und besonders
die späteren Humanisten (Erasmus, Bebel) trugen weiterhin zur Popularisie-
rung der antiken und biblischen Lebensweisheit bei. Durch die Einbürgerung
dieser sentenziösen Weisheit entstanden im Mittelalter langsam die sogenannten
„Lehnsprichwörter,"[27] die natürlich von allen Kulturkreisen des europäischen
Mittelalters aufgenommen wurden und daher eine Gruppe von „gemeinmittel-
alterlichen Sprichwörtern"[28] bildeten. Diese Lehnsprichwörter verbanden sich
dann auf deutschsprachigem Boden mit den schon gebildeten deutschen, volkstümlichen Sprichwörtern zu unserem heutigen Sprichwörterschatz. Für die vorliegende Arbeit wäre es demnach ein Unding, auch nur zu versuchen, die Sprichwörter im *Ackermann aus Böhmen* als deutsches Originalgut nachweisen zu
wollen. Einen falschen Weg schlug auch Konrad Burdach ein, indem er versuchte, inzwischen volkstümlich gewordene Sprichwörter auf antike Sentenzen
zurückzuführen, um dadurch den *Ackermann* auch sprachlich als erstes deutsches,
humanistisch ausgerichtetes Werk zu beweisen.[29] Doch auch Hübner ging mit
seinen Beweisführungen des ausgesprochen „Deutschen" im *Ackermann* mit
einer vorgefaßten Meinung an die Arbeit. Besser ist es, in diesem Zusammenhang von einem „common fund of medieval rhetoric"[30] zu sprechen, also in
unserem Falle zuzugeben, daß die Sprichwörter bei Tepl eher als Gemeingut
des Mittelalters zu gelten haben, wenn auch einige davon auf dem volkstüm-

---

[26] Vgl. Friedrich Seiler, *Das deutsche Sprichwort* (Straßburg 1917), S. 19. „Mit dem
14. Jahrhundert beginnen deutsche Sammlungen, zunächst kleinere, aus dem 14. Jh.
die Schwabacher (162), Straßburger (43), Graezer (17), aus dem 15. Jh. die Prager
(191), Klagenfurter (66 gereimte Zweizeiler), Münchener (42), Ebstorfer Sprüche
(44 gereimte Sprüche, niederdeutsch), dann die ungleich bedeutenderen Proverbia
communa sive seriosa (803 niederländische Sprichwörter) ca. 1480."

[27] (wie Anm. 26), S. 30.

[28] (wie Anm. 26), S. 35.

[29] Vgl. dazu Ella Schafferus, *Der Ackermann aus Böhmen und die Weltanschauung des
Mittelalters*, ZfdA, 72 (1935), 213. „Wollen wir Zitate (Sprüche, Sentenzen oder
Sprichwörter) der Klassiker als Merkmal für den Humanismus ansehen, so wird das
gesamte Mittelalter Beispiele für einen blühenden Humanismus liefern können, und
wir müßten das Haupt der Scholastik, Thomas von Aquino, sogar an erster Stelle
nennen." Speziell verweist Schafferus auch auf den zeitlich vor dem *Ackermann*
liegenden *Renner* Hugos von Trimberg als ein Musterbeispiel von Gelehrsamkeit,
S. 212—213: „Was in diesem Lehrgedicht an gelehrten Kenntnissen aufgespeichert
ist, würde jeden Humanisten zur Ehre gereichen, die Art aber, wie diese Fülle von
Bildungsstoff dargeboten wird, ist ganz mittelalterlich und — ganz in der Art, wie
Johannes von Tepl seine Dichtung mit gelehrtem Beiwerk schmückt."

[30] Franz H. Bäuml, *Rhetorical Devices and Structures in the Ackermann aus Böhmen*
(Berkeley, California 1960), S. 117. Vgl. auch S. 5: „Hübner's conclusion that Tepl
drew mainly upon motifs and devices typical of the literary production of the
'German' Middle Ages can be questioned — just as the very existence of such entity
as the 'German' Middle Ages can be questioned." Und auf S. 9 schreibt Bäuml weiter: „The question therefore is, what rhetorical devices does he use and to what
literary tradition do they belong? It is not a question of where Tepl directly derived
them from, as it was, to a great extent, in Hübner's study, but rather of what their
native literary (not national!) environment is."

lichen, autochthon-mittelalerlichen Wege zum *bona fide* Sprichwort der deutschen Sprache geworden sind. Aus diesem Grunde sowie wegen fehlender Einzeluntersuchungen muß daher die vorliegende Arbeit von historisch-philologischen Quellennachweisen absehen und beschränkt sich in dem am Ende angeschlossenen Sprichwörter-Verzeichnis ausschließlich auf Verifikationen aus Karl Friedrich Wilhelm Wanders *Deutschem Sprichwörter-Lexikon*, 5 Bde. (Leipzig 1863—1880).[31]

Wolfgang Stammler nannte den *Ackermann aus Böhmen* mit Recht ein „volkstümliche[s] Streitgedicht,"[32] denn andere Wechselreden zwischen Tod und Menschen boten sich dem Dichter als Beispiel an. Auch ist die Argumentation zweier Gegner im Mittelalter besonders durch die vielsprachigen Salomon-Markolf Dialoge populär geworden. Auf deutschem Boden war dieser Redewettstreit sehr beliebt, wie die zahlreichen überlieferten Handschriften des vierzehnten bis sechzehnten Jahrhunderts bekunden. Werner Lenk konnte erst kürzlich in seinem Beitrag „zur Sprichwort-Antithetik im Salomon-Markolf Dialog" Ergebnisse liefern, die direkt auf das Stilkunstwerk des Johannes von Tepl bezogen werden können. Der Dialogteil dieses Werkes hat als Gespräch ein besonderes Gepräge, denn „seine Redeteile bestehen inhaltlich und formal nicht aus subjektiven, individuellen Aussagen in natürlicher Rede, vielmehr sprechen die beiden Gesprächspartner größtenteils in feststehenden, formelhaften Wendungen, in Sprichwörtern und Sentenzen."[33] Dabei läßt sich von vornherein eine deutliche Zweiteilung des im Dialog verwendeten Repertoires von Sprichwörtern erkennen, „den biblischen Sprüchen Salomons wird die volkstümliche Spruchweisheit [Markolfs] entgegengesetzt."[34] Lenk erkennt in der Gegenüberstellung Salomon-Markolf das Wesen der Sprichwort-Antithetik des Mittelalters, denn „der Sprichwort-Antithetik entspricht die Konfrontierung der Personen. Dem biblischen König, einer Autorität des mittelalterlichen Geistes-

---

[31] Hier soll noch darauf hingewiesen werden, daß die Sekundärliteratur bereits häufig auf die Sprichwörter hingedeutet hat. Das gilt vor allem von den Arbeiten von Knieschek, Burdach-Bernt, Bernt, Krogmann, Tschirch, Bäuml und Vogt-Herrmann, doch wird meistens nur in einer Anmerkung oder im Kommentar erwähnt, daß es sich in der betreffenden Aussage um ein Sprichwort handelt, ohne weiter auf dessen Funktion im Werk selbst einzugehen: Vgl. Johann Knieschek, *Der Ackermann aus Böhmen* (Prag 1877), bes. S. 84; Burdach-Bernt (wie Anm. 15), über den Kommentar verteilte Hinweise; Alois Bernt, *Forschungen zum Ackermann aus Böhmen*, ZfdPh, LV (1930), bes. S. 177—183, wo Rechtsausdrücke, Sentenzen, sprichwörtliche Redensarten und Sprichwörter aufgeführt werden; Krogmann (wie Anm. 21), in seinen Anmerkungen; Fritz Tschirch, *Kapitelverzahnung und Kapitelrahmung durch das Wort im Ackermann aus Böhmen*, DVjs, XXXIII (1959), bes. S. 304; Bäuml (wie Anm. 30), in den einzelnen Kapitelbesprechungen; Christa Vogt-Herrmann, *Der Ackermann aus Böhmen und die jüngere Spruchdichtung* (Masch. Diss. Hamburg 1962), bes. Anmerkung 364 im Anhang auf S. 49.

[32] Wolfgang Stammler, *Von der Mystik zum Barock*, 2. Auflage (Stuttgart 1950), S. 29.

[33] Werner Lenk, *Zur Sprichwort-Antithetik im Salomon-Markolf-Dialog*, Forschungen und Fortschritte, XXXIX (1965), 152.

[34] (wie Anm. 33), 152.

lebens, wird der Bauer-Narr [Markolf] entgegengestellt, der als Typus des
Outsiders der mittelalterlichen ‚ordo' volkstümlicher Held war."[35] Salomon
argumentiert von der *ratio* her in der Form philosophisch-logischer Begründung,
und steht dem von der Seite der *emotio* wettstreitenden, auf biologisch-kreatür-
licher Argumentation basierenden Markolf, eiskalt gegenüber. Hier spiegelt sich
also der kulturelle Zwiespalt des Spätmittelalters zwischen Gelehrsamkeit und,
drastisch ausgedrückt, dem Narrentum der restlichen Welt, insbesondere der
niederen Stände.

Wie Salomon Markolf gegenübersteht, so steht jedoch auch der Tod als Typus
des skeptischen und asketischen Rationalisten dem verwundeten und kreatürlichen
Typus des Gefühlsmenschen in der Person des Ackermanns gegenüber. Das sind
unüberbrückbare Gegensätze, die hier aufgerissen werden, und die die mittelalterliche Welt in ihrer Brüchigkeit, besonders auch im ständischen Gleichnis,
drastisch artikulieren. „Das ständische Motiv des Streites zwischen Knecht und
Herr, Ackermann und Gewalthaber, Bauer und Fürst, das ein noch durchaus
mittelalterliches Gepräge zeigt, durchzieht gliedernd den Dialog und gibt dem
Dichter entscheidende Mittel der rhetorischen, künstlerischen und geistigen
Spannung."[36] Verfolgt man den genauen Wortlaut der Reden des Todes, so
bemerkt man, daß dieser durchweg den sich am Beginn als „Ackermann" vor-
stellenden Gegner als solchen ansieht und daher auch anspricht. Der Ackermann
tritt als Knecht dem Herrn (Tod) gegenüber, der diesen mit Schimpf- und
Schandreden überhäuft, die den Ackermann als Narrentypus charakterisieren,
was erkennen läßt, „daß dem Verfasser der Stoff und die Sprache der spätmittelalterlichen literarischen Bauernsatire vertraut waren."[37] Schon der bereits
erwähnte Begleitbrief nannte das Werk „ein bäuerisches Geschwätz," und in
der Dichtung selbst ist es der Tod, der immer wieder auf das bäuerische, dumme
und einfältige Benehmen des Ackermanns hinweist und diesen auf satirisch-paro-
distische Art und Weise als ausgesprochenen Bauerntölpel hinstellt. So lehnt sich
der Ackermann auch zuerst noch auf, doch muß er nur zu bald einsehen, daß
er gegen den Tod nicht ankommen kann. Aus dem Prozeß zwischen Herrn und
Knecht folgt schließlich die Resignation des Unterdrückten, gleichzeitig ein
Gleichnis der ständischen Verhältnisse liefernd. So erkannte Fritz Martini hinter der Auflehnung des Ackermanns den niedrigen, gedrückten, armen mittelalterlichen Mann, „der sich der rücksichtslosen Willkür des Fürsten und Herr-
schers Tod hilflos ausgesetzt sieht, das Sinnbild des armen, vom Tode gequäl-
ten Menschen schlechthin."[38] In der Behandlung des Todes erscheint der Ackermann sodann auch als ausgesprochener Narr der mittelalterlichen Bauernsatire,
wie sie auch der Salomon-Markolf Dialog zeigt, doch mit einem sehr wichtigen

---

[35] (wie Anm. 33), 153, Anm. 26.
[36] Fritz Martini, *Das Bauerntum im deutschen Schrifttum von den Anfängen bis zum
16. Jahrhundert* (Halle 1944), S. 215.
[37] Fritz Martini, *Die Gestalt des Ackermanns im Ackermann aus Böhmen,* ZfdPh,
LXVI (1941), 39.
[38] (wie Anm. 36), S. 217.

Unterschied. Der Charakterisierung des Ackermanns durch den Tod steht die Selbstcharakterisierung des Ackermanns gegenüber, worin sich dieser keineswegs als Tor darstellt, sondern eher als kühner Streiter für das innere Recht der Auflehnung. Damit greift der Dichter bereits die sozialethischen Verpflichtungen späterer Jahrhunderte auf und entfernt sich von der Bauernsatire seiner Zeit. Hier liegt daher auch das Gewaltige der Dichtung, nämlich im Kampf, dem Trotzalledem der unterdrückten Natur, die zur Selbstbehauptung strebt. So gesehen, erscheint am Ende fast der Tod als Tor, dessen bäuerisch-satirische Behandlung des Ackermanns als ein Anachronismus erscheinen will, da der Ackermann nicht mehr der spätmittelalterliche Narrentypus ist, sondern bereits ein neues Menschentum, wenn auch nur andeutend, verkörpert.

So stehen sich Tod und Ackermann als These und Antithese gegenüber, doch nicht nur als *ratio* und *emotio* allein, wie so oft betont worden ist. Die eigentliche Antithetik entwickelt sich doch vielmehr aus dem Zeitgeschehen selbst, einer Übergangszeit, in der alte und neue Werte aufeinanderprallen. Der Tod versteht den Ackermann nicht und versucht ihn auf alte Weise als Dummen zu belehren, weil dieser aus der mittelalterlichen Norm heraustritt. Gleichzeitig versteht auch der Ackermann den Machtanspruch des Todes (als Herrschergestalt) nicht, weil er seiner Zeit weit voraus ist. Und so streiten und wetteifern sie, ein jeder am anderen vorbei, bis Gott den Urteilsspruch als Schiedsrichter verkündet. Gegen den Tod als Ende allen Lebens muß der Ackermann verlieren, doch als Mensch hat er das innere Recht zum Kampf gewonnen.[39] Das bedeutet zeitgeschichtlich vor allem das Recht der geknechteten Menschheit zum Aufstand gegen die Unterdrücker und Mächtigen, den Aufstand von Knecht gegen Herrn, und in diesem Menschheitsrecht liegt das wirklich Revolutionäre des *Ackermann aus Böhmen.*

Da der Ackermanndichter aber ein Mann seiner Zeit war, der diese spätmittelalterliche Antithetik bewußt darstellen wollte, griff er auf die ihm bekannte Form des Streitgespräches zurück. Da er seine beiden Streiter alternierend zur kämpferischen Rede auftreten läßt, die gekennzeichnet wird durch Ironie, Satire, Hohn, Resignation, Verachtung, kurz durch alle Stimmungsmerkmale der menschlichen Ausdrucksweise, so überrascht auch das häufige Auftreten der Sprichwörter in der Argumentation nicht, vor allem, da gerade in der Antithese ein besonderes Charakteristikum des Sprichwortes zu finden ist, denn „das echte Sprichwort entzieht sich durch Verknüpfung von Gegensätzen und die Manifestierung von Widersinnigkeiten dem Bau einer Weltgesetzlichkeit, es zerstört jedes System einer rational sich durchbildenden Ordnung. Der Geist des Sprichwortes gleichsam webt spielerisch zwischen den Gegensätzen und extremen Erscheinungen des Lebens, vermittelnd zuweilen, doch ohne aus einem

---

[39] (wie Anm. 36), S. 219. Martini weist auch auf eine neue Zeit des Bauerntums hin: „Diese innere Sympathie mit dem schlichten, verfolgten und leidenden Manne in dem Dialog des Johann von Tepl deutet auf Tendenzen, die sich in der ständischen Wertung des Bauern und in dem Einsatz für ihn im 15. Jahrhundert mit zunehmendem Nachdruck abzeichnen."

ernsthaften Anliegen heraus die bestehenden Klüfte aufheben zu wollen — ja, eher die Buntheit der Welt erst unterstreichend, deren Bestandteile jedoch durch ihre gemeinsame Zugehörigkeit zum praktischen Diesseits verwandt sind."[40] So spiegelt sich in der Sprichwort-Antithetik formal der Dualismus und die Widersprüchlichkeit von Sein und Schein dieser Übergangszeit, und die Sprichwörter und deren Funktionen im literarischen Werk werden durch den Umstand, „that they [the proverbs] state truths concisely [to] useful indicators of the characteristics of an age."[41]

Von dem bisher Gesagten ergibt sich notwendig eine ungleichmäßige Verteilung und Verwendung der Sprichwörter bei den beiden Streitenden. Der Tod, der im Ackermann nur den Narren sieht, greift verständlicherweise auf die Ausdrucksform dieser spätmittelalterlichen Weltansicht zurück. Er versucht immer wieder, den Ackermann durch eine bewußt-pointierte Aussage von seiner angeblichen Dummheit zu überzeugen, ihn also oft allein durch leeres Wortgezeter von seiner aufrührerischen Anklage abzubringen. Um dem „dummen" Ackermann verständlich zu sein, benutzt er absichtlich volkstümliche Sprichwörter, da er meint, daß jener diese trotz seines beschränkten Geisteszustandes verstehen kann. Durch die Sprichwörter provoziert, greift auch der Ackermann zu dieser geläufigen Form des Argumentes, doch vermindert sich bei ihm der ausdrücklich satirische Funktionswert des Sprichwortes und schwenkt sogar in ein pessimistisches, resignierendes Gefühl um. Der Schärfe der Dialogführung des Todes ist der Ackermann am Ende nicht gewachsen, wie er selbst schon während

Ackermann		*Tod*	
I.	—	II.	21.
III.	—	IIII.	—
V.	27.	VI.	25,26,28,32,51,66.
VII.	40.	VIII.	15,72.
VIIII.	—	X.	—
XI.	—	XII.	16,38,44,46,47,53,78.
XIII.	27,48,63.	XIIII.	37,65,69.
XV.	58.	XVI.	43.
XVII.	52,54,75,77.	XVIII.	62.
XVIIII.	24.	XX.	2,5,6,7,8,10,11,19,20,34,41,
			55,60,64,67,68.
XXI.	9,70.	XXII.	3,17,18,30,33,35,36,39,49,71.
XXIII.	42,45,76.	XXIIII.	57.
XXV.		XXVI.	14,31,61.
XXVII.	29,74.	XXVIII.	50.
XXVIIII.	13.	XXX.	12,56,73.
XXXI.	1,59.	XXXII.	4,22,23.

     21 Sprichwörter   58 Sprichwörter

[40] Eva Wagner, *Sprichwort und Sprichworthaftes als Gestaltungselement im Renner Hugos von Trimberg* (Diss. Würzburg 1962), S. 111—112.
[41] (wie Anm. 4), 490.

des Streites kleinlaut durch das zweimalige, sprichwörtliche *hin ist hin* (27)[42] zugibt. Doch hier nun zuerst einmal eine vergleichende Tabelle, die die beiden Streiter in ihrer Sprichwörterverwendung gegenüberstellt: (die arabischen Zahlen beziehen sich auf die Sprichwortnummern im Sprichwörter-Verzeichnis)

Fast dreiviertel der 79 verwendeten Sprichwörter erscheinen in den Reden des Todes, der sich besonders im zwanzigstenKapitel zu einer Anhäufung von sechzehn Sprichwörtern steigert, die die beliebten Sprichwortreihen eines Hans Sachs oder Johann Fischarts vorwegreift. Überhaupt findet sich diese Art von Sprichwortkompilation im Sprichwortkapitel *Wie der böse Geist dem betrübten Fausto mit seltsamen spöttischen Scherzreden und Sprichwörtern zusetzt* des Volksbuches der *Historia von D. Johann Fausten* von 1587 nachgebildet,[43] und zwar stilistisch sowie funktionalistisch. In beiden Fällen wird das Gespräch zur satirisch-belehrenden Attacke eines unmenschlichen Wesens, das seinem Gegner höhnisch gegenübersteht. Greift der Ackermanndichter also das Sprichwörtergefecht des Salomon-Markolf Dialogs als stilistisches Element auf, so deuten einige Sprichworttiraden des Todes bereits als stilistisches Muster zum sechzehnten Jahrhundert voraus. Die Beliebtheit sowie die große Verbreitung des Sprichwortes zeigt sich dabei besonders darin, daß die Dichter immer wieder neue Sprichwörter oder doch Sprichwortvariationen heraufbeschwören, so daß es nicht zu monotonen Wiederholungen kommt. Man bemerkt hier, wie sich diese „Sprichwortwut" bei Johann Fischart und dessen bekannter „Wortwut" zu gewaltigen Sprichwortassoziationen entwickeln konnte.

Um nun sämtliche Funktionswerte der Sprichwörter im *Ackermann aus Böhmen* herauszuschälen, soll eine Besprechung ihrer Verwendung im Werk folgen, wobei jeweils eine Rede des Ackermanns und eine Gegenrede des Todes als Einheit betrachtet werden. Indem wir uns so von Kapitel zu Kapitel vortasten, wird deutlich werden, daß das Sprichwort als „Kleinform der Poesie" ganz bestimmte stilistische sowie gehaltliche Funktionen übernimmt. Es ist also episch integriert und stellt keinen Fremdkörper im Werk dar, sondern ist ein bedeutendes Glied der organischen Ganzheit des Werkes.

I — II: Nur langsam beginnt der Gebrauch der Sprichwörter, und das hat seinen guten Grund. Im ersten Kapitel steht der sich nicht identifizierende Ackermann vor uns und verflucht den Tod im Namen der ganzen Menschheit. Hier wird nicht räsoniert, nicht argumentiert noch lehrhaft vorgegangen, sondern die ganze Rede konzentriert sich auf den Fluch. Überhaupt zeigt sich der Ackermann schon hier keineswegs als bäuerischer Dummkopf, sondern weiß sich geschickt auszudrücken und seine Worte mit sich steigernder Ausmalung zu führen. Dem Tod selber ist diese Rede verwunderlich, doch erkennt er, daß der

[42] Eine Zahl in Klammern bezieht sich jeweils auf die Sprichwortnummer im Sprichwörter-Verzeichnis, wo auch die Kapitel- sowie die Zeilenzahl des Textes angegeben werden. Zitiert wird ausschließlich nach Willy Krogmanns Ausgabe (wie Anm. 21).
[43] Vgl. dazu Ludwig Fränkel und Adolf Bauer, *Entlehnungen im ältesten Faustbuch. Das Sprichwörter-Kapitel*, Vierteljahrschrift für Literaturgeschichte, IV (1891), 361—381.

Ackermann es ernst mit seiner Klage meint und fordert diesen auf: *nenne dich und versweig nicht, welcherlei sachen dir sei von uns so twenglicher gewalt begegnet* (II, 23—24).[44] Sprichwörtlich deutet er zwar an, daß er manchen guten Leuten *über den rein habe gegraset* (21), doch verhält sich seine Ausdrucksweise noch in einer gehobenen Form, da er nicht weiß, wen er vor sich hat.

III — IIII: Da gibt sich der Ackermann zu erkennen: *Ich bins genant ein ackerman, von vogelwat ist mein pflug* (III, 1—2) und weist direkt darauf hin, daß er kein eigentlicher Bauer ist! Wiederum zeigt er in seiner Rede eher Gelehrtheit als Volkstümlichkeit. Überhaupt ist seine Sprache poetisch ausgeschmückt, gerade wie die geblümte Sprache der Meistersinger. Von einer volkstümlichen Benutzung formelhafter Ausdrücke und Sprichwörter, die „auf Ersparung eigener Denktätigkeit"[45] verweisen würden, kann absolut nicht die Rede sein. Doch auch der Tod entgegnet mit gezierter Redeweise, weiß die Frau des Ackermanns als makellos zu schildern, und zwar ohne jeden Spott oder Hohn in der Stimme. Und so bleiben diese beiden Kapitel sprichwortlos, da sie sprachlich eine gekünstelte *tour de force* darstellen, wozu sich das Sprichwort nicht unbedingt eignet.

V — VI: Die nächste Gegenüberstellung beginnt der Ackermann, darin der Rede des Todes folgend, mit einem Lobgesang auf seine liebe Frau, der an die Minnelyrik erinnert: *Ja, herre, ich was ir friedel, sie mein amei. Ir habt sie hin, mein durchlustige eugelweide; sie ist dahin, mein frideschilt vür ungemach, enweg ist mein warsagende wünschelrute. Hin ist hin!* (27) (V, 1—4). Das *hin ist hin* ist also des Ackermanns erstes Sprichwort, doch fehlt ihm die Bildlichkeit der Volkstümlichkeit.[46] Ganz abstrakt und allgemein fällt dieses *hin ist hin* als Sprachfloskel, assoziierend heraufgerufen durch das vorhergegangene *hin* und *dahin*. Zwar scheint es, als ob der Ackermann durch das Sprichwort und durch die Betitelung des Todes als *herre* erste Anzeichen der Resignation zeige, doch straft der zweite Teil seiner Rede diese Annahme Lügen und greift auf den Fluch zurück, der verstärkt erneuert wird. Damit entwickelt sich jedoch auch die an die Bauernsatire erinnernde Gegenüberstellung von „Herr" und „Knecht", denn erst jetzt nimmt der Tod den Ackermann beim Wort, der ihn selbst schon *herre* genannt hat. Da ergibt sich die mittelalterliche Gleichung von Ackermann = Knecht wie von selbst, und die ins Sprichwort gekleidete Forderung *knecht*

---

[44] Eine römische und arabische Zahl in Klammern im Text beziehen sich auf die Kapitel- und Zeilenzahl des betreffenden Zitates in Krogmanns Ausgabe (wie Anm. 21).

[45] Friedrich Maurer, *Volkssprache*, in *Volkssprache*, Beihefte zur Zeitschrift Wirkendes Wort, IX (1964), 11. Vgl. hierzu auch Hans Naumann, *Grundzüge der deutschen Volkskunde* (Leipzig 1929), S. 133. „In ihrer Anwendung zeigt sich [oft] die prälogische Unselbständigkeit, das Sprichwort ersetzt [oft] die eigene Leistung." Ich habe „oft" hinzugesetzt, da dies keineswegs bei allen Funktionswerten des Sprichwortgebrauches zutrifft.

[46] Vgl. hierzu Mathilde Hain, *Sprichwort und Volkssprache* (Gießen 1951), S. 63. „Die unbildlichen Sprichwörter wollen entweder eine einzige konkrete Situation treffen . . ., oder sie formulieren abstrakt und begreifen viele Situationen unter sich . . ."

knecht, herre beleibe herre (32) drückt das Verhältnis Ackermann — Tod stän-
disch-antithetisch aus. Das zeigte bereits der Salomon-Markolf Dialog und die
weitere spätmittelalterliche Literatur auf schriftliche Weise, bis es dann im
Bauernkriege zum eigentlichen Kampf kam, doch „der Bauernkrieg hat im
Sprichwort begonnen schon lange bevor er ausbrach."[47] Einmal durch diesen
Gegensatz schroff voneinander getrennt, bleibt der Ackermann durchweg für
den Tod ein dummer Bauer, den er nur höhnisch verspotten, gegebenenfalls vielleicht belehren kann. Gegen diesen dummen Aufrührer „muß" also der Tod in
seiner Rede bildlich oder besser sprichwörtlich werden, um sich ihm verständlich
zu machen. Er vergleicht also zuerst einmal des Ackermanns törichten Aufbe-
gehrensversuch mit einer der Tierwelt entnommenen Reihe von äußerst verständlichen Sprichwörtern: *Ein fuchs slug einen slafenden lewen an den backen,*
darumb ward im sein balg zerrissen (51); *ein hase zwackte einen wolf, noch*
heute ist er zagellos darumb (25); *ein katze krelte einen hund, der da slafen*
wolte, immer muß sie des hundes feindschaft tragen (28). Bildhaft stellt der
Tod ihr Verhältnis durch variierte Beispiele dar und abstrahiert dann zum
schon erwähnten *knecht knecht, herre beleibe herre* (32). Die Sprichwörter
dienen also kaum der Provokation, sondern sollen eine dem Ackermann be-
greifliche Erklärung abgeben, sollen den Widersinn der ganzen Konfrontation
verdeutlichen. Zwar rechtfertigt der Tod sich trotzdem mit dem biblischen
Sprichwort *wir tun als die sunne, die scheinet über gute und böse* (66; Matth. 5,
45), doch kommt er am Ende nochmals mit einem erklärenden Sprichwort auf
seine Ausgangsstellung zurück: *Laß sten dein fluchen, sage nicht von Poppen-*
fels neue mere![48] *Haue nicht über dich, so reren dir die spene nicht in die augen!*
(26) Erklärend, warnend und zurückweisend versucht der Tod in der sprichwörtlichen Sprache eines Ackermanns, diesen von seinem Tun abzuhalten.

VII — VIII: Der Ackermann besteht, wenn auch etwas milder, auf seinem
Fluchen, Schelten und Schmähen, denn, wie das Sprichwort sagt, *nach großem*
leide große klage sol folgen (40). Das Sprichwort dient der Rechtfertigung, aus
dessen Allgemeingültigkeit er sein individuelles Recht zum Kampf versteht.
Ewiglich will er den Tod hassen und befehden, doch er erhebt sich nur immer
weiter über ihn hinaus. Jetzt ist der Ackermann für ihn ein *tummer man*
(VIII, 9), dem die Gefahr des Bevölkerungszuwachses erklärt werden muß,
wenn es keinen Tod gäbe. Auch hier muß das Sprichwort nachhelfen, denn *es*
[ohne Tod und Strafe] *würde fressen ein mensche das ander, ein tier das ander,*
ein jeglich lebendige beschaffung die ander (15). Mit einem biblischen Sprich-

[47] (wie Anm. 26) S. 60—61. Überhaupt konnte Seiler feststellen, daß besonders im
deutschen Sprichwort „die Gegensätze der Stände sehr stark in die Erscheinung
[treten]. Fürsten und Untertanen, Edelleute und Bauern und besonders Herren und
Knechte stehen sich schroff gegenüber ... Nicht Nationalgefühl, sondern Klassen-
bewußtsein war in den unteren Schichten unseres Volkes die herrschende politische
Empfindung zu der Zeit, als das Sprichwort sich entfaltete."
[48] Vgl. Karl Friedrich Wilhelm Wanders, *Deutsches Sprichwörter-Lexikon* (Leipzig
1863—1880), Bd. III, Sp. 1374, „Poppe", 1: „Gross poppen sagen," eine sprichwörtliche Redensart.

wort versucht der Tod am Ende seiner Rede dann nochmals, den Ackermann zur Aufgabe zu bringen: *Laß ab! Die lebendigen mit den lebendigen, die toten mit den toten, als unz her ist gewesen* (72; Matth. 8,22). Das sollte der Ackermann verstehen, denn *als unz her ist gewesen* drückt die Naturgesetzlichkeit auch in diesem Rechtfertigungsversuch des Todes aus, der nun nur noch zu fordern weiß: *Bedenke baß, du tummer, was du klagen süllest!* (VIII, 23—24)

IX — X: Auf den Vorwurf der Dummheit geht der Ackermann nicht ein. In dieser Beziehung redet der Tod an ihm vorbei. Vielmehr preist der Ackermann nun die reinen Weiber und die ehrsamen Männer und gedenkt in Ekstase der Gabe Gottes. Dem hält der Tod das gewisse Ende allen Lebens entgegen, doch greift er von neuem seine vorgefaßte Meinung über den Ackermann auf, denn dieser *hat nicht aus der weisheit brunnen getrunken* (X, 1—2),[49] ist ein *unverstendig welf* (X, 5—6), und überhaupt *get* [seine Klage] *aus tauben sinnen* (X, 26).

XI-XII: Doch kann der Tod nicht davon ablassen, den Ackermann als Bauerntölpel zu betrachten, so bleibt auch der Ackermann dem Standeskonflikt Knecht — Herr treu, indem er den angeblich schamlosen Mörder weiterhin *herre Tod* (XI, 27) nennt. Die Reden des Todes scheinen keinen Eindruck auf ihn zu machen, denn er verliert sich abermals in einen Preisgesang auf seine Frau, die eine rechte Gottesdienerin war. Darauf kann der Tod nur polemisch antworten, *kündestu rechte messen, wegen, zelen oder tichten, aus ödem kopfe ließestu nicht solche rede* (XII, 1—2). Die Rede wird sogar als *eselschrei* (XII, 4) beschrieben, die der Ackermann *herauskläfft.* Zwar nimmt der Tod das Argument auf, daß die Frau des Ackermanns wirklich ein hervorragendes Geschöpf war, doch meint er beruhigend, der Ackermann könne sich bestimmt ein neues erziehen. Doch das warnende *Aber* des *risus dolore miscebitur et extrema gaudii luctus occupat* (Proverb. 14, 13) folgt sogleich in einer ganzen Variationsreihe von Sprichwörtern: *Wir sagen dir aber ander mere: je mer dir liebes wirt, je mer dir leides widerfert* (47); ... *je größer lieb zu bekennen, je größer leid zu enberen* (46); ... *alles irdisch ding und lieb muß zu leide werden* (44). *Leid ist liebes ende* (38), *der freuden ende trauren ist* (16), *nach lust unlust muß komen* (53), *willens ende ist unwillen* (78). Ein Sprichwort führt zum andern, so daß sich ein wahres Sprichwort-Panorama des im Mittelalter so beliebten Wortpaares *Liebe — Leid* entfaltet.[50] Unrecht hat jedoch Franz Rolf Schröder,

[49] (wie Anm. 48), Bd. V, Sp. 146, „Weisheit", 172: „er hat die Weisheit mit Löffeln gefressen", und Bd. V, Sp. 1810, „Weisheit", 187: „er hat alle Weisheit allein gefressen", eine sprichwörtliche Redensart.

[50] In ihrer *Interpretation des Ackermann aus Böhmen*, Monatshefte, XXXII (1940), 388 konnte Renée Sommerfeld-Brand nachweisen, daß die Mittel zur Dehnung und Anschwellung „im Wesentlichen der mittelalterlich-deutschen Stilsphäre entnommen [sind]," wozu, ohne daß Sommerfeld-Brand es erwähnt, auch diese Art von Sprichwortreihen gehören. Dabei ist vom Gesichtspunkt der Sprichwortforschung zu beachten, daß die Tendenz zur Reihung bestimmte Vorzüge hat für den Stil, denn „sie reizt zu Neubildungen, Neuprägungen, zum Fortführen des Sprichworttons, auch wenn der Vorrat an Sprichwörtern schon erschöpft ist," vgl. Volker Meid, *Sprichwort und Predigt im Barock*, Zeitschrift für Volkskunde, LXII (1966), 221.

der meint, daß „unser Dichter wiederholt in ergreifenden Worten"[51] Ausdruck von der Untrennbarkeit von Liebe und Leid gibt. Denn der Ton des Todes ist hier keineswegs gefühlvoll, sondern voller Polemik und Besserwissen. Hier steht der kühle, geistreiche Herr Tod und hält seine Predigt von der *vanitas vanitatem* und dem *contemptus mundi*.[52] Dabei handelt es sich um Lehren, wenn auch höhnisch verabreicht, und so gilt die Funktion der Sprichwörter in diesem Falle der Belehrung des vor *Dummheit gackernden Ackermanns: Lerne es baß, wiltu von klugheit gatzen!* (XII, 30—31)

XIII — XIIII: So faßt auch der Ackermann den Spott und die Ironie des Todes als Bestätigung der Sprichwortwahrheit *nach schaden folget spotten* (63) auf, mit der er seine Gegenrede verbunden mit einem Unterton der Resignation beginnt, der durch *liebes entspenet, leides gewenet* (48) sowie *hin ist hin* (27) noch verstärkt wird. Der Ackermann geht immer mehr von der ausdrücklichen Anklage zur resignierenden Klage über, und dabei kommt die Verwendung der Sprichwörter „dem tiefen Bedürfnis nach Trost und Ermutigung in allerlei Leid und Not entgegen."[53] Pessimistisch sieht er sich allein und elend als Witwer mit Waisenkindern dastehen und ruft zum Schluß Gott dazu auf, ihn an dem Tode zu rächen. Der Tod summiert in seiner Entgegnung sofort das unnütze Reden des Ackermanns, denn *one nutz geredet, als mer geswigen* (65), doch versucht er wiederum dem Ackermann zu erklären, daß seiner Frau nur Gutes geschehen ist. Auf der Höhe des Lebens, noch vor dem körperlichen Verfall zu sterben, *das haben gelobet, das haben begeret alle weissagen, wan sie sprachen: am besten zu sterben, wann am besten liebet zu leben* (37). *Er ist nicht wol gestorben, wer sterben hat begeret* (69). Ohne direkt einen Gewährsmann zu nennen, beruft sich der Tod mit der Einführungsformel *das haben gelobet, das haben begeret alle weissagen* doch auf die Künder der Weisheit und erhöht somit auf volkstümlich-mittelalterliche Weise durch den Rückbezug auf die Tradition die Wirkung der beiden Sprichwörter.[54] So sollen die Einführungsformel sowie die damit verbundenen Sprichwörter die Allgemeingültigkeit der Rede des Todes verdeutlichen.

XV — XVI: Wurden bereits in der vorhergehenden Gegenüberstellung Anzeichen eines Resignationsgefühls auf Seiten des Ackermanns sichtbar, so konnte Bäuml feststellen, daß mit dem fünfzehnten Kapitel das Verhältnis der beiden

---

[51] Franz Rolf Schröder, *Stellen zum Ackermann aus Böhmen*, GRM, X (1922), 375.
[52] Vgl. Bäuml (wie Anm. 30), S. 53.
[53] Seiler (wie Anm. 1), S. 322.
[54] Vgl. hierzu Hain (wie Anm. 1), Sp. 2730—2731: „Obwohl seine [des Sprichworts] sprachliche Gestalt die Merkmale der Tradition trägt, knüpft das Sprichwort im lebendigen Gebrauch nochmals an einen Traditionsträger mit einer einleitenden oder abschließenden Formel an ... Gerade diese Einleitungs- und Schlußformeln, die das Sprichwort in einen sozialen Zusammenhang rücken und an ein bestimmtes Milieu binden, müssen in den allgemein üblichen Sammlungen wegfallen. Das Sprichwort bedarf der Berufung auf eine Autorität, da es [oft] ethisch ausgerichtet ist." Ich habe wiederum „oft" hinzugesetzt, da das Sprichwort keineswegs immer ethisch ausgerichtet ist.

Streiter zueinander eine deutliche Wendung erfährt, denn „the compound motif 'accusation' which forms the basis of the development through chapter XV loses its significance as principal impetus to the development of the second half of the dispute. The relationship that emerges is no longer that of accuser and accused, but rather one of mentor and supplicant for advice."[55] Der Mentor-Tod hat also den Ackermann dazu gebracht, auf ihn zu hören, und obwohl der Ackermann vorerst noch versucht, die vorangegangenen Erklärungen des Todes mit dem Sprichwort *beschonter rede bedarf wol schuldiger man* (58) hinwegzufegen, so folgt bald auch seine Frage nach Art und Wesen seines Gegners: *Ir seit der übelteter. Darumb weste ich gern, wer ir weret, was ir weret, wie ir weret, von wann ir weret und warzu ir tüchtig weret* (XV, 13—15). Der Ackermann, obwohl nicht dumm und bäuerisch, wie ihn der Tod eingestuft hat, beginnt jetzt den Lehren des Todes Gehör zu schenken,[56] der ihm auch gleich seine sinnlose Einstellung allgemeinverständlich auseinandersetzt: *Was böse ist, das nennen gut, was gut ist, das heißen böse sinnelose leute* (43). Darauf läßt er Antworten auf die Fragen des Ackermanns folgen, die über seine Herkunft und Beschaffenheit Auskunft geben.

XVII — XVIII: Mißtrauisch „leitet [der Ackermann] ein mit der Sprichwortweisheit von der geringen Vertrauenswürdigkeit"[57] eines so „alten Mannes", wie es der Tod vorgibt zu sein: *Alter man neue mere, geleret man unbekante mere* (54), *ferre gewandert man und einer, wider den niemand reden tar* (77), *gelogen mere wol sagen turren, wan sie von unwissender sachen wegen sint unstreflich* (52). Mehr als je zuvor ergreift der Ackermann in dieser, seiner sprichwortreichsten Rede, das volkstümliche Sprichwort. Er verläßt seine bisher meist gehobene Sprache, weil er seit dem fünfzehnten Kapitel kaum mehr dem Tode als ebenbürtiger Kämpfer gegenübersteht. Einmal schwankend geworden, einmal seiner selbst nicht mehr sicher, greift er kurzerhand zur Volkssprache und läßt deren Tendenzen erkennen, nämlich „auf der einen Seite ein Zurücktreten des Verstandesmäßigen, des logischen Denkens, des Intellekts; auf der anderen ein Hervortreten des Gefühlsmäßigen, des assoziierenden Denkens, der Phantasie."[58] Der Gedanke des Mißtrauens wird durch die Sprichwortanhäufung von verschiedenen Seiten beleuchtet und führt zu einer beinahe tragisch-komischen Charakterisierung des Todes. Durch diesen Wortschwall faßt dann der Ackermann erneuten Mut und wirft dem Tode mit einem sehr bildlichen Sprichwort Ungerechtigkeit vor, denn *unkraut beleibet, die guten kreuter müssen verderben* (75). Alles in allem hat sich der Ackermann jedoch eine Blöße gegeben und wird vom Tode nachdrücklich als Unwissender charakterisiert: *Wer von sachen nicht*

---

[55] (wie Anm. 30), S. 118.
[56] Vgl. hierzu Bäuml (wie Anm. 30), S. 118. „This change is [also] emphasized through the cessation, with chapter XV, of the Ploughman's curses as a constant recurrence at the close of each chapter."
[57] Gerhard Hahn, *Die Einheit des Ackermann aus Böhmen. Studien zur Komposition* (München 1963), S. 55.
[58] Friedrich Maurer, *Volkssprache als Teil der Volkskunde*, in *Volkssprache*, Beihefte zur Zeitschrift Wirkendes Wort, IX (1964), 36.

enweiß, der kan von sachen nicht gesagen (62). Diese Unkenntnis wird höhnisch generell auf die ganze Menschheit bezogen, und der Tod erhebt sich mehr und mehr über die angebliche menschliche Beschränktheit. Nun steht er als Didaktiker da, der in der Person des Ackermanns den Einzelfall der Menschheit zu belehren denkt, denn dieser ist wahrlich *zumale ein kluger esel* (XVIII, 40-41). Daraus läßt sich zu einem Teile die nun folgende Sprichwortfreudigkeit des Todes erklären, denn das Sprichwort eignet sich, wie schon eingangs gezeigt wurde, zur lehrhaften Tendenz. Es muß jedoch gegen die Annahme Kniescheks gewarnt werden, daß die zahlreichen Sprichwörter unbedingt „dem Werke einen didaktischen Charakter verleihen."[59] Die Funktion der Sprichwörter hat sich bis zu diesem Punkt der Analyse keineswegs auf die Didaktik beschränkt und wird es auch im zweiten Teil der Dichtung nicht tun. Vielmehr verbinden sich nun mehr als zuvor lebhafte sowie spöttisch-satirische und charakterisierende Funktionswerte des Sprichwortes zu einer dem Leben entsprechenden Natürlichkeit des Redekampfes.

XVIIII — XX: Auf die Bezeichnung *kluger esel* (XVIII, 40) und den damit verbundenen Spott antwortet der Ackermann mit *gespötte und übelhandelung müssen dicke aufhalten durch warheit willen die leute* (XVIIII, 1—2). Abermals lehnt er sich gegen den Tod auf und fordert, daß dieser Einsicht in seine Ungerechtigkeit übe, denn sonst *müste der hamer den amboß treffen, herte wider herte* (24). Doch der Tod reagiert auf diese sprichwörtliche Herausforderung eher freundlich als aufgebracht. Nochmals versucht er, den Ackermann vom Trauern abzubringen und zwar durch ein wahres Sprichwortkapitel. Ein Sprichwort reiht sich an das andere, um das Schicksal und die Vergänglichkeit der Menschen in vielen konkret-bildhaften Variationen darzustellen.[60] Der Rede des Todes fehlt in diesem Kapitel der parodistische Ton, vielmehr entfaltet sich jedes Wort als volkstümliche, gutgemeinte Belehrung. Das erste Sprichwort, *mit guter rede werden gesenftet die leute* (60), weist bereits auf den nun besänftigenden Ton des Todes hin, der dem Ackermann gleichzeitig vergebend erklärt, *zorniger man kan den man nicht entscheiden* (55). Überhaupt soll der Ackermann nun endlich einsehen (lernen), daß *bescheidenheit behelt die leute bei gemache* (7), und *gedult bringet die leute zu eren* (19). Antithetisch stehen diese vier Einleitungssprichwörter der Sprichwort-Drohung des Ackermanns, *es müste der hamer den amboß treffen, herte wider herte* (24), gegenüber. Dort Provokation, hier Beruhigung durch das volkstümliche Sprichwort. Darauf kann die eigentliche Belehrung folgen, die mit der Formel *weistu des nicht, so wisse* (XX, 11) eingeleitet wird: *als balde ein mensche geboren wirt, als balde hat es den leikauf getrunken, das es sterben sol* (67). *Anfanges geswistreit ist das*

---

[59] Knieschek (wie Anm. 31), S. 84.
[60] Vgl. Hain (wie Anm. 46), S. 63. „Das bildliche Sprichwort hält sich in der Nähe des Konkreten, ohne an das Einzelne gebunden zu sein. Es weist hin auf einen exemplarischen Fall, der zugleich viele Möglichkeiten des wirklichen Lebens hintergründig aufklingen läßt."

ende (2). *Wer ausgesant wirt, der ist pflichtig wider zu komen* (6). *Was je geschehen sol, des sol sich niemand widern* (20). *Was alle leute leiden müssen, das sol einer nicht widersprechen* (41). *Was ein mensche entlehent, das sol es widergeben* (11). *Ellende bauen alle leute auf erden* (10). *Auf snellem fuße leufet hin der menschen leben* (34). Eine Reihe von acht Sprichwörtern, die alle das Schicksal der Menschen verdeutlichen. Wie eine Predigt wird jede Aussage assoziierend neu artikuliert, um die Lehre bestimmt verständlich zu machen. Dieser Predigtstil soll dem „dummen" Ackermann die Mühe abnehmen, aus dem bisher Gesagten und offensichtlich nicht Verstandenen die Lehre zu ziehen.[61] Kurz darauf wiederholt der Tod sogar sein Sprichwort *als balde ein mensche geboren wirt, als balde hat es den leikauf getrunken, das es sterben sol* (67) in abgeänderter Form *als schiere ein mensche lebendig wirt, als schiere ist es alt genug zu sterben (68)*. Doch diesmal dient es schon nicht mehr der Belehrung des Ackermanns, sondern vielmehr der Rechtfertigung des Todes. Das gilt auch für die nun folgenden Sprichwörter, die dem Ackermann auf volkstümlich-natürliche Weise das Gute an dem frühen Tode seiner Frau zeigen sollen, denn auch in der Natur gilt: *zeitig epfel fallen gern in das kot* (5); *reifende biren fallen gern in die pfützen* (8). Und wenn der Tod darauf sogar noch erklärt, daß *eines jeglichen menschen schöne muß eintweder das alter oder der tod vernichten* (64), so versucht er doch mit diesem Sprichwort hauptsächlich, dem Ackermann zu beweisen, daß seine Tat die Gattin des Ackermanns vor dem Schicksal der Vergänglichkeit bewahrt hat, indem diese in der Blüte des Lebens starb. Ein belehrender Unterton läßt sich vielleicht auch in diesen zuletzt erwähnten Sprichwörtern heraushören, doch dienen sie ebenso der Rechtfertigung des Todes, der auf drastische Weise bildliche Vergleiche zur biologischen Natur liefert, um die Natürlichkeit und Gesetzmäßigkeit seines Vorgehens zu zeigen.

XXI — XXII: Immer weiter entfernt sich der Ackermann nun von seiner anklägerischen Ausgangsposition, denn einleitend beginnt er seine Entgegnung mit *gute strafung gütlich aufnemen, darnach tun sol weiser man* (70), *höre ich die klugen jehen. Eur strafung ist auch leidelich* (XXI, 1—3). Es scheint, als ob der Tod den Ackermann endlich zur Ruhe gebracht hätte, und dieser den Tod seiner Frau schweigend akzeptieren würde. So raten ja auch *die klugen*, wie der Ackermann selbst zur Bekräftigung der von ihm verwendeten Sprichwortweisheit erklärt. Doch der Tod hat die Rechnung ohne den Ackermann gemacht, denn obwohl sich dieser ihm völlig unterordnet, bittet er gleichzeitig um Rat: *Wann dann ein guter strafer auch ein guter anweiser wesen sol, so ratet und underweiset mich, wie ich so unsegeliches leid, so jemerlichen kummer, so aus der maße große betrübnüs aus dem Herzen, aus dem mute und aus den sinnen ausgraben, austilgen und ausjagen sülle* (XXI, 3—8). Damit jedoch nicht genug! Flehend bittet er den *herre Tod* (XXI, 12) weiterhin um Unterstützung und

---

[61] Hier zeigt sich ganz deutlich, wie diese Art der Sprichwortintegration dann im sechzehnten Jahrhundert, speziell im Sprichwörterkapitel des Faust-Volksbuches (vgl. Anm. 43), zur Mode wird.

relativiert seinen angeblichen Erzfeind durch das Sprichwort *das nie man so böse ward, er were an etwe gut* (9) zu einer doch zu etwas gut seienden Gestalt. Kann es nun überhaupt noch überraschen, daß dem Tod auf diese Rede „der Kragen platzt?" Er hat gepredigt und erklärt, doch will der Ackermann wieder neue Ratschläge und Erklärungen bekommen. Verzweifelt fast greift der Tod außer sich zuerst einmal zu zwei primitiv-lautlichen, der Tierwelt entnommenen Sprichwörtern, die den Ackermann als wirklichen „Narren" charakterisieren: *Ga! ga! ga! snatert die gans* (18), *lamb! lamb! sprichet der wolf* (33), *man predige, was man welle. Solch fadenricht spinnest auch du* (XXII, 1—3). Wie die Gänse gedankenlos schnattern, und die Wölfe nur nach den Lämmern heulen, so spricht auch der Ackermann nach der Meinung des Todes nur Törichtes. Obwohl der Tod durch diese Charakterisierung deutlich macht, daß der Ackermann rationelle Gedankengänge angeblich nicht verfolgen kann, versucht er es doch noch einmal, ihn zu belehren. Das geschieht von neuem mit vielen Sprichwörtern, denn nur mit dieser der Volkssprache entnommenen Weisheit kann er von dem „Ackermann = Bauer = Narr" Verständnis für seine Rede erwarten. Erst warnt er jedoch den Ackermann und erhebt sich mit kalter Verständigkeit über ihn, *wan werlich, wer uns teuschen wil, der teuschet sich selber* (71). Mit sechs Sprichwörtern formuliert er dann die bereits vorher anders ausgesprochenen Erklärungen: *das leben ist durch sterbens willen geschaffen* (35), *ein wind ist der leute leben auf erden!* (36), *nach freude trübsal* (17), *nach liebe leid* (49), *lieb und leid müssen mit einander wesen* (39), *eines ende ist anfang des andern* (3). Dabei zeugen gerade diese Sprichwörter von der Welterfahrenheit und der volkstümlichen Sprachkenntnis des Verfassers, der ohne jede Wiederholung ein Sprichwort nach dem anderen anführt, eine Meisterschaft, die Schriftsteller des sechzehnten Jahrhunderts *ad infinitum* weiterentwickelten.[62] Um abschließend die Unmöglichkeit der Wiederbelebung der Frau zu erklären, stellt der Tod ein aus drei Sprichwörtern zusammengesetztes Argument auf, das illustriert, wie die sogenannte „Dreigliedrigkeit" des neulateinischen Stils von dem Verfasser mit der volkstümlichen Sprache verbunden wurde. Damit will der Tod ein für allemal die Widersinnigkeit dieses Streitgesprächs durch selbstverständliche Argumente belegen und ein Ende schaffen: *Kanstu vergangene jar, gesprochene wort und verruckten magettum widerbringen* (30), *so widerbringestu die muter deiner kinder. Wir haben dir genug geraten. Kanstu es versten, stumpfer pickel?* (XXII, 44—48)

XXIII — XXIIII: Auch der Beginn dieser Rede muß den Tod überraschen, denn der *stumpfe pickel* scheint nun doch etwas von den letzten Lehren des

---

62 Vgl. Hans Heinrich Eberth, *Die Sprichwörter in Sebastian Brants Narrenschiff* (Greifswald 1933), S. 28. Brant liebt es, „ganze Gruppen von Sprichwörtern zu bilden, die denselben Gedanken in immer wieder anderem Gewande bringen." Vgl. auch Charles Schweitzer, *Sprichwörter und sprichwörtliche Redensarten bei Hans Sachs, Hans Sachs Forschungen, Festschrift,* hrsg. von Arthur Stiefel (Nürnberg 1894), S. 357. „Sachs liebte es, überhaupt in seinen Dichtungen Sprichwörter an einer Stelle anzuhäufen."

Todes begriffen zu haben, denn er sagt ja selbst: *In die lenge wirt man gewar der warheit als: (76) lange gelernet, etwas gekundet (42). Eur sprüche sint süße und lustig, des ich nu etwas empfinde (XXIII, 1—3).* Der Nachsatz über die *sprüche* des Todes deutet aber bereits an, daß der Ackermann die Rede des Todes nicht als Lehrstück aufgenommen hat.[63] Daher versucht er aufs neue, beim Tode für die menschlichen Gefühle Verständnis zu erwecken und unterstützt sein Argument mit dem Sprichwort *ferre wege, lange jar scheiden nicht geliebe (45).* Gegen das Recht auf menschliche Emotionen wirkt die nun folgende naturalistische Beschreibung des Menschen durch den Tod. Doch bevor die gefühllose Tod diese Bemerkungen über den Ackermann ergehen läßt, verteidigt er die Notwendigkeit seines Vorgehens mit einem Sprichwort: *Wer umb rat bittet und rates nicht folgen wil, dem ist auch nicht zu raten (57). Unser gütlicher rat kan an dir nicht geschaffen. Es sei dir nu lieb oder leid, wir wellen dir die warheit an die sunnen legen, es höre, wer da welle (XXIII, 3—7).* Dem Tode bleibt von seinem Standpunkt aus keine Wahl, als dem Ackermann die Vergänglichkeit allen Fleisches drastisch vor Augen zu führen und ihn wieder zur Aufgabe des Streites zu nötigen: *Laß hin fließen lieb, laß hin fließen leid! Laß rinnen den Rein als ander wasser! Eseldorf! weiser götling! (XXIIII, 37—39)*

XXV — XXVI: Auf diese Menschenschändung findet der Ackermann zur Ausgangsposition des Streitgesprächs zurück und geht zum Gegenangriff über. Erneut räsoniert er in höheren Gedankengängen über den Menschen als Gottes feinster Schöpfung, und in seiner überzeugten Entrüstung nennt er den Tod gleich zu Anfang einen *bösen schandensack (XXV, 1)!* Für die Beweisführung des Menschen als allerliebstes Geschöpf Gottes, ausgeschmückt mit den feinsten Sinneswerkzeugen, eignet sich jedoch kaum das volkstümliche Sprichwort. Dagegen beginnt der Tod seine Erwiderung mit dem Sprichwort *schelten, fluchen, wünschen, wie vil der ist, können keinen sack, wie kleine der ist, güllen. (14).* Den Gedanken des in seiner vorhergehenden Rede verwendeten Sprichwortes, *wer umb rat bittet und rates nicht folgen wil, dem ist auch nicht zu raten (57),* wieder aufgreifend, fügt der Tod noch ein zweites Sprichwort hinzu, *darzu: wider vil redende leute ist nicht zu kriegen mit worten (61),* womit er den Spott verstärkt.[64] Da der Ackermann auch besonders die Vernunft des Menschen gepriesen hat, steigert sich der Tod nach der volkstümlichen Einleitung in ein ausgesprochenes Gelehrtenkapitel und versucht zu beweisen, daß alle Wissenschaften und Künste, auch der *Iuriste, der gewissenlos criste (31)* nicht, den Menschen vor dem Tode zu retten vermögen. Am Ende kehrt er jedoch zur Volkssprache zurück, sich erinnernd, daß er ja einen „Ackermann" vor sich hat,

[63] Vgl. Burdach-Bernt (wie Anm. 15), S. 306. „Durch die Ironie, mit welcher der Ackermann den Rat aufnimmt und die sich durch die Benutzung sprichwörtlicher Redensarten verstärkt, wird die in Kapitel XXII angebahnte Verständigung vereitelt."
[64] Vgl. hierzu Wagner (wie Anm. 40), S. 179. Der Effekt des Spottes und der Satire „wird nur verschärft durch die akzentierende Einordnung des Erfahrenen und Beobachteten in bekannte Kategorien (z. B. Sprichwörter)."

einen *üppigen geuknecht* (XXVI, 52—53), der solche Rede unmöglich verstehen kann.

XXVII — XXVIII: Seine mutige Rede vergessend, verliert der Ackermann gegenüber solcher Gelehrtheit des Todes die Macht des Vernunftarguments und rechtfertigt seine eigene Schwäche mit der Sprichwortweisheit *man sol nicht übel mit übel rechen* (74). Er flüchtet erneut in einen Lobgesang auf gute Frauen, die die Männer nicht zu hüten brauchen, *wan sie ist die beste hut, die ir ein frumes weib selber tut* (29). Das Sprichwort steht hier nur als Beweis für die Wahrheit des Frauenlobes und hat keine lehrhafte Funktion. Der in seinem Argument immer schwächer werdende Ackermann wäre auch gar nicht in der Lage, den Tod zu belehren. Vielmehr bitte er ihn fast sanftmütig wiederholt um Rat: *Herre Tod, ratet! Rates ist not!* (XXVII, 15—16) ... *Tut das beste, herre Tod, vil vermügender herre!* (XXVII, 32—33) Als Rat bekommt der Ackermann vom Tod nun auch wirklich folgende sprichwörtliche Lehre: *Bei loben und bei schenden sol fuge und maße sein* (50). Zwar malt er dann ein schreckliches Bild von der Frau und der Ehe, doch hat er es aufgegeben, dem Ackermann, trotz dessen Aufforderung, weitere Sprichwörter zur Belehrung aufzuzählen. Der Tod hält sich also an zwei von ihm bereits ausgesprochene Sprichwörter: *wer umb rat bittet und rates nicht folgen wil, dem ist auch nicht zu raten* (57) und *wider vil redende leute ist nicht zu kriegen mit worten* (61). Für den Tod muß der Ackermann unbelehrbar erscheinen, und so beschränkt er sich auf das eine schon erwähnte Sprichwort vom Maß in allen Dingen.

XXVIIII — XXX: Gegenüber solcher Frauenschändung fordert der Ackermann kämpferisch: *Frauen schender müssen geschendet werden* (13) und gibt mit der angehängten Formel *sprechen der warheit meister* (XXVIII, 1—2) seiner sprichwörtlichen Behauptung die allgemeine Gültigkeit. Von neuem verteidigt er die edelen Frauen in der Art der Minnesänger, doch der Tod tritt ihm nun mit zwei dreigliedrigen Sprichwörtern entgegen, die den Ackermann als *narre* und *tore* charakterisieren: *Einen kolben vür einen kloß goldes, eine köten vür einen topasion, einen kisling vür einen rubin nimt ein narre* (56); *die heuscheur eine burg, die Tunau das mer, den meusar einen falken nennet der tore* (73). Der Tod besteht also auch hier darauf, den Ackermann als ausgesprochenen „Narrentypus" darzustellen, und die Verwendung der Sprichwörter soll seine höhnisch-satirische Rede im Tonfall der Bauernsatire veranschaulichen. Das bildhaft-volkstümliche Sprichwort vom Narren und Toren wird vom „Herrn Tod" dem „Ackermann = Bauer" entgegengehalten, worin sich die bereits erwähnte mittelalterliche Antithetik von Herr — Knecht satirisch ausdrückt.[65] Trotzdem setzt der Tod dem Ackermann auseinander, daß das, was er lobe, nichts als die Begierde des Fleisches, der Augen und der Hoffart sei. Doch

---

[65] Vgl. Taylor (wie Anm. 23), S. 172—173. „A satirical tone and an appeal to fundamental emotions encourage the use of proverbs. Consequently proverbs are much used in ages of controversy and satirical criticism: the German and Latin literature of the Reformation abound in them."

dann hält er je inne und verspottet den Ackermann nochmals mit einem volkstümlichen Sprichwort: *Aber als vil als ein esel leiren kan, als vil kanstu die warheit vernemen* (12). Gegen so viel „Dummheit" kämpft selbst der Tod vergebens, hilft keine Belehrung, und es bleibt nur noch die Satire und die Vergewisserung, daß alle Menschen sterben müssen. Die am Anfang schroff dargestellte Antithetik schien sich während des Streitgesprächs, wenn auch nicht zu einer Synthese, so doch zu einer erfolgreichen Aussprache zu entwickeln. Jetzt aber stehen sich Tod und Ackermann wieder als Streitende gegenüber, deren Reden und somit auch die darin enthaltenen Sprichwörter auf keinen gemeinsamen Nenner kommen können. Daher führen die beiden letzten Kapitel den unlösbaren Streit vor Gott, dem Richter aller.

XXXI — XXXII: Nochmals findet der Ackermann zu einem argumentierenden Tonfall zurück und versucht, den Tod durch logische Beweise von der Widersprüchlichkeit seiner Reden zu überzeugen, denn *eigene rede verteilet dicke einen man* (59). Die Argumente des Todes halten im Sinne des Ackermanns nicht Stich, auch nicht, daß *alle irdische leben und wesen sullen ende nemen* (1), wie der Tod behauptet. Der Ackermann bezweifelt in seiner Empörung also auch die Wahrheit des Sprichwortes, daß alles ein Ende nehmen muß, beschuldigt den Tod der Wankelrede und ruft ihn schließlich vor Gottes Urteil. Auf des Ackermanns Sprichwort *eigene rede verteilet dicke einen man* (59) reagiert der Tod mit einem anderen „Rede" Sprichwort: *Oft ein man, wann et der anhebet zu reden, im werde dann understoßen, nicht aufhören kan* (4). Beschuldigt und charakterisiert also das eine Sprichwort den Tod als wankenden Redner, so erklärt das andere Sprichwort den Ackermann für einen geschwätzigen „Narren", der nicht aufhören kann zu reden und sich zu ereifern. Obwohl der Ackermann immer wieder gezeigt hat, daß er auf die Ratschläge und Erklärungen des Todes nicht hört oder hören will, führt ihm der Tod nochmals die Eitelkeit der Menschheit vor Augen, *wan je mer gehabet, je mer geraubet* (23). Auch das letzte Sprichwort des Todes dient daher der Charakterisierung des Menschen schlechthin, der immer in irgendeiner Not sein wird, und zwar *je mer ein man irdisches gutes hat, je mer im widerwertigkeit begegnet* (22). Die Allgemeingültigkeit dieses Sprichwortes bezieht sich auch auf die große Liebe des Ackermanns, der gerade deshalb den Verlust seiner Frau so schwer nimmt, weil er es mit ihr so gut hatte. Freude und Leid gehören aber zum Leben, da hilft alles Klagen nichts, und weil auch der Tod am Ende seiner Weisheit angekommen ist, erklärt er sich bereit dazu, mit dem Ackermann vor Gott zu treten, um dem Streit ein Ende zu machen.

XXXIII: Doch auch vor Gott kann die Antithetik nicht zu einer alles in sich verbindenden Synthese aufgelöst werden. Wie jeder unterdrückte Mensch beruft sich der Ackermann zwar auf das Recht zum Anruf Gottes, denn gerade der Arme und Leidende hat, „wie es die sozialethische Lehrdichtung [des Mittelalters] immer wieder einschärfte, in deren Tradition Johann von Tepl hier offenbar steht, angesichts der Willkür und Ungerechtigkeit des Gewalthabers vor Gott das innere Recht zum Aufruhr und zur leidenschaftlich bewegten

Anklage."[66] Dem steht der Herrscher in der Gestalt des Todes gegenüber, der als Mächtiger über den Schwachen regiert, ganz der vor allem spätmittelalterlichen, sozialen Antithetik von Herr — Knecht entsprechend, und auch Gottes Urteil *klager, habe ere, Tod, habe sige* (XXXIII, 23) entspricht schließlich der Gegensätzlichkeit des Zeitalters. Zwar legt der Dichter Gott kein Sprichwort in den Mund, doch hätte er ebenso das bereits vom Tode ausgesprochene Sprichwort *knecht knecht, herre beleibe herre* (32) aussprechen können, denn darin ballt sich das ganze Wesen dieser aufgerüttelten Übergangszeit zusammen, ohne daß es zu einer Veränderung der bestehenden Wertsysteme kommt.

So hat sich der Dichter in seinem Werk als guter Kenner seiner Zeit erwiesen, der dessen antithetischen Charakter auch besonders durch die Gegenüberstellung von volkstümlichen Sprichwörtern aufgezeigt hat. Oft begannen oder beendeten die beiden Gegner ihre Reden mit spöttisch-höhnischen Sprichwortargumenten und verliehen ihren Wechselreden damit die pointierte, bildhafte Ausdruckskraft. Der Tod, den Ackermann als typischen Narren betrachtend, greift absichtlich zum Sprichwort, sei es um den Ackermann satirisch zu schmähen oder ihm helfend Lehren zu vermitteln. Dieser Schärfe der Sprichwortverwendung ist der gefühlvolle Ackermann nicht gewachsen, so daß bei ihm mit wenigen Ausnahmen die Sprichwörter eher rechtfertigende, beweisende oder resignierende Funktionswerte übernehmen. Beide Streiter verwenden jedoch das Sprichwort auch besonders zur gegenseitigen Charakterisierung. Überhaupt lassen sich, wie gezeigt wurde, fast in jeder Sprichwortverwendung neue Funktionen dieser epischen Kurzform erkennen. Wie sich der Streit von Schärfe zur Milde, von Satire zum Verständnis, von Spott zur Belehrung bewegt, um nur einige Gefühlslagen zu erwähnen, so ändern sich auch die Gründe zur Sprichwortintegration. All dies hat der Dichter erkannt, und es ist gewiß eine grobe Vereinfachung, von einer durchgehend lehrhaften Tendenz der Sprichwörter zu sprechen. Im Gegenteil hat sich doch erwiesen, daß das Sprichwort auf alle möglichen Situationen des menschlichen Zusammenseins anwendbar ist, daß es ein lebendiges Phänomen ist wie das Leben selbst. Indem der Dichter die Form des Streitgesprächs wählte, um dadurch zwei entgegengesetzte Meinungen in der Form eines Argumentes darzustellen, verhalf ihm das volkstümliche Sprichwort zur Echtheit und Anschaulichkeit der Redeführungen und unterstrich im Gegensatz zu den gelehrt-humanistischen Stilelementen gleichzeitig die Antithetik des behandelten, zeitlich bedingten Stoffes.

SPRICHWÖRTER-VERZEICHNIS

Die Methode der Klassifikation der Sprichwörter entspricht der von Karl Friedrich Wilhelm Wanders *Deutschem Sprichwörterlexikon*, 5 Bde. (Leipzig 1863—1880), d. h., die Sprichwörter wurden alphabetisch nach Hauptstichwörtern geordnet. Es wird zuerst das Sprichwort aus dem Text selbst angegeben. Darauf folgen Personenangabe der

---

[66] (wie Anm. 36), S. 217.

Sprecher (entweder Ackermann oder Tod) sowie Kapitel- und Zeilenzahl und schließlich die Belegstellen aus Wander. Im ganzen hat diese Untersuchung 78 verschiedene Sprichwörter aufzuweisen. Die Gesamtzahl der Sprichwörter, einschließlich der einen Wiederholung, beträgt jedoch 79.

A

ALLES
1. *Alle irdisch leben und wesen sullen ende nemen.*
   Ackermann, XXXI, 29—30.
   Wa,I,46,Alles 20. Alles nimmt ein Ende.

ANFANG
2. *Anfanges geswistreit ist das ende.*
   Tod,XX,12—13.
   Wa,I,80,Anfang 21. Anfang und Ende reichen einander die Hände.
3. *Eines ende ist anfang des andern.*
   Tod,XXII,26—27.
   Wa,I,80,Anfang 21. Anfang und Ende reichen einander die Hände.

ANFANGEN
4. *Oft ein man, wann et der anhebet zu reden, im werde dann understoßen, nicht aufgehören kan.*
   Tod,XXXII,1—3.
   Wa,V,763, Anfangen 64. Anfangen ist leichter als aufhören.

APFEL
5. *Zeitig epfel fallen gern in das kot.*
   Tod,XX,29.
   Wa,I,108,Apfel 78. Wenn der Apfel reif ist, fällt er ab.

AUSSENDEN
6. *Wer ausgesant wirt, der ist pflichtig wider zu komen.*
   Tod,XX,13—14.
   Wa,V,878,Aussenden (1). Wer ausgesandt wirt, der ist schuldig wieder heim zu keren.

B

BESCHEIDENHEIT
7. *Bescheidenheit behelt die leute bei gemache.*
   Tod,XX,1—2.
   Wa,II,1413,Kluge (der) 31. Der Kluge weiß sich in die Zeit zu schicken.

BIRNE
8. *Reifende biren fallen gern in die pfützen.*
   Tod,XX,30.
   Wa,I,382,Birne 33. Reife Birnen fallen gern in Koth.
   Wa,I,383,Birne 48. Zeitige birn fallen zuletz in koth.

BÖSE (Adj.)
9. *Das nie man so böse ward, er were an etwe gut.*
   Ackermann,XXI,14—15.
   Wa,I,435,Böse (Adj.) 37. Es ist keiner so böse, er thut einmal etwas Gutes.

E

ELEND (Subst.)
10. *Ellende bauen alle leute auf erden.*
    Tod,XX,18.
    Wa,I,806,Elend (Subst.) 26. Das Elend bauen.

ENTLEIHEN
11. *Was ein mensche entlehent, das sol es widergeben.*
    Tod,XX,17.
    Wa,I,432,Borgen 18. Borgen will ein Wiedergeben.

ESEL
12. *Als vil als ein esel leiren kan, als vil kanstu die warheit vernemen.*
    Tod,XXX,19—20.
    Wa,I,874,Esel 524. Dem Esel ein harpff (Laute) geben.
    Wa,I,875,Esel 559. Der Esel spilt auff der leiren.

F

FRAUENSCHÄNDER
13. *Frauen schender müssen geschendet werden.*
    Ackermann,XXVIIII,1.
    Wa,II,1075,Jungfrauenschänder 1. Einem Jungfrawenschänder gehets nimmer mehr wol.
    Wa,II,1075,Jungfrauenschänder 2. Jungfrawenschender schendet Gott wider.
    Wa,V,63,Weib 1371. Wer Weiber schendet, sagt man, den wird Gott schenden.

FLUCHEN
14. *Schelten, fluchen, wünschen, wie vil der ist, künnen keinen sack, wie kleine der ist, gefüllen.*
    Tod,XXVI,1—2.
    Wa,I,1080,Fluchen 6. Fluchen und Wünschen gehet vil in einen Sack.
    Wa,III,1549,Rede 52. Es gehn vil red (Anschläg, Bitt) in einn wollsack.

FRESSEN
15. *Es würde* [nämlich ohne Tod und Strafe]*fressen ein mensche das ander, ein tier das ander, ein jeglich lebendige beschaffung die ander.*
    Tod,VIII,17—19.
    Wa,IV,887,Strafe 49. Wann kain straffe were, so fresse ain mensch das ander.

FREUDE
16. *Der freuden ende trauren ist.*
    Tod,XII,27—28.
    Wa,I,1168,Freude 96. Nach der frewd kompt leid (betrübnuss).
17. *Nach freude trübsal.*
    Tod,XXII,24.
    Wa,I,1168,Freude 96. Nach der frewd kompt leid (betrübnuss).

G

GANS
18. *Ga! ga! ga! snatert die gans.*
    Tod,XXII,1.
    Wa,I,1326,Gans 16. Die Gans lässt ihr Schnattern nicht.
    Wa,I,1330,Gans 98. Lass die Gänse schnattern!

GEDULD
19. *Gedult bringet die leute zu eren.*
    Tod,XX,2—3.
    Wa,I,1402,Geduld 18.   Geduld bringt Frucht.
    Wa,I,1404,Geduld 89.   Gedult bringt huld, vergibt alle schuld.

GESCHEHEN
20. *Was je geschehen sol, des sol sich niemand widern.*
    Tod,XX,14—15.
    Wa,I,1585,Geschehen 48.   Was einmal geschen, das geht nicht mehr zu
    ändern.
    Wa,I,1585,Geschehen 49.   Was einmal geschehen ist, wird nicht vmbgekehrt
    zu keiner Frist.
    Wa,I,1585,Geschehen 50.   Nieman kan wider schaffen daz geschehen ist.
    Wa,I,1585,Geschehen 53.   Was geschehen ist, kann man nicht wenden.

GRASEN
21. *Über den rein haben gegraset.*
    Tod,II,11.
    Wa,II,127,Grasen 2.   Hei graset dör de Tuine (Zäune).
    Wa,II,127,Grasen 7.   Er grast auf fremder Wiese.

GUT (Subst.)
22. *Je mer ein man irdisches gutes hat, je mer im widerwertigkeit begegent.*
    Tod,XXXII,51—52.
    Wa,I,1499,Geld 748.   Je mehr Geld, je grösser Rechnung (Sorge).
    Wa,II,194,Gut (Subst.) 195.   Je mehr Guts, je mehr sorg.

H

HABEN
23. *Je mer gehabet, je mer geraubet.*
    Tod,XXXII,45.
    Wa,II,235,Haben 82.   Je mehr einer hat, je mehr er haben will.

HAMMER
24. *Es müste der hamer den amboß treffen, herte wider herte.*
    Ackermann,XVIIII,30—31.
    Wa,II,291,Hammer 7.   Der hamer und der amboz hânt vil herten wider-
    stoz.

HASE
25. *Ein hase zwackte einen wolf, noch heute ist er zagellos darumb.*
    Tod,VI,2—4.
    Wa,II,372,Hase 120.   Wann ein Haass den Wolff will wecken, so muss er
    sein Balck dran strecken.

HAUEN
26. *Haue nicht über dich, so reren dir die spene nicht in die augen!*
    Tod,VI,31—32.
    Wa,II,388—389,Hauen 11.   Wer vber sich hewet, dem fallen die span ynn
    die Augen.

HIN
27. *Hin ist hin.*
    Ackermann,V,4; Ackermann,XIII,14.
    Wa,II,659,Hin 5.   Hin ist hin.

HUND

28. *Ein katze krelte einen hund, der da slafen wolte, immer muß sie des hundes feind-schaft tragen.*
    Tod VI,4—6.
    Wa,II,820,Hund 54.   Bî hunden und bî katzen was bîzen und kratzen.

HUT (die)

29. *Sie ist die beste hut, die ir ein frumes weib selber tut.*
    Ackermann,XXVII,27—28.
    Wa,II,945,Hut (die) 13.   Keine hut ist so gut, als die ein Weib sich selber thut.

J

JAHR

30. *Kanstu vergangene jar, gesprochen wort und verruckten magettum widerbringen.*
    Tod,XXII,44—46.
    Wa,II,988,Jahr 77.   Entschwundene Jahre kommen nicht zurück.
    Wa,V,402,Wort 117.   Ein gesprochen Wort ist nicht wieder einzufangen.
    Wa,II,1076,Jungfrauenschaft 8.   Verletzter Jungfrawschafft kan man ver-zeihen, die verlohrne nicht widerbringen.

JURIST

31. *Iuriste, der gewissenlos criste.*
    Tod,XXVI,46—47.
    Wa,II,1082—1083,Jurist 39.   Juristen sind böse Christen.

K

KNECHT

32. *Knecht knecht, herre beleibe herre.*
    Tod,VI,7.
    Wa,II,1424,Knecht 52.   Ein Knecht sol Knecht sein, ein Herr Herr.

L

LAMM

33. *Lamb! lamb! sprichet der wolf.*
    Tod,XXII,1—2.
    Wa,II,1759,Lamm 29.   Lamb, Lamb, schreyt der Wolff.

LEBEN (Subst.)

34. *Auf snellem fuße leufet hin der menschen leben.*
    Tod,XX,19—20.
    Wa,II,1838,Leben (Subst.) 79.   Eh' man das Leben kennt, ist es halb ver-rennt.

35. *Das leben ist durch sterbens willen geschaffen.*
    Tod,XXII,9—10.
    Wa,IV,832,Sterben 47.   Es muss einmal gestorben sein.

36. *Ein wind ist der leute leben auf erden!*
    Tod,XXII,16.
    Wa,II,1837,Leben (Subst.) 39.   Das Leben ist ein Wind.

LEBEN (Verb.)

37. *Am besten zu sterben, wann am besten liebet zu leben.*
   Tod,XIIII,12—13.
   Wa,II,1843,Leben (Subst.) 198. Wann das leben am liebsten ist, so ist gut sterben.

LEID (Subst.)

38. *Leid ist liebes ende.*
   Tod,XII,27.
   Wa,III,16,Leid (Subst.) 31. Leid ist der Liebe Geleit.
   Wa,III,157,Liebe 658. Nach lieb — leidt.

39. *Lieb und leid müssen mit einander wesen.*
   Tod,XXII,25—26.
   Wa,III,16,Leid (Subst.) 31. Leid ist der Liebe Geleit.

40. *Nach großem leide große klage sol folgen.*
   Ackermann,VII,4—5.
   Wa,III,15,Leid (Subst.) 2. Auf Leid folgt Freud.
   Wa,III,16,Leid (Subst.) 39. Nach dem Leide kommt Freude.

LEIDEN (Verb.)

41. *Was alle leute leiden müssen, das soll einer nicht widersprechen.*
   Tod,XX,15—16.
   Wa,III,22,Leiden (Verb.) 70. Was jedermann leiden muss, das kann einer allein auch leiden.

LERNEN

42. *Lange gelernet, etwas gekundet.*
   Ackermann,XXIII,1—2.
   Wa,III,38,Lernen 21. Lange gelernet ist übel gelernet.

LEUTE

43. *Was böse ist, das nennen gut, was gut ist, das heißen böse sinnelose leute.*
   Tod,XVI,1—2.
   Wa,III,883,Narr 117. Der ist ein Narr, der für gut hält, was böse ist, und für böse, was gut ist.

LIEBE

44. *Alles irdisch ding und lieb muß zu leide werden.*
   Tod,XII,26—27.
   Wa,III,129,Liebe 20. Auf Liebe folgt Leid.

45. *Ferre wege, lange jar scheiden nicht geliebe.*
   Ackermann,XXIII,28.
   Wa,III,159,Liebe 701. Wahre Liebe kennt keine Grenzen.

46. *Je größer lieb zu bekennen, je größer leid zu enberen.*
   Tod,XII,22—23.
   Wa,III,140,Liebe 252. Grosse Liebe, gross Leid.

47. *Je mer dir liebes wirt, je mer dir leides widerfert.*
   Tod,XII,20—21.
   Wa,III,140,Liebe 252. Grosse Liebe, gross Leid.

48. *Liebes entspenet, leides gewenet.*
   Ackermann,XIII,3.
   Wa,III,129,Liebe 20. Auf Liebe folgt Leid.

49. *Nach liebe leid.*
   Tod,XXII,24—25.
   Wa,III,157,Liebe 658. Nach lieb — leidt.

LOBEN

50. *Bei loben und bei schenden soll fuge und maße sein.*
   Tod,XXVIII,2—3.
   Wa,III,207,Loben 23.   Im Loben halte Mass und im Schelten besinn' dich bass.
   Wa,V,1563,Loben 158.   Sparsam loben, karg tadeln.

LÖWE

51. *Ein fuchs slug einen slafenden lewen an den backen, darumb ward im sein balg zerrissen.*
   Tod,VI,1—2.
   Wa,III,238,Löwe 3.   Auch mit einem Löwen ohne Mähne darf der Fuchs nicht spielen.
   Wa,III,240,Löwe 52.   Einen schlafenden Löwen muss man nicht aufwecken.

LÜGEN

52. *Gelogen mere wol sagen turren, wan sie von unwissender sachen wegen sint unstreflich.*
   Ackermann,XVII,3—5.
   Wa,IV,1779,Wandern 1.   Der weit gewandert vnd alt, liegen mit gewalt.
   Wa,III,269,Lügen 121.   Wer liegen wil, sol von verren landen liegen, so kann man jm nicht nachfragen.

LUST

53. *Nach lust unlust muß komen.*
   Tod,XII,28.
   Wa,III,287,Lust 1.   Auf Lust folgt (leicht) Unlust.

M

MANN

54. *Alter man neue mere, geleret man unbekante mere.*
   Ackermann,XVII,1—2.
   Wa,III,362,Mann 24.   Alter Mann, neue Mär; gelehrter Mann, unbekannte Mär.

55. *Zorniger man kan den man nicht entscheiden.*
   Tod,XX,3—4.
   Wa,III,401,Mann 900.   Ein zornig Mann das recht nicht sehen kann.

N

NARR

56. *Einen kolben vür einen kloß goldes, eine köten vür einen topasion, einen kisling vür einen rubin nimt ein narre.*
   Tod,XXX,1—3.
   Wa,III,884,Narr 147.   Der ist ein Narr in aller Welt, der Mäusedreck für Pfeffer hält.
   Wa,III,890,Narr 294.   Ein jeder Narr will sein eigen Kolben haben.

R

RATHEN

57. *Wer umb rat bittet und rates nicht folgen wil, dem ist auch nicht zu raten.*
   Tod,XXIIII,3—4.
   Wa,III,1486—1487,Rathen 61.   Wem nicht zu raden stehet, dem ist (auch) nicht zu helffen.

REDE

58. *Beschonter rede bedarf wol schuldiger man.*
    Ackermann,XV,1.
    Wa,III,1547,Rede 4.   An der Rede erkennt man den Mann.
    Wa,III,1548,Rede 9.   Auss den reden wird der Mensch erkannt.
    Wa,IV,369,Schuld 97. Wer Schulden macht, hat immer eine Lüge zur
    Hand.

59. *Eigene rede verteilet dicke einen man.*
    Ackermann,XXXI,1.
    Wa,III,1547,Rede 4.   An der Rede erkennt man den Mann.
    Wa,III,1548,Rede 9.   Auss den reden wird der Mensch erkannt.
    Wa,III,1549,Rede 30. Die rede ist dess Mannes Bild.

60. *Mit guter rede werden gesenftet die leute.*
    Tod,XXI,1.
    Wa,III,1551,Rede 91. Sanfte Rede stillt (besänftigt, mässigt) den Zorn.

REDEN

61. *Wider vil redende leute ist nicht zu kriegen mit worten.*
    Tod,XXVI,3—4.
    Wa,III,1555,Reden 39. Es ist böss reden mit denen, die einen mögen zu
    Todt reden.

S

SACHE

62. *Wer von sachen nicht enweiß, der kan von sachen nicht gesagen.*
    Tod,XVIII,1—2.
    Wa,III,1798,Sache 245. Wer eine Sache nicht versteht, kann (soll) nicht
    darüber urtheilen.

SCHADEN

63. *Nach schaden folget spotten.*
    Ackermann,XIII,1.
    Wa,IV,46,Schaden 104. Nach dem Schaden folgt der Spott.

SCHÖNE (die)

64. *Eines jeglichen menschen schöne muß eintweder das alter oder der tod vernichten.*
    Tod,XX,31—33.
    Wa,IV,319,Schöne (die) 12. Schöne wehret nicht lang.
    Wa,IV,323,Schönheit 113. Schönheit vergeht von Siechthum, Sorge und
    Alter.

SCHWEIGEN

65. *One nutz geredet, als mer geswigen.*
    Tod,XIIII,1.
    Wa,IV,434, Schweigen 2. Besser schweigen als zu viel reden.
    Wa,IV,435,Schweigen 3. Besser schweigen, denn vil schwetzen.

SONNE

66. *Die sonne scheinet über gute und böse.*
    Tod,VI,12—13.
    Wa,IV,613,Sonne 41. Die Sonne geht auf über Böse und Gute.

STERBEN

67. *Als balde ein mensche geboren wirt, als balde hat es den leikauf getrunken, das es sterben sol.*
Tod,XX,11—12.
Wa,IV,832,Sterben 46. Es ist ein jeder alt genug zu sterben, sobald er geboren wird.

68. *Als schiere ein mensche lebendig wirt, als schiere ist es alt genug zu sterben.*
Tod,XX,24—25.
Wa,IV,832,Sterben 46. Es ist ein jeder alt genug zu sterben, sobald er geboren wird.

69. *Er ist nicht wol gestorben, wer sterben hat begeret.*
Tod,XIIII,14.
Wa,IV,836,Sterben 147. Wer gern stirbt, der stirbt wohl.

STRAFE

70. *Gute strafung gütlich aufnehmen, darnach tun sol weiser man.*
Ackermann,XXI,1—2.
Wa,IV,866, Strafe 9. Die straff, die du hast verschuld, soltu auffnemmen mit gedult.
Wa,IV,887,Strafe 47. Verdiente Strafe muss man geduldig tragen.

T

TÄUSCHEN

71. *Wer uns teuschen wil, der teuschet sich selber.*
Tod,XXII,7—8.
Wa,I,345,Betrügen 15. Wer andere betrügt, ist oft selbst betrogen.
Wa,I,345,Betrügen 21. Wer betrügt, betrügt sich selbst.

TODTE (der)

72. *Die lebendigen mit den lebendigen, die toten mit den toten.*
Tod,VIII,22—23.
Wa,IV,1253,Todte (der) 7. Den Todten bei die Todten, den Lebendigen bei die Lebendigen.

TOR (der)

73. *Die heuscheur eine burg, die Tunau das mer, den meusar einen falken nennet der tore.*
Tod,XXX,3—4.
Wa,III,884,Narr, 147. Der ist ein Narr in aller Welt, der Mäusedreck für Pfeffer hält.
Wa,III,1665,Rhein 1. Der Rhein ist ein grosser Fluss, aber er ist klein gegen das Meer.

U

ÜBEL (das)

74. *Man sol nicht übel mit übel rechen.*
Ackermann,XXVII,1.
Wa,I,437,Böse (das) 54. Man soll bös mit bösem nicht vertreiben.

UNKRAUT

75. *Unkraut beleibet, die guten kreuter müssen verderben.*
Ackermann,XVII,9—10.
Wa,IV,1462,Unkraut 19. Unkraut verdirbt nicht.

W

WAHRHEIT

76. *In die lenge wirt man gewar der warheit als.*
   Ackermann,XXIII,1.
   Wa,I,814,Ende 2.   Am End die Wahrheit wird erkent.
   Wa,V,528,Zeit 101.   Die Zeit bringt die Wahrheit an den Tag.

WANDERN

77. *Ferre gewandert man und einer, wider den niemand reden tar.*
   Ackermann,XVII,2—3.
   Wa,III,265,Lügen 9.   Der hat gut lügen, der weit her ist.
   Wa,III,269,Lügen 121.   Wer liegen wil, sol von verren landen liegen, so kann man jm nicht nachfragen.
   Wa,IV,1779,Wandern 1.   Der weit gewandert vnd alt, liegen mit gewalt.

WILLE

78. *Willens ende ist unwillen.*
   Tod,XII,28—29.
   Wa,V,239,Wille 64.   Gezwungener will ist ein vnwill.
   Wa,V,241,Wille 121.   Unwilliger Will' ist kein freier Will'.

Erstveröffentlichungen

"swaz sich sol gefüegen"
Sprichwort und Schicksal im *Nibelungenlied*.
In: Bo Andersson und Gernot Müller (Hrsg.). *Kleine Beiträge zur Germanistik*.
Festschrift für John Evert Härd. Uppsala: Acta Universitatis Upsaliensis, 1997.
S. 165-177.

"liebe und leide"
Sprichwörtliche Liebesmetaphorik in Gottfrieds von Straßburg *Tristan*.
In: *Das Mittelalter*, 2,2 (1997), 7-20.

"als man daz golt sol liutern in der esse"
Sprichwörtliche Ironie und Didaktik in Hartmanns von Aue *Erec*.
In: *Mittellateinisches Jahrbuch*, 36,1 (2001), 45-76.

"hochvârt ie seic unde viel"
Sprichwörtliche Lehren in Wolframs von Eschenbach *Parzival*.
In: *Mittellateinisches Jahrbuch*, 39,2 (2004), 227-270.

"Labor vincit omnia"
Zum ersten Band des *Thesaurus proverbiorum medii aevi*.
In: *Mittellateinisches Jahrbuch*, 31,2 (1996), 137-142.

"Parömiographisches Standardwerk mit (un)vermeidbaren Problemen"
Kritischer Lobgesang auf den *Thesaurus proverbiorum medii aevi*.
In: *Mittellateinisches Jahrbuch*, 33,1 (1998), 185-197.

"Sprichwörter des Mittelalters und kein Ende"
Weiterer Lobgesang auf den *Thesaurus proverbiorum medii aevi*.
In: *Mittellateinisches Jahrbuch*, 35,2 (2000), 323-335.

"Perfectum opus suum laudet auctorem"
Endgültiger Lobgesang auf den *Thesaurus proverbiorum medii aevi*.
In: *Mittellateinisches Jahrbuch*, 38,2 (2003), 439-451.

Exkurs: Streitgespräch und Sprichwort-Antithetik
Ein Beitrag zur *Ackermann aus Böhmen*- und Sprichwortforschung.
In: *Daphnis. Zeitschrift für Mittlere Deutsche Literatur*, 2,1 (1973), 1-32.

Stichwörterverzeichnis

In diesem Verzeichnis sind sämtliche Sprichwörter, sprichwörtliche Redensarten, sprichwörtliche Vergleiche und Zwillingsformeln nach Hauptstichwörtern angeführt. Die Zahlen beziehen sich auf die durchgehende Buchpaginierung in der Fußzeile.

Liebe 2, 6-8, 11, 17, 21-25, 27, 28, 36, 46, 51, 52, 64, 65, 72, 75, 78, 88-90, 94-96, 100-104, 114, 133, 134, 142, 166, 167, 171, 172, 180
Lilie 37, 101
lind 37
Lob 96
loben 73, 90, 91, 173, 181
Loch 39, 53
Löffel 166
Lohn 76, 83, 98, 103, 142
Löwe 5, 66, 68, 90, 103, 145, 165, 181
Luft 134, 146
Luftschloß 112, 134
Lüge 134, 135
lügen 134, 168, 181
Lust 28, 166, 181

Macht 44, 51
Mädchen 21, 64, 96, 97
Mann 2, 5, 19, 49, 64, 79-81, 90, 92, 93, 95-97, 103, 114, 168, 169, 174, 181, 182
Mannheit 48
Mantel 21, 150
Märe 98, 99, 102, 165, 168, 181
Maria 140
Maß 81, 89, 93, 173, 181
Maul 136
Mauleselin 68, 100
Maus 39, 53, 58, 68, 93, 136
Mäuseloch 129
Meister 69, 90
Mensch 52, 85, 135, 150, 165, 177
Menschheit 83, 99
Messing 88
Minne 7, 21, 24, 26, 27, 46, 75, 90, 95-97, 99-104, 133, 134, 142
Mohr 135
Moos 146
Morgen (der) 135
Morgenregen 135
Morgenröte 135
Morgenstunde 135

Mühe 46
Mühle 69, 92, 135
Mund 72, 95, 128, 135
Müßiggang 46, 59
Mut 3
Mütchen 3
Mutter 68, 103, 147
Muttersau 96

Nachbar 23, 151
Nachreue 140
Nacht 5, 66, 76, 89, 97, 104, 142, 150
nackt 38, 43
Nadelöhr 140
Name 64, 102
Narr 54, 57, 136, 173
Narrenseil 136
Natur 136
nehmen 74, 89, 143
Neid 20
Nest 136
Netz 38
Neue (das) 136
nichts 109
nix 109
Not 2, 8, 89

Ofen 53, 77, 140
Ohr 67, 91, 94, 109, 117, 127, 140
Ohrenbläser 140

Panther 5
Paris 140
Peitsche 80, 92
Penis 141
Perle 145
Pfaffe 72, 99, 140
Pfeife 113
Pfennig 57
Pferd 141
Pferdeapfel 109
Pflug 100
Pforte 55
Pfote 47
Pfund 57